民 法 研 究 系 列

民法学说与判例研究

第三册

王泽鉴 著

北京大学出版社
PEKING UNIVERSITY PRESS

北京市版权局著作权合同登记号　图字:01-2009-3924
图书在版编目(CIP)数据

民法学说与判例研究·第三册/王泽鉴著.—北京:北京大学出版社,2009.12
(民法研究系列)
ISBN 978-7-301-15801-2
Ⅰ.民…　Ⅱ.王…　Ⅲ.①民法-法的理论-研究 ②民法-审判-案例-研究
Ⅳ.D913.04
中国版本图书馆CIP数据核字(2009)第167437号

简体中文版由元照出版有限公司(Taiwan)授权出版发行
民法学说与判例研究·第三册,王泽鉴著
2005年1月版

书　　名　民法学说与判例研究·第三册
MINFA XUESHUO YU PANLI YANJIU · DI-SAN CE
著作责任者　王泽鉴　著
责任编辑　王建君
标准书号　ISBN 978-7-301-15801-2/D·2411
出版发行　北京大学出版社
地　　址　北京市海淀区成府路205号　100871
网　　址　http://www.pup.cn　http://www.yandayuanzhao.com
电子邮箱　编辑部 yandayuanzhao@pup.cn　总编室 zpup@pup.cn
新浪微博　@北京大学出版社　@北大出版社燕大元照法律图书
电　　话　邮购部010-62752015　发行部010-62750672
编辑部010-62117788
印 刷 者　三河市北燕印装有限公司
经 销 者　新华书店
965毫米×1300毫米　16开本　17.25印张　269千字
2009年12月第1版　2025年10月第12次印刷
定　　价　38.00元

总　　序

拙著民法研究系列丛书包括《民法学说与判例研究》(八册)、《民法思维:请求权基础理论体系》、《民法概要》、《民法总则》、《债法原理》、《不当得利》、《侵权行为》及《民法物权》,自2004年起曾在大陆发行简体字版,兹再配合法律发展增补资料,刊行新版,谨对读者的鼓励和支持,表示诚挚的谢意。

《民法学说与判例研究》的写作期间长达二十年,旨在论述1945年以来台湾民法实务及理论的演变,并在一定程度上参与、促进台湾民法的发展。《民法思维:请求权基础理论体系》乃在建构请求权基础体系,作为学习、研究民法,处理案例的思考及论证方法。其他各书系运用法释义学、案例研究及比较法阐述民法各编(尤其是总则、债权及物权)的基本原理、体系构造及解释适用的问题。现行台湾"民法"系于1929年制定于大陆,自1945年起适用于台湾,长达六十四年,乃传统民法的延续与发展,超过半个世纪的运作及多次的立法修正,累积了相当丰富的实务案例、学说见解及规范模式,对大陆民法的制定、解释适用,应有一定的参考价值,希望拙著的出版能有助于增进两岸法学交流,共为民法学的繁荣与进步而努力。

作者多年来致力于民法的教学研究,得到两岸许多法学界同仁的指教和勉励,元照出版公司与北京大学出版社协助、出版发行新版,认真负责,谨再致衷心的敬意。最要感谢的是,蒙　神的恩典,得在喜乐平安中从事卑微的工作,愿民法所体现的自由、平等、人格尊严的价值理念得获更大的实践与发展。

王泽鉴

二〇〇九年八月一日

目　　录

“司法院”例变字第1号之检讨[*]

一、序　　说

1977年6月1日,“司法院”召开判例变更会议,议决变更1966年台上字第1798号判决(判例),其全文为:“民事上之共同侵权行为,(狭义的共同侵权行为,即共同加害行为,下同)与刑事上之共同正犯,其构成要件并不完全相同,共同侵权行为人间不以有意思联络为必要,数人因过失不法侵害他人之权利,苟各行为人之过失行为均为其所生损害之共同原因,即所谓行为关连共同,亦足成立共同侵权行为。1966年台上字第1798号判例应予变更。至1916年上字第1012号及1931年上字第1960号判例,则指各行为人既无意思联络,而其行为亦无关连共同者而言,自当别论。”

此一判例变更,颇受各界重视,理由有二:其一,此为于1927年以来第一次召开之判例变更会议,事属空前,具有历史意义。其二,例变字第1号所变更者,系第185条[**]第1项前段所规定“共同侵权行为”之基本构成要件,与汽车事故、公害、产品责任(Products Liability)等侵权行为具有密切关系,实务上至为重要。

关于此次判例变更会议之经过,游开亨先生著有专文,记其始末,甚具价值。[①]关于例变字第1号本身,似未见有人加以评论。为此,笔者不揣浅陋,特撰本文,试加分析检讨,用供参考。

---

* 本文原载《军法专刊》第25卷第12期(1979年12月),第8页。

** 本书中法律条文如无特别注明,皆为台湾地区现行“民法”之规定。——编者注

① 参见游开亨:《“司法院”第一次变更判例会议纪要及观感》,载《法学丛刊》第86期(1977年6月),第4页。

二、主观说与客观说之争论

第185条规定:“数人共同不法侵害他人之权利者,连带负损害赔偿责任。不能知其中孰为加害人者,亦同。造意人及帮助人视为共同行为人。”依学者通说,本条所规定者,计有三个类型:① 共同加害行为(狭义的共同侵权行为,第185条第1项前段)。② 共同危险行为(准共同侵权行为,第185条第1项后段)。③ 造意及帮助(视为共同侵权行为,第185条第2项)。在此三个类型中,以共同加害行为(以下简称共同侵权行为)最有争论。其问题争点,在于“共同”之意义。易言之,数人不法侵害他人者,在何种情形下,始构成“共同侵权行为”,各行为人应就所生之损害,连带负损害赔偿责任?

关于共同侵权行为之成立,计有两种理论:一为意思共同说(主观说);另一为行为共同说(客观说)。主张意思共同说之学者认为,共同侵权行为之成立,不但加害人间须有共同之行为,且须有意思之联络(共同之意思)。[①] 所谓意思联络,有认为应限于“故意”之情形,亦有认为“有认识之过失”亦应成立共同侵权行为。例如:甲、乙二人共抬重物登高,预见有坠落伤人之虞,但彼此询明,均有不致有坠落之自信,结果抬行不久,坠落伤人者,仍应构成共同侵权行为。[②] 主观说者认为,法律所以令数人就因数行为所生的损害,各负全部责任者,当系由于有意思联络之故,盖数人既同心协力,损害必较单一行为为重,故应使其负较重的责任。某人因其行为与他人的行为偶然竞合,即令其就所生损害负全部赔偿责任,衡诸情理,实属苛严。

主张客观说之学者认为,数人之行为侵害他人之权益造成同一损害者,即应构成共同侵权行为,各加害人有无意思联络在所不问。[③] 客观说之内容,可从两方面加以观察:

---

① 采主观说的学者有,戴修瓒:《民法债编总论》,第207页;梅仲协:《民法要义》,第147页;郑玉波:《民法债编总论》,第166页。

② 参见郑玉波,前揭书,第167页;此一问题系德国法学界长期以来之争论问题,参见 Enneccerus/Lehmann, Recht der Schuldverhältnisse, 15 Aufl. 1958, S. 993f.

③ 采客观说的学者有,洪文澜:《民法债编通则释义》,第137页;胡长清:《民法债编总论》,第154页;史尚宽:《债法总论》,第166页;王伯琦:《民法债编总论》,第79页。

(1) 积极言之,"数人之行为均须为同一损害之原因(相当因果关系)"。其情形有:① 数行为个别均足为损害之原因,例如,甲、乙意图谋杀丙,分别下毒于丙之茶杯,其药量均足致丙死亡。② 个别行为聚合而成为损害之原因,例如上举之例,甲、乙所下毒量,分别言之,均不足致人于死,但二者聚合,即可产生死亡之结果。

(2) 消极言之,数人纵有意思联络,但其中某一行为不足为损害之原因时,仍不构成共同侵权行为。例如甲、乙二人有意思联络共同开枪杀丙,甲中,乙未中,则乙仍不负共同加害行为之责任。至于其应负教唆或帮助之责任乃属另一问题。[①] 客观说之理论依据有二:① 第185条只云数人共同侵害他人之权利者,负连带赔偿责任,并未明定数人间须有意思之联络。② 就实际言,共同侵害他人之权利者,如无意思联络,即非共同侵权行为,则被害人将有难于求偿之危险,于理于情,均有未妥,与民事责任注意损害赔偿之原则,亦有违背。[②]

综据上述,关于共同侵权行为之成立,计有客观说及主观说,至其异同,可分四种情形说明之:

(1) 数人无意思联络,侵害他人权益,造成不同损害者,例如甲、乙无意思联络,侵入丙宅,甲窃取财物,乙杀伤丙,无论依客观说或主观说,均不构成共同侵权行为,甲、乙应各就其侵害行为,依第184条规定负损害赔偿责任。

(2) 数人无意思联络,侵害他人权益,造成同一损害者,例如甲、乙驾车不慎撞伤丙。于此情形,依客观说,甲、乙之行为应构成共同侵权行为;反之,依主观说,甲、乙之行为应不构成共同侵权行为,应各就其加害部分负赔偿责任。至若甲、乙行为所肇致之加害部分不能分别者,其责任将如何决定,系主观说理论下最具疑义之问题。

(3) 数人有意思联络,共同造成同一损害者,例如甲与乙共谋,烧毁丙宅,甲泼汽油、乙点火而烧毁之,则无论依主观说或客观说,均构成共同侵权行为。

(4) 数人有意思联络,因行为分担,造成多种损害时,例如甲、乙共谋抢劫丙、丁,甲抢劫丙,乙抢劫丁。于此情形,依主观说,甲、乙应负共同侵

---

① 参见王伯琦,前揭书,第80页。

② 参见胡长清,前揭书,第155页。

权责任,依客观说,则尚不构成共同侵权行为,甲、乙应分别就其加害行为,负赔偿责任。①

三、"最高法院"之基本见解

(一)"最高法院"系采主观说

关于第185条第1项前段之共同侵权行为,有三则重要判例:

(1) 1916年上字第1012号判决(判例):"各加害人无意思之联络,应各就所加损害为赔偿。"

(2) 1931年上字第1960号判决(判例):"他人所有物,而为数人各别所侵害,若各加害人并无意思上之联络,只能由加害人各就其加害之部分,分别负赔偿责任。"

(3) 1966年台上字第1798号判决(判例):"本件车祸系计程车与卡车司机驾驶不慎肇事,依'司法院'第2383号解释,无共同过失之侵权行为,法院仅得就各该司机应负过失责任程度之范围内,令其与雇用人连带赔偿。"该解释之全文为:"二人以上因共同过失之发生犯罪者,应各科以过失罪之刑。不适用'刑法'第28条条文。其判决主文亦毋庸为共同过失之宣示。"

通说向来均一致认为,1916年上字第1012号判例及1931年上字第1960号判例,系采意思共同说(主观说)。② 1966年台上字第1798号判例,系主观说之产物,亦无疑义。

(二)学者之不同意见

关于共同侵权行为之成立,通说认为1916年上字第1012号判例及1931年上字第1960号判例,系采主观说已如上述。最近,钱国成先生采取不同的解释,认为:"其实上述判例所示,系指各行为人各别所为之加害

① 参见郑玉波,前揭书,第167页。

② 参见胡长清,前揭书,第155页;戴修瓒,前揭书,第207页;史尚宽,前揭书,第168页(注1)。第185条规定系源自民律草案第950条。依民律草案立法理由书之说明:"数人共同为侵害行为,致加损害于他人时,(即意思及结果均共同)各有赔偿其损害全部之责任。至造意人及帮助人,应视为共同加害人,始足以保护被害人之利益。其因数人之侵权行为,生共同之损害时(即结果共同)亦然,此本条所由设也。"似亦系采主观说。

行为,造成各别之损害,无共同关联之情形而言,此际各行为人如无意思联络自不能认为共同加害。至如数人为加害行为,造成一共同之损害,无法分别各别之损害部分时,则客观上其行为已有关连共同,纵令行为人无意思联络,当依通说认为构成共同加害行为。"①

钱国成先生对上述判例之解释,似难赞同。就此二则判例之文义及学说理论背景而言,当时的法院系采主观说,应无疑义。各行为人各别行为之加害行为造成各别损害,而各行为人无意思联络者,无论依主观说及客观说均不能构成共同侵权行为,事属当然,向无疑义。上述二则判例非指此种情形而言,似可断言。关于共同侵权行为之成立,原有主观说及客观说之争论。上述二则判例旨在对此争议问题采取立场,并表示采取主观说,而非对当然自明之事理,特著判例也。

(三) 例变字第 1 号系对主观说之变更

例变字第 1 号谓:"……至 1916 年上字第 1012 号及 1931 年上字第 1960 号判例,则指各行为人既无意思联络,而其行为亦无关连共同者而言,自当别论。"其见解显然系采取钱国成先生之见解,否认上述二则判例系采主观说。如前所述,上述二则判例系采主观说,原为学说上一致见解,因此从法学方法论诚实性(Methodenehrlichkeit)之观点言②,吾人似应认为例变字第 1 号系技巧地以隐藏性之解释方法,变更当时的法院主观说之基本见解。

四、判例之变更及其理由

(一) 1966 年台上字第 1798 号判例之功能

关于共同侵权行为之成立,当时的法院系采主观说,前已详述,即数人无意思联络而加损害于他人,造成同一损害者,不构成共同侵权行为,从而各加害人应就其加害部分负赔偿责任。在此理论,其所生最具疑义

---

① 钱国成:《共同犯罪与共同侵权行为》,载《军法专刊》第 20 卷第 1 期(1974 年 1 月),第 4 页。

② 参见 Brecher, Scheinbegründungen und Methodenehrlichkeit im Zivilrecht, Festschrift für A. Nikisch, 1958, S. 227.

之问题,系各行为人之加害部分不能确定时,其责任应如何决定。依吾人之见解,1966年台上字第1798号判例似在解决此一问题①,并采取以“过失轻重分配责任”之见解,即各加害人应依其过失责任之范围内负其责任。例如,计程车司机(甲)与卡车司机(乙)驾车不慎肇事,撞伤丙,丙支出医药费1万元。经认定各为一半时,则甲、乙应分别负担5000元。易言之,被害人丙仅能向甲、乙分别请求5000元,而不能向甲、乙同时或分别请求1万元。

(二)对1966年台上字第1798号判例之批评

关于该判例,钱国成先生作有两点批评:① 该判例引“司法院”所为刑事上无过失共同正犯之解释,作为民事上无过失共同侵权行为之直接论据,不合逻辑。② 各行为人应负过失责任之范围如何,实务上亦难于决定。车祸事件,今日各地方虽有汽车肇事责任鉴定委员会鉴定肇事司机过失责任之比例,可供参考,但其鉴定之比例是否正确,已不无疑问。而汽车肇事以外之过失侵权行为,其行为人之过失责任之比例如何,更无从捉摸,实务上必然陷于困境,是上述判例中所创之见解,实尚有商榷之必要。②

关于共同侵权行为之成立,钱国成先生系采客观说,认为各加害人虽无主观上之意思联络,而其各行为客观上有关连共同者,即构成共同加害行为。故不特主观说所认之共同加害行为,因其行为人相互间具有意思之联络,当然应认其行为有关连共同。在客观说自亦认其为共同加害行为,即加害人相互间欠缺意思联络,在主观说不认其为共同加害行为者,如其行为间有关连共同之关系,在客观说亦认其为共同加害行为。③ 基此见解,钱国成先生认为关于共同加害行为,可分作如下之结论④:

(1) 数人之加害行为有意思联络者,为共同加害行为,各行为人应就

---

① 1931年上字第1960号判例与1966年台上字第1798号判例之关系如何,不无疑问。本文以为在解释上应认为前者系采主观说之基本原则,即数人无意思联络致他人受损害(同一)者,应仅就其加害部分负责;后者系在解决加害部分不能分别时之责任问题,认为各行为人应依过失轻重,定其责任。如此解释,可使二者得获协调,不致发生冲突之现象。

② 参见钱国成,前揭文,第4页。

③ 参见钱国成:《共同侵权行为与特殊侵权行为》,载《国父法律思想论集》,第457页以下。

④ 参见钱国成:《共同犯罪与共同侵权行为》,载《军法专刊》第20卷第1期,第4页。

各加害行为所造成之总结果(损害总和)负连带赔偿之责。

(2) 数人之加害行为,虽无意思联络,但其行为有关连共同者(即各行为造成一共同之损害,无法分别何行为造成何部分之损害),亦属共同加害行为(故有共同过失加害行为)。

(3) 数人之加害行为,无意思联络,而其行为亦无关连共同者(即各别行为造成各别之损害),不成立共同加害行为,各行为人应就其行为所造成之各别损害,分别负赔偿之责。

(4) 数人之加害行为,其中有不发生损害之结果者,不问其与他行为人有无意思联络,该一行为不构成共同加害行为(因该行为未发生损害,其本身不成为侵权行为,至如或因其有意思联络而成立帮助行为,则属另一问题)。

综据上述,可知钱国成先生之基本观点系认为数人虽无意思联络,但其行为有关连共同造成同一损害者,各人若无法分别造成损害时,亦属共同加害行为,行为人应负连带赔偿责任。至于加害部分可分者,是否各人仅就其加害部分负责,钱国成先生见解如何,不甚清楚,惟就其文义推论之,似倾向于肯定说。

(三) 例变字第1号之理由构成

例变字第1号含有两点基本内容:① 以解释之方法否认1916年上字第1012号及1931年上字第1960号判例所采之主观说。② 变更1966年台上字第1798号判例。至于变更之理由,"司法院"谓:"民事上之共同侵权行为与刑事上之共同正犯,其构成要件并不完全相同……"此项理由构成(Begründung),颇嫌简略,惟查其文义,基本上似采钱国成先生之见解,前已详述,兹不重赘。

五、目的、方法及疑义

(一) 主观说之存在价值

例变字第1号所以舍弃当时所采之主观说,其基本目的系认为数人无意思联络造成同一损害,其加害部分不明者,不应依行为人之过失程度决定其责任(1966年台上字第1798号判例),而应使各行为人负连带赔偿责任。此项观点,实值赞同。盖“以过失轻重分配责任”原则,不但与损害赔偿原则有违,而且未足保护被害人之利益。然而,所应提出讨论的是,为达到变更1966年台上字第1798号判例之目的,是否必须以废弃主观说为手段?

关于共同侵权行为之成立,主观说亦有相当依据,因此德、英、美等国均采此见解。[①] 主观说理论下之基本问题,在于加害部分不能分别时,各行为人之责任应如何决定,前已说明。关于此点,《德国民法第一草案》第714条第2项对此种情形原设有明文,规定:“多数人之行为导致损害,虽无意思联络,若各人对损害所生之部分,无法确定者,负连带赔偿责任。”von Kübel在其所提出之民法草案,亦采同样观点,并有较详尽之说明,略谓:“数人无意图,纯因偶然共同作用,导致同一损害结果时,若各人之加害部分得予确定时,则各人应仅就其部分负责;至若各人加害部分无法确定时,则为保护被害人,有特别使行为人负连带责任之必要,苟非如此,数人行为致生损害,虽属无疑,但因未能证明各人加害之范围,而难求偿,殊失事理之平。”[②]今日德国通说(主观说)亦采同样观点。“最高法院”在所采主观说之理论下,采同一解释,亦符合现行法之价值判断,盖依第185条第1项后段之规定,数人参与危险行为,不知孰为加害人者,既应负连带赔偿责任,则数人肇致损害并无疑问,仅其加害部分,无法确定而已,论其情况,尤较严重,自应适用该项法理,使负连带赔偿责任也。[③] 由是可知,在主观说理论下,加害部分不能区别时,各行为人之责任问题,得经由解释之方法,获得合理妥适之解决。因此,例变字第1号之目的,若仅系为“以过失轻重分配责任”原则之不当,则废弃1966年台上字第1798号判例,改采上述见解,即可达此目的,以辗转曲折解释之方法,变更原法院所采主观说之基本见解,似无必要。

---

① 关于德国判例学说,参见 Larenz, Schuldrecht Ⅱ, 11. Aufl. 1977, S. 587f.;关于英国之判例,参见 Winfield and Jolowicz on Tort, Tenth Edition (by W. V. H. Rogers), 1975, p. 545f.;关于美国法,参见 Prosser, Law of Torts, Third Edition, 1964, p. 249f.;关于共同侵权行为之成立,日本判例学说系采客观说,然主观说之论点,亦甚受重视,参见加藤一郎:《不法行为》(法律学全集22-Ⅱ),昭和52年增补版,第205页以下。关于德、法、日、英、美各国学说之介绍,参见温汶科:《共同侵权行为之研究》,1973年版。

② 参见拙著:《民法学说与判例研究》(第一册),北京大学出版社2009年版,第47页。

③ 参见郑玉波,前揭书,第167页;温汶科,前揭书,第172页;拙著:《民法学说与判例研究》(第一册),北京大学出版社2009年版,第47页。

(二) 客观说之贯彻

在例变字第1号所采客观说理论下,有一项疑问,即数人之加害行为有关连共同,造成同一损害,其加害部分可以分别时,各行为人之责任如何决定。关于此点,钱国成先生曾谓:"至如数人为加害行为,造成一共同之损害,无法分别各别之损害部分时,则客观上其行为已有关连共同,纵令行为人无意思联络,当依通说认为构成共同加害行为。"据此而观之,钱国成先生似倾向于认为各别之损害部分可以确定时,各行为人应就其加害部分负赔偿责任。例变字第1号是否采此见解不得而知,法院(尤其"最高法院")对例变字第1号将如何解释适用,尚难预料。惟钱国成先生一方面采客观说,一方面似又倾向于认为损害部分可分时,各行为人仅就其加害部分负责,则其理论是否一贯,似有疑问。依本文见解,在客观说理论下,只要有行为关连共同,即构成共同侵权行为,损害部分是否可以分别,在所不问。

(三) 主观说与客观说之结合

关于共同侵权行为之成立,主观说及客观说在适用上有以下两点基本差异:

(1) 数人无意思联络,因数行为共同造成同一损害时,依客观说,应构成共同侵权行为。依主观说原则上不构成共同侵权行为,各人应就其加害部分负责,但各别加害不可分者,各行为人仍应负连带损害赔偿责任。就理论言,客观说对被害人较为有利。惟同一损害之部分可分别者,甚为少见,就结果而言,客观说及主观说在适用上并无重大差异。

(2) 数人有意思联络,因行为分担而造成数不同损害时,依主观说,应构成共同侵权行为;依客观说,则不构成共同侵权行为。就理论言,主观说对被害人较为有利,惟被害人关于各行为人之意思联络,应负举证责任。

基上所述,关于共同侵权行为,无论采主观说或客观说,对被害人利益之保护利弊兼具。为确实保护被害人,其最佳之途径,系对第185条第1项前段所称之"共同"采取广义解释,认为兼指意思共同或行为共同。换言之,即数行为人具有意思联络者,就行为分担所生不同之损害,固构成共同侵权行为;其虽无意思联络,但数人之行为,客观上造成同一损害结果者亦同。例变字第1号不采此见解,似无疑问。

六、结论

第一,关于共同侵权行为之成立,向有意思共同说(主观说)及行为共同说(客观说)两种理论,二说皆有所据,难有定论。“最高法院”采主观说(1916年上字第1012号及1931年上字第1960号判例),认为侵害他人权利,各加害人并无意思上之联络,只能由各加害人各就其加害之部分,分别负赔偿责任。惟1966年台上字第1798号判例认为,应依过失责任轻重,以定各加害人之责任。依本文见解,此一判例在解释上应认为仅适用于加害部分不明之情形。诚如钱国成先生言,此项判例适用上殊有困难,确有变更之必要。于此情形,为保护被害人利益,应适用(或类推适用)第185条第1项后段规定,使各行为人负连带损害赔偿责任。然为达此目的,变更1966年台上字第1798号判例即可。例变字第1号以隐藏性解释方法,根本推翻主观说,在方法上是否必要,似尚有商榷余地。

第二,例变字第1号采客观说,自有其依据,亦值赞同。在客观说理论下,数人无意思联络造成同一损害者,其加害部分可分时,或有认为不构成共同侵权行为。依本文见解,于此情形,各加害人仍应依第185条第1项前段规定,负连带损害赔偿责任。

第三,判决应附理由,其主要功能有二:一为保证判决之合理性(Assurance of rationality)及其内容正确之控制(Richtigkeitskontrolle);另一为避免权力滥用(Safeguard against misuse of power)。[①] “最高法院”判决理由详尽者有之,仅具虚像理由(Scheinbegründung)者有之,机械式适用法条不叙理由者,亦属不少。[②] 例变字第1号理由构成(Begründung),似嫌简略,若能酌予补充、加强,对其解释适用,当有裨益。

第四,判例系法律之生命,判例变更之目的,旨在延续法律之生命,增益法律之规范功能,向为各个国家和地区所重视。自1927年成立“最高

---

① J. P. Dawson, The Oracles of The Law, 1968, p. XI(Introduction)(此书内容至佳,具有高度阅读价值);Larenz, Methodenlehre der Rechtswissenschaft, 3. Aufl. 1975, S. 298f.;Esser, Vorverständnis und Methodenwahl in der Rechtsfindung, 1970, S. 139f.

② 参见拙著:《“最高法院”判决在法学方法论上之检讨》,载《民法学说与判例研究》(第一册),北京大学出版社2009年版,第128页。

法院”以来,历时半世纪,迄至1977年,始有变更判例之创举,态度之保守,较诸英国贵族院有过之而无不及。第2号判例变更何时作成,实难逆料。“最高法院”一方面尊重判例,但一方面又容许以判决或民庭庭推会议(或总会)变更(或违反)判例,诚值批评。[①] 现行的判例制度,具两点特色:一为区别“最高法院”判决为判决及判例(特别选择之判决),异其效力及变更程序;二为判例(或判决)之变更,不在诉讼上具体案件作成表示之,另有抽象(脱离具体诉讼案件)之判例变更及所谓之民刑庭推会议(或总会)之决议。此项制度,至为特殊,似为台湾所独有,是否妥适,似值研究。

---

① 参见吴明轩:《“司法院”解释及“最高法院”判例、决议之整理》,载《法学丛刊》第88期(1977年12月),第19页。

消费者的基本权利与消费者的保护

一、消费者的基本权利

近数年来，台湾经济增长快速，工商业发达，民众生活水准提高，逐渐成为大量生产及消费的富裕社会。然而，在这个大众消费的社会，消费者的地位不但未获改善，反而日趋恶化，商品制造者、销售者及劳务供应者却享有优越的地位，经济学家所谓的"消费者主权"已经名存实亡。

造成此种情势的原因甚多。归纳言之，约有五点：① 商品种类繁多、构造复杂、性质互异，品质与价格是否相当、是否具有危险性及副作用，一般消费者多无法判断。② 现代企业经营重视销售技术，利用各种方法推销商品或劳务，夸大、虚伪及富于暗示性的广告甚为普遍，容易引起消费者潜在的欲望及动机。此外，各种"对号还本"及"大赠奖"等推销方式，亦常引诱经验不足的消费者做不利于自己的消费行为。③ 企业者的联营或合并，增强其在市场上的控制力量，逐渐破坏市场竞争秩序。④ 消费者为零散的群众，未能组织成为共同利益团体，以维护自己的权利。⑤ 现行法制是建立在契约自由原则之上，企业者常假借契约自由之名，订定不利消费者的条款，"货物出门，概不退换"即其著例。又诉讼制度，程序繁杂，妨害消费者实现其权利，例如因商品缺陷遭受损失，除非情形严重，一般消费者多自认倒霉，不愿深究。不良厂商未受法律制裁，更是肆无忌惮。①

在此种情况之下，为提高消费者的地位，保护消费者的利益，必须重

---

① 参见 Eike von Hippel, Verbraucherschutz, 2. Aufl. 1979. 本书为关于消费者保护体例严密、内容丰富之名著，深具参考价值。

新建立消费者主权的观念,在法律上必须确认五项消费者的基本权利:

(1) 安全的权利。消费者有权要求商品及劳务应符合安全标准,以保障其身体及健康免于遭受危害。

(2) 明了事实真相的权利。消费者有权要求不受虚伪不实广告、标示、标价及其他行为的损害;有权要求明了商品的内容及实际的价格,俾能作适当的判断。

(3) 选择的权利。消费者有权要求当局采取措施,促进市场竞争秩序,使其能依消费者的需要,供应更多物美价廉的商品,俾消费者得自由选购;在竞争不存在而以当局管制取代的企业,更应确保商品品质及合理价格。

(4) 意见被尊重的权利。消费者有权要求当局于制定社会经济政策之际,必须考虑消费者的利益,并使消费者有表达意见的机会。

(5) 损害救济的权利。消费者有权要求当其权益遭受损害时,得依迅速、经济、公正的程序获得救济。

当局对于上述五项基本人权必须加以尊重,应该采取各种措施,促其实现。这不仅是一种政治道德上的义务,也是法律上的义务。兹根据此五项消费者基本权利,从法律的观点讨论若干关于保护消费者利益的重要问题。

二、产品缺陷与消费者安全的保护

产品缺陷肇致损害,在今日工业社会日趋严重。电锅爆炸、彩色电视机辐射线超过标准、汽车机件设计错误、食品罐头生锈、皮蛋含铅量过高、食品滥用人工甘味剂及色素,皆为常见之例,危害人体健康至巨。

第 184 条第 1 项前段规定:“因故意或过失,不法侵害他人之权利者,应负担损害赔偿责任。”因产品缺陷遭受损害者,固得依此规定向商品制造人请求损害赔偿,但必须证明加害人于制造商品之际具有过失。由于商品制造属于高度科学技术,被害人举证证明自属不易,为此,各国家或地区的法院为保护消费者利益,多采取变通办法,或利用举证倒置的技术,使制造人负责证明制造并无过失;或径使商品制造人负无过失责任,即于商品因其缺陷肇致损害时,制造人即应负赔偿责任,有无过失,在所不问。前“司法行政部”成立研究小组修改“民法”,亦将商品制造人责任列为研究重点,应能创设妥善规定,以保护消费者利益。[1]

损害赔偿属于事后救济,尚不足充分保护消费者安全,必须采行行政管理措施及检验制度,始能防范于未然。在此方面,当局近年来已渐加重视,除于1970年9月3日修正"商品检验法"外,尚制定三项重要法律,即"药物药商管理法"(1970年8月17日)、"化妆品卫生管理条例"(1972年12月28日)以及"食品卫生管理法"(1975年1月28日)。此三项最近制定法律的内容,尚称完善,但为加强保护消费者利益,拟提出两点意见,用供参考:

(1) 尽速建立完整法制规模,例如"食品卫生管理法",多为概括规定,必须制定许多标准、规则、办法等与之配合,始能发生规范功能。

(2) 工艺技术进步,商品种类增加迅速,复因国际贸易发达,自域外输入本地区的商品亦日益增加。为求有效管制及检验,必须设立专门机构,增添设备人员,并应与有关国家和地区政府机构及国际组织保持联系。

三、商品广告、标示、标价及其他推销方式与对消费者不当引诱之防止

(一) 商品广告

商品广告提供消费者消息,本属有益,但不良广告刺激或引发消费者潜在动机及欲望,尤其是夸张事实、歪曲事实,或遗漏应为陈述之事实,使消费者陷于错误,影响消费者利益至巨。报纸销售范围广大,影响深远,因此报纸广告最为重要。报纸广告具有不良性质者,主要包括:① 诈欺广告,例如不良医疗广告,伪装招募职员、征婚、征求合作广告,保证升学、长高、暴利、医治绝症等广告。② 黄色广告,例如性病、理疗、特种咖啡馆、"擦皮鞋"及"观光理发"广告。③ 诽谤广告,例如警告逃妻、警告某某人及各种人事纠纷等广告。

在所有不良广告中,以医疗广告最为严重,不仅具有诈欺性,而且有时具有黄色诱惑犯罪性。据统计,医疗广告在报纸广告中占极大的比例,

---

① 参见拙著:《产品责任现况之检讨及其发展趋势》,本书第134页。

约在10%—18%之间,因报而不同。其中最值非难的是,几乎所有报纸常将不良广告以新闻方式刊出,报纸为了营利,帮助客户诈欺读者,不仅丧失报格,违反了报纸的社会义务,而且成为图谋私利者之共犯。

为管理日益猖獗的医药广告,当局亦曾积极采取各种措施,先后制定有关法律。1967年8月公布实施台湾省管理医疗广告办法;1969年2月25日公布实施药品广告审查准则。1970年公布之"药物药商管理法"第71条更设有规定:药物之广告不得涉及猥亵、有伤风化或暗示堕胎。药商登载或宣传广告时,应于事前将所有文字、图画或言词,申请有关卫生机关核准,并向传播机构缴验核准之证明文件。药商违反此二项规定者,除得处5000元以上、5万元以下之罚款外,其情节重大者,得撤销其各该许可证。

关于医药广告,现行法虽设有规定,但具有不良性质者仍猖獗如昔,可见执行效果不彰。新闻界虽有自律运动,但不良报纸广告依然层出不穷,足见商业营利仍重于社会责任感。在此种情况下,吾人郑重建议在出版法中增设规定,对刊登不良广告之报纸予以处罚(参阅"出版法"第32条之规定),并确实执行法律。①

(二) 商品标示

由于产业活动的发展及营销方便,商品包装及标示亦发生重大变化,商品由散装改为定型的包装,消费者对于包装不能从事检查,仅能信赖包装或标示上的记载。因此为保护消费者利益,促进公平交易,建立良好商业规范,加强商品标示管理,甚有必要。

关于商品标示,"食品卫生管理法"(第16条)、"药物药商管理法"(第65条)等虽设有个别规定,但尚欠缺统一制度。为此,有关当局特于1974年9月拟定"商品标示法草案",其重点计有11项:① 商品标示不得有虚伪或不实情事,亦不得违反公共秩序及善良风俗(第5条)。② 商品标示之文字应以中文为主,外文为辅(第7条)。③ 外销改内销时,应注明系外销改内销字样,并加附中文说明,未经注明者不得出售(第8条)。④ 输入之其他国家或地区的商品在本地市场销售者,应另加中文标示或

---

① 参见陈玲玉:《论引入错误广告与广告主之法律责任》,台大法律学研究所硕士论文(1979年度)。

译附中文说明书(第9条)。⑤ 商品标示之文字应求通俗明确,不可使用奥僻难解之用语(第10条)。⑥ 本地区商品计量标示应依“计量法”规定,并应具体正确(第11条)。⑦ 商品制造、加工或分装时,加有包装者,应于其内外包装或说明书上标明:商品名称;数量、大小或重量;制造厂商名称;化学制品及其他须特别注意处理者,其注意事项;有危险性、时效性或其他须特别注意者,其应注意事项。⑧因标示不实,致消费者受损之厂商,须负损害赔偿责任(第15条)。⑨ 受损害之消费者得检具证件,向主管机关检举,请求依法处理(第17条)。⑩ 由行政机关向厂商提出改正指示,如不改正者,处有期徒刑或罚金(第21条)。⑪ 对于欺蒙消费者之累犯或连续犯加重处罚(第23条)。综观上述,可知“商品标示法草案”,虽未臻详尽,但大体言之,尚属可行。

(三) 商品标价

商品标价可以促进交易公正及迅速进行,为保障消费大众利益,应建立商品不二价制度。有关当局于1966年12月2日公布(1968年2月29日修正)商品公开标价实施办法,并设有处罚规定,惟成效未著。例如在台北中华商场,标价徒具形式,讨价还价,漫无标准,不仅鼓励投机取巧,而且使善良无经验的消费者遭受损失,在法令内容及执行方面,实有检讨必要。

(四) 其他推销方式

其他不当商品推销方式,如大赠奖、对号还本、折扣优待等,不但容易使消费者对物品价格发生错误判断,而且经常发生诈欺情事,如何加以管理,亦有必要。此外,推销员登门销售物品及未经要约径寄物品等销售方式,亦足使消费者遭受损害。瑞典及英国已设有特别法加以规律,可供参考。

(五) 消费者之民事救济

消费者因受不实广告、标示、标价及其他推销方式而为交易者,其在民事上得主张之救济方法有三①:

---

① 参见郑玉波:《广告企业之民事责任与消费者之保护》,载《法令月刊》第27卷第4期(1976年4月),第1页。

(1) 撤销权。第92条规定,因被诈欺而为意思表示者,表意人得撤销其意思表示。例如,甲在报纸刊登广告,利用夸张的文字,铺张地表示,出售“最速人体增高机”,乙误信其言,而为购买者,得撤销其意思表示,使买卖契约视为自始无效(第114条)。其未支付价金者,固不必再为支付,已支付价金者,得依不当得利之规定,请求返还(第179条)。

(2) 契约上之请求权。消费者与广告主具有契约关系者,得主张契约上之请求权。以交易上最为常见之买卖为例,买受人得主张物之瑕疵担保责任(第354条以下规定),其因物之缺陷致其人身或其他财产受有损害者,并得依债务不履行(不完全给付)之规定,请求损害赔偿(第227条)。

(3) 侵权行为损害赔偿请求权。广告主以不实之广告,引人错误、陷于错误,而为交易行为时,系属故意以背于善良风俗之方法,加损害于他人,构成侵权行为,应对消费者所受之损害,负赔偿之责任(第184条第1项后段)。

四、定型化契约条款与契约正义之维护

消费者要购买商品或劳务,必须与厂商就交易条件进行磋商,订立契约。然而,在今日许多重要基本交易行为,例如保险、水电、运送等,消费者的谈判力量已经减弱或根本不存在。交易条件多由企业单方面预先制订,消费者毫无讨价还价的余地。此种交易条件,就其形式言,有的与契约结合在一起;有的成为单独文件。就其范围言,有的印成细密文件,长达数页;有的则以粗体字或毛笔字书写,悬挂于营业场所。至其目的,则均在使这些交易条件成为当事人所订契约的条款。

定型化契约条款是现代经济活动的产物。在此大量交易的社会,个别磋商的传统缔约方式,已经无法适应现代交易的需要。交易条件的定型化,一方面可以促进企业合理经营;在他方面,消费者亦可以不必耗费精神就交易条件讨价还价。企业经营合理化的结果,有助于改善商品的品质及降低价格,对消费大众甚为有利。

然而,所以发生问题的是,企业厂商于订立契约条款、决定交易条件之际,经常利用其优越的经济地位,制订有利于己而不利于消费者的条款,例如免责条款、失权条款、法院管辖地条款等。一般消费者对此种条

款多未注意，不知其存在；或虽知其存在，但因此种契约条款甚冗长，且以细小字体写成，不易阅读；或虽加阅读，因文义艰涩，难以理解其真义；且纵能理解其真义，知悉对己不利条款的存在，亦多无讨价还价的余地，只能在接受与拒绝间加以选择。然而，或由于某类企业具有独占性，或由于各企业使用类似的契约条款，消费者并无选择之机会。因此，如何在契约自由之体制下，维护契约正义，使经济上的强者不能假借契约自由之名，压榨无组织的消费大众，当是现代法律所面临的艰巨任务。①

关于控制不当交易条件及契约条款，综合言之，计有四种途径可资采取，即：① 加强司法控制；② 增设强制规定；③ 建立事先核准制度；④ 消费者组织及舆论之压力。兹分别加以讨论。

1. *司法控制之加强*

所谓司法控制，是指法院得审查契约条款所含的交易条件，依法律的规定决定其效力。法院在从事此种审查时，有两种方法可资采取：一为审查有关的条款是否违反法律强制或禁止规定，例如有条款违反第147条关于“时效期间，不得以法律行为加长或减短之，并不得预先抛弃时效之利益”之规定者，法院得宣告其无效；二为审查有关契约条款是否有背于公共秩序、善良风俗或诚信原则。前者的范围视强制或禁止规定之多寡而定，后者则属概括规定，适用范围甚为广泛，具有弹性，为控制不当契约条款的主要方法。

法院采取何种方法控制不当契约条款，视其对契约自由的立场及认识而定。法院坚持契约自由信念者，其态度较为保守，其所采取的方法亦较间接、隐藏。惟就法院实务而言，法院的态度由保守趋于开明，控制的方法亦由隐藏趋于公开。大体言之，可分为三个层次：① 在可能之情形，尽量不承认不当交易条件已经当事人合意成为契约条款。② 在无法否认该不当条款已经由当事人合意构成契约内容时，适用上尽量采取不利于企业者的解释。③ 若依解释方法尚不能达到控制该条款之目的时，则法院应采取公开的态度，宣布该条款违反公序良俗无效。就法院实务而言，由于案例甚少，无从作详细的分析，以确定法院的态度。但是我们相信及期望法院、尤其是负有促进法律进步责任的“最高法院”，能够确实检讨契约自由的真实意义，对不当的契约条款采取严格的态度，以促进实

---

① 参见黄越钦：《论附合契约》，载《政大法学评论》第16期（1977年10月），第29页。

现契约正义。

司法控制具有若干缺点,不容忽视:① 属于事后救济;② 仅适用于个别案件;③ 诉讼结果不确定,增加当事人负担;④ 一般消费者因欠缺法律知识,或对诉讼的恐慌,多不愿主张其权利,致不当契约条款无法受到控制。因此,必须补以其他制度,始可奏效。

2. 增设强制规定(立法控制)

为事先恐吓企业者,使其减少使用不当契约条款及便于司法控制,增设强制规定亦属必要。此种强制规定可分为二类:一为绝对强制规定,即当事人不能依合意予以变更;一为相对强制规定,当事人的合意变更有利于消费者时,仍为有效。现行法律为保护消费者,亦设有强制规定。就"民法"言,例如第 205 条规定:"约定利率,超过周年 20% 者,债权人对于超过部分之利息,无请求权";第 389 条规定:"分期付价之买卖,如约定买受人有迟延时,出卖人得即请求支付全部价金者,除买受人有连续两期给付之迟延,而其迟延之价额,已达全部价金之 1/5 外,出卖人仍不得请求支付全部价金";第 390 条规定:"分期付价之买卖,如约定出卖人于解除契约时,得扣留其所受领价金者,其扣留之数额,不得超过标的物使用之代价,及标的物受有损害时之赔偿额。"

关于增设强制规定,控制不当交易条件,维护消费者利益,亦为此次"民法"修改重点之一。于个别契约类型,针对现况,预筹将来,增设规定,确有必要,无待详论。至于是否宜设一般规定,虽不无疑问,但依吾人所信,应采肯定的见解。盖各种契约类型层出不穷,非设概括规定,无法适当加以规律。此种概括原则性的控制,应不致妨害交易活动及经济发展;同时亦不能因为要鼓励企业者活动,而任社会一般消费者遭受损害。

3. 事先核准制度(行政控制)

对构成交易条件的契约条款,由主管机关或专门机构事先加以审查,亦为有效控制的方法。台湾亦有此类制度,如"保险业管理办法"第 29 条规定:"各保险费率及保单条款,除情形特殊,有国际性质之保险外,均应先呈经'财政部'核准,始得出单。'财政部'审核各项费率及保单条款时,得交由有关公会或其他机构研议。"其他如运输、银行、水电等营业条款都须经有关主管机关核准。此种经行政机关所核准或报备的各种交易条款,法院是否有权审查,不无疑问,但应以肯定说为是。

就关系人民生计具有独占性企业的契约条款应采事先核准制度,并应视事实需要随时增设或修订,固无问题。应特别注意的是,应否设立专门机构,负责审查所有定型化契约条款。以色列在其《标准契约法》(Standard Contract Law)设有审核委员会,由司法人员、消费者代表、企业者代表组成之,负责审核定型化契约条款,可供参考。

4. 消费者组织及舆论压力

消费者组织对于控制不当契约条款亦有效用。一方面可以加强对消费者的教育,提高消费者的地位,使其能有相当的能力与企业者从事磋商,订定较为公平的交易条件;另一方面可以形成舆论公共压力,促使企业者修改不当的营业条款。知识及团结就是力量,这是消费者维护其权益的最佳方法。

5. 契约范本之制订

定型化契约条款,一般言之,多由企业者片面制订,其利用优越之经济地位,订立不利于消费者之条款,自所难免。因此,定型化契约条款若能由第三人制订,立场客观,较能兼顾双方当事人之利益。“内政部营建司”有鉴于此,特订定不动产买卖契约范本,供各界参酌采用,事属创举,深具意义。关于此项“不动产买卖契约范本”之印行,主管部门作有如下之说明,自值引述:“由于近年来之经济繁荣以及民众所得提高,投资建筑住宅出租出售之建筑投资业乃纷纷崛起,间有经营管理不善、资金运用不当、中途停工或倒闭者,致使购屋纠纷迭起,影响社会公益至巨。本部为保障社会大众权益,加强为民服务,除积极研订‘建筑投资业管理法规’用资健全该业发展外,并经订定‘不动产买卖契约(范本)’乙种,借供购屋者参用。该项契约范本之研订系本公平诚实原则,依有关法令规定及社会习惯并兼顾买卖双方之权益,提供大众购买房地时之参考,其有未尽事宜或双方另为特殊约定者,仍得由双方协议做必要之补充规定。为期社会各界广泛参用,本契约范本欢迎各界依式印制,但务请标明‘1979 年 10 月 22 日台内营字第 49477 号函审定’字样,并应详细校对无讹及注明印制人之姓名(或公司行号名称)、地址,以明责任。”

惟应注意的是,不动产买卖契约范本虽由“内政部”审定印行,但不具有法规之性质,因此纵被采用,仍属私法上之契约,自无疑问。关于定型化契约条款之解释,判例学说多认为定型化契约条款有疑义时,应作有利于消费者之解释。此项原则于解释不动产买卖契约范本,应无适用之余地，盖此项不动产买卖契约范本系由当局主管机关制订，对双方当事人利益已妥为权衡，在解释上无偏惠消费者之必要也。

五、市场竞争秩序的维持与合理商品价格及品质的保障

利润是企业者从事生产销售的动机与目的。合理的利润为企业者应得的报酬，然而近年来，由于工商企业的发达，一方面形成企业的联营，限制自由竞争，逐渐造成市场独占；另一方面，生产与销售间必须经过种种过程，造成商品价格不合理的现象，使一般消费者受到剥削。

1974年初以来，石油危机造成物价高涨，当局曾采取限价、平价、议价等措施安定物价；此外，并实施各种政策，调整产销制度。台湾果菜运输公司的成立，机关消费合作社的组成及公教人员日用品的平价供应，均为具体的重要措施，对于平稳物价、确保消费者利益，有卓越的贡献。

就经济发展的趋向而言，并参酌发展中国家的经验，企业独占势将成为社会的重要问题。台湾关系企业的逐渐形成，似是此种发展的前阶段。基于此种认识，当局应注意促进市场竞争秩序，防止企业独占的形成。竞争是调整经济活动的主要工具，具有淘汰作用，可促使企业改良商品或劳务的品质，降低价格；竞争秩序的破坏，将使消费者遭受重大不利。

台湾现行经济基本体制，在本质上仍属一种受调整的市场经济，故应以自由竞争作为调整经济活动的工具。竞争秩序必须加以维护，惟现行法上尚无以维护竞争秩序为目的之营业竞争法规，仅适用"民法"违反公序良俗或侵权行为等一般规定，势难发挥规范的效力。台湾工商企业正在迅速发展，当局并鼓励中小企业合并或形成关系企业，因此，制定反独占或限制营业竞争的特别法，避免造成独占或限制营业竞争，应属当前要务。[①]

① 参见廖义男：《企业与经济法》，"台大法学丛书"（十八），第123页以下。

六、消费者权利的实现

在实体法上设保护消费者的规定固为重要,但程序法上的救济亦不容忽视。消费者权益受侵害时,依法律规定虽得请求损害赔偿,实际上多未实现。推究其故,约有五种原因:① 消费者欠缺法律知识,不知其权利的存在;② 消费者认为其标的价值微少,不值得进行诉讼;③ 消费者认为个人力量不足对抗企业组织,难期胜诉;④ 消费者对于复杂诉讼程序感到陌生及畏惧;⑤ 消费者对律师或本地区“司法制度”未有足够的信赖。

权利必须主张,始能克制不法行为。消费者主张其权利,非仅为其个人利益,而且也为一般消费者及社会公益。为协助消费者实现其请求权,必须加强消费者智识,使其认识其权利的存在。为鼓励消费者主张其权利,应考虑采用集体诉讼制度、简化诉讼程序、增设仲裁程序、设立辅助机构。如何将这些措施组成一完整之体系,虽有待进一步之研究,但无论如何,当局必须针对现行制度的缺点,设计出一套迅速、简便、经济、公正的制度或程序,使消费者能够主张、贯彻其依法所应享受的权利。

七、消费者消息、消费者教育与消费者运动

消费者是自己权益的最佳保护者,在现代复杂的经济社会,消费者行为是不简单的活动,因此必须加强消费者教育,充实消费者智识,使其能够合理决定其消费行为,例如商品的选择、价格的比较、广告内容的判断、合理交易条件的磋商,于权利遭受损害时并得依法定程序寻求救济。

在台湾,对消费者消息的供给及消费者教育甚为微小。各级学校偏重升学,对生活教育并未重视,课程内有关消费者知识的资料,虽无正式统计,但似尚不多。当局亦未经常提供消费者消息;大众传播机构,例如电视、电台,重视商业广告,完全忽视消费者教育;至于消费者团体,因尚在倡导阶段,尚无广泛积极之活动。当局应确认消费者消息及教育为消费者的基本权利,各有关机关应定期发行刊物,利用大众传播机构提供消费者消息;各级学校课程应纳入适当有关消费行为的教育资料;此外,并应鼓励成立消费者组织,加强其活动,使其成为提供消费者消息及教育的机构。

消费者虽然是最大的经济团体,但因未曾有效组织,消费者意见多未受重视。近年来,由于消费者利益深受危害,逐渐形成共同意识,明了以个别消费者的力量无法对抗有组织的企业者,必须团结才能产生力量。在此种共同意识形成之下,消费者运动应运而生,成为一种国际上的运动。19 世纪是劳工运动的世纪,20 世纪是消费者运动的世纪,而此项运动正在开始倡创的阶段。当一个国家或地区的政策仍然偏重生产与经济发展,整个法制仍然建立在自由放任基础上时,消费者运动是消费者自助的重要途径。

消费者运动具有六项目标:① 提供消费者情报,加强消费者教育,提高消费者智识。② 处理消费者争议,协助消费者主张其权利。③ 集合消费者意见传达给企业者,并以团体的力量从事磋商或形成公共舆论压力,以改善消费者的地位。④ 参与当局消费者政策的形成与制定,并要求当局建立消费者行政体系,处理消费者问题。⑤ 成立消费者团体,确立消费者主权。⑥ 加强消费者国际团体及合作。

台湾民众一向缺少权利意识,其权益受害多未能发起运动、组织团体,以求救助。消费者主权在域外虽风行一时,但在本地区并未引起注意,直至 1973 年因受世界经济风暴影响,物价飞腾,消费者保护运动才渐受重视。在新闻界的鼓励之下,热心的妇女乃于 1974 年 12 月 22 日成立“台北市市民消费协会”。该会的工作计划有七项:① 商品价格之调查研究。② 商品品质之检验。③ 消费者意见之调查分析。④ 消费者利益。⑤ 关于消费者权益问题,向当局有关机构建议。⑥ 消费者知识之介绍、传播与咨询。⑦ 消费者与生产者意见之沟通联系。该协会成立已历数年,曾举办“保护消费者妇女座谈会”、“实践以俭制价座谈会”等活动,并发行消费者周刊。由于工作人员属兼职,加以经费有限,并未产生重大影响。最近社会对消费者保护运动更加重视,设立消费者文教基金会,努力展开工作,热心公益人士积极参与,当局亦加以鼓励与支持,应能发展成为保护消费者权益的健全组织。

八、消费者保护基本法制的建立

台湾经济成长快速,产业发达,逐渐形成大众消费的社会,但其所引起的公害、环境破坏、产品具有缺陷、不合理之价格、不公平之交易条件、虚伪不实之广告等问题,亦已达严重损害消费者利益的程度。

基于福利社会的思想,当局近年来亦甚注重消费者利益的保护。近年来陆续实施“药物药商管理法”、“食品卫生管理法”、“医师法”,并采取各项措施,例如民生必需品议价、限价及平价供应,提倡工业标准,举行正字标记产品展览会等,对于维护消费者利益实有贡献。

然而,就台湾地区整体加以观察,并与工业先进国家和地区加以比较,许多地方尚待改进。其中以欠缺保护消费者基本政策最值重视。美国自肯尼迪总统以降,历任总统皆曾向国会提出保护消费者的国情咨文;德国联邦政府每年均向国会提出消费者政策报告;在日本则制定有《消费者保护基本法》。反之,在台湾地区,当局似未专就消费者保护问题提出报告或计划,足见在此方面尚欠缺总体的构想或政策。因此,我们认为当局应即调查台湾社会经济现况及参酌先进国家和地区的经验,制定保护消费者的基本政策,将其作为重点工作。为达此目的,首先必须健全法制。目前最感需要者,系制定“保护消费者利益基本法”,作为推行保护消费者利益政策的法制基础。[①]

此项消费者保护法应包括五点内容:① 确定保护消费者的基本政策。② 规定当局应依社会经济发展的需要,制定必要法令及积极采取各项措施,实现消费者基本权利。③ 规定企业者的社会责任,应采取必要措施,配合当局推行保护消费者利益的政策。④ 规定当局各级机关应协助促进消费者组织化,成立消费者团体。⑤ 设置各级处理保护消费者事务之机构。

在“消费者保护法”制定之后,当局主管机关应即依据该法之规定,通盘检讨“民法”、“刑法”、“商标专利法规”、“卫生法规”、“经济法规”、“诉讼法规”等直接、间接关系消费者权益的法令制度,建立完整的法律体系,以保护消费者的利益。

---

① 目前世界各国家和地区均制定了消费者保护法,除日本外,尚有英国、芬兰(参见林琼辉:《商品制造人责任》,文化大学1980年度硕士论文,附录三)、墨西哥(1975年12月18公布施行,共有71条)、法国等。参见 Eike von Hippel, S. 285, 302.

受诈欺或胁迫而为意思表示之效力在实例之分析

一、问题之说明

私法自治是民法之基本指导原则,而法律行为则为达成私法自治之手段。法律行为之基本要义在于表意人得依其意思表示而发生一定私法上之效果。意思表示既足以创造当事人为规律自己社会生活之规范,则表意人决定其意思时,应有自由,否则将无以实践私法自治之理想。因此表意人于决定其意思表示时,因被他人诈欺或胁迫,受有不当之干涉者,法律上即应有救济之必要。为此,第 92 条特设两项规定:"Ⅰ. 因被诈欺或被胁迫而为意思表示者,表意人得撤销其意思表示。但诈欺系由第三人所为者,以相对人明知其事实或可得而知者为限,始得撤销之。Ⅱ. 被诈欺而为之意思表示,其撤销不得以之对抗善意第三人。"又依第 93 条规定:"前条之撤销,应于发现诈欺或胁迫终止后,一年内为之。但自意思表示后,经过十年,不得撤销。"

上述关于因诈欺或胁迫而为意思表示之规定,对于训练法律思维能力及促进理解"民法"上之基本概念,甚有助益。为此,本文特设若干基本案例,试加分析,以供参考。[①]

① 关于因被诈欺或胁迫而为意思表示之一般理论,请参见洪逊欣:《民法细则》,1976 年 1 月修订初版,第 397 页以下。

二、由相对人所为之诈欺或胁迫

（一）基本案例

A 被 B 诈欺而出卖某画给 B，价金 1000 元，倘 A 即交付其画，B 亦同时付以千元大钞一张时，试问 A 与 B 间之法律关系如何？在前举之例，倘 A 系因被 B 胁迫而为意思表示者，其法律效果有何不同？

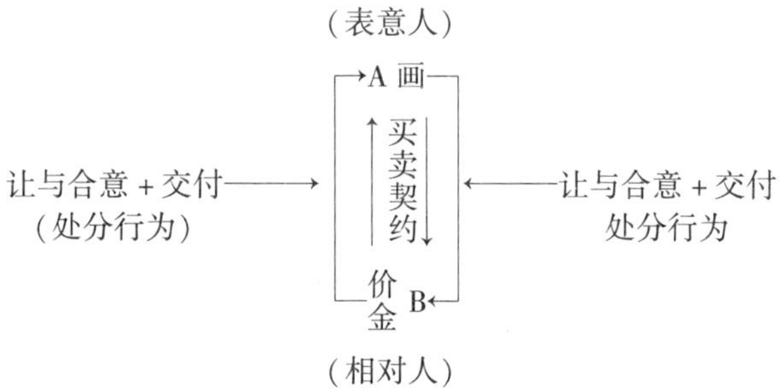

（二）诈欺

1. A 未撤销其因被诈欺而为之意思表示

A 受 B 之诈欺而出卖某画给 B，当事人意思表示合致者，买卖契约即为成立（第 153 条、第 345 条）。基于买卖契约（债权行为），出卖人 A 负交画于买受人 B，并使其取得其画所有权之义务（第 348 条第 1 项），买受人 B 负有支付价金及受领标的物之义务（第 367 条）。惟应注意的是，关于画之所有权与价金之移转，并非系买卖契约之当然结果，当事人尚须有让与其物（画或货币）之合意（让与合意），并交付其物，始生效力（第 761 条）。第 761 条所谓动产所有权之让与合意（Einigung），系属物权行为（物权契约，dingliche Rechtsgeschäft），交付（Übergabe）则为动产物权变动之公示方法。动产所有权之移转，须让与合意与交付均告具备，始生效力，学者称之为动产物权变动之双重要件（Doppeltatbestand）。[1] 准此以

[1] 参见 Baur, Sachenrecht, 8. Aufl. 1976, S. 38. 又关于何谓物权行为概念之讨论，请参见姚瑞光：《民法物权论》，第 14 页；拙著：《物权行为无因性理论之检讨》，载《民法学说与判例研究》（第一册），北京大学出版社 2009 年版，第 128 页。

言,就上举案例而言,在A与B之间共有三个法律行为:① 买卖契约(债权行为);② A让与其画所有权给B之物权行为;③ B支付价金(千元大钞)给A之物权行为。

依第92条第1项前段之规定,因被诈欺而为意思表示者,表意人得撤销其意思表示。[①] 由是可知,在表意人撤销前,其意思表示仍为有效。就本案例而言,A在撤销前,其出卖某画之意思表示及让与其画所有权之意思表示,均为有效,故B依有效成立之物权行为取得其画之所有权,并以买卖契约为其取得其画所有权之法律上原因。

2. A撤销其因被诈欺而为之意思表示

倘A依第92条第1项前段之规定,撤销其因被诈欺而为之意思表示时,其意思表示视为自始无效(第114条第1项)。如前所述,就上举案例而言,A受诈欺而为之意思表示有二:一为出卖其画之意思表示;另一为让与其画所有权之意思表示。A得撤销出卖其画之债权的意思表示,不生问题。至于其是否亦得撤销让与其画所有权之物权的意思表示,虽不无问题,但应采肯定说,盖A之为此项意思表示,亦系基于B之诈欺也。[②] 准此而言,A撤销其因被B诈欺而为之意思表示时, A与B间之买卖契

---

① 关于因受诈欺而为之买卖,出卖人于经依法撤销前,得否请求损害赔偿,最近"最高法院"著有判决,常引起争论。1974年4月9日,1974年度第二次民事庭会议决议曾谓:"因受诈欺而为之买卖,在经依法撤销前,并非无效之法律行为,出卖人交付货物而获有请求给付价金之债权,如其财产总额并未因此减少,即无受损害之可言,即不能主张买受人成立侵权行为而对之请求损害赔偿或依不当得利之法则而对之请求返还所受之利益。"1978年11月14日,1978年度第十三次民事庭会议,对上开决议所引起之疑义,再作澄清,认为该项决议,旨在阐明侵权行为以实际受有损害为其成立要件。非谓类此事件,在经依法撤销前,当事人虽已受有实际损害,亦不得依侵权行为法则,请求损害赔偿。关于上述决议之检讨,请参见拙著:《意思表示之诈欺与侵权行为》,载《民法学说与判例研究》(第二册),北京大学出版社2009年版,第147页。

② 买卖契约系债权行为,基于买卖契约而让与其物之所有权之意思合致(让与合意)为物权行为,买卖契约为物权行为之原因行为。通说认为,民法系采物权行为无因性(Die abstrakte Natur der dinglichen Rechtsgeschäfte),即物权行为与债权行为之效力应予分别决定之,物权行为之效力不当然受原因行为之影响。申言之,即债权行为虽不成立或无效,但物权行为不因此而受影响(请参见拙著:《物权行为无因性理论之检讨》;史尚宽:《物权法论》,第23页)。惟通说对此原则设有例外,使无因性之理论趋于相对化,认为债权行为与物权行为具有同一瑕疵者,物权行为亦得撤销之(学说上称为共同瑕疵说 gemeinsame Fehlerquelle)。史尚宽先生谓:"例如因错误、诈欺、胁迫成立之原因行为,于其为给付行为时,错误、被诈欺或胁迫之状态尚未终止者,则因原因行为之撤销,其给付行为可解释为一同撤销。"(前揭书,第24页)亦采同一见解。其详除参见拙著前揭文外,并请参见刘得宽:《对物权行为的独立性与无因性之探讨》,载《民法诸问题与新展望》,1979年,第463页;Westermann, Sachenrecht, 5. Aufl. 1966, S. 25f.

约及让与其画所有权之物权行为,均视为自始无效,B 自始即未取得其画所有权,从而发生如下之法律关系:① A 得依第 767 条之规定,向 B 请求返还其画(所有物返还请求权)。② B 支付价金之法律行为未经撤销,仍属有效,但为其基础关系之买卖契约既归无效,A 受领价金之法律上原因其后已不存在,应依不当得利之规定,负返还之责任(第 179 条)。

(三) 胁迫

倘 A 系被 B 胁迫而出卖其画,并为交付以让与其所有权者,其所生之法律效果,与前述 A 被诈欺之情形,并无不同。申言之,即 A 未撤销其因被胁迫而为之意思表示者,买卖契约及让与合意(物权行为)均属有效。反之,倘 A 撤销其被胁迫而为之意思表示者,买卖契约及让与合意均视为自始无效。从而 A 得向 B 请求返还其画,B 得依不当得利之规定,向 A 请求返还其所受领之价金。

三、由第三人所为之诈欺或胁迫

(一) 基本案例

A 被 C 诈欺而出卖某画给 B,价金 1000 元,A 即交付其画,B 亦同时付以千元大钞一张,并不知 A 被诈欺之事实时,试问:A 与 B 间之法律关系如何?在前举之例,倘 A 系因被 C 胁迫出卖其画时,其法律效果有何不同?

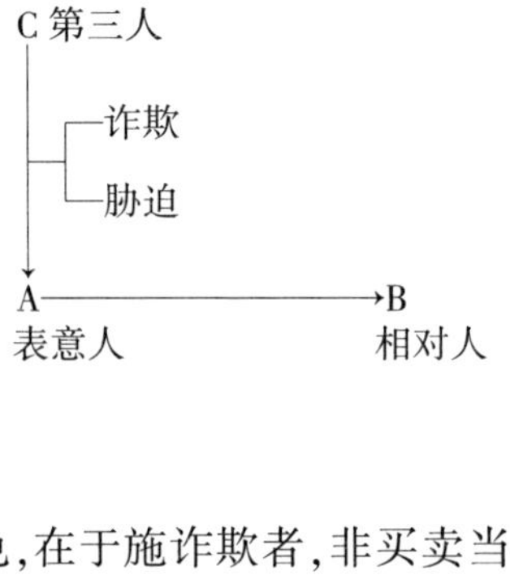

(二) 诈欺

上举案例之基本特色,在于施诈欺者,非买卖当事人,而是买卖当事人以外之第三人。遇此情形,如何处理,立法者确实面临利益衡量上之难题:表意人 A 是否仍得撤销其意思表示?相对人既非施诈欺者,应如何保护其利益及交易安全?关于此点,立法者所作之决定为:施诈欺者如系当事人以外之第三人时,以相对人明知其事实或可得而知者为限,始得撤销其意思表示。因此,就本案例而言,倘 B 不知或非因过失而不知 A 被 C 诈欺之情事时,A 即不得撤销其意思表示。惟倘 B 明知或可得而知 A 受 C 诈欺之事实时,A 得撤销其所为之意思表示。意思表示经撤销者,A 与 B 间之买卖契约及让与合意均视为自始无效,A 得向 B 请求返还其画,B 得向 A 请求返还其无法律上原因所受之价金,前已详述,于兹不赘。

(三)胁迫

倘表意人 A 系受第三人 C 之胁迫者,A 得否对 B 撤销其意思表示,不无疑问,但在解释上应采肯定说。初学者时有误会,应予注意。关于此点,按第 92 条第 1 项前段规定:“因被诈欺或被胁迫,而为意思表示者,表意人得撤销其意思表示。”依此规定而言,凡因被诈欺或胁迫而为意思表示者,表意人均得撤销其意思表示,施行诈欺或胁迫者,究为何人,在所不问。同条第 2 项规定:“但诈欺系由第三人所为者,以相对人明知其事实或可得而知者为限,始得撤销之”,乃是对施行诈欺者为第三人时所设之限制。因此,施行胁迫者为第三人时,关于表意人之撤销权,“民法”既未设有限制,则相对人虽不知或非因过失而不知表意人被胁迫之情事,表意人仍得依第 92 条第 1 项前段之规定撤销其意思表示。所以设此不同之规定,乃是鉴于表意人被胁迫时,其决定意思之自由,受他人不当干涉程度较重,应特别优予保护也。

四、被诈欺或胁迫而为之意思表示经撤销后对第三人之效力

(一)基本案例

A 因被 B 诈欺,出卖某画给 B,价金 1000 元,A 即交付其画,B 亦同时付以千元大钞一张。其后 B 将该画以 10000 元价金出卖于 D,并即交付,以移转其画之所有权,试问当事人间之法律关系如何?在前举之例,倘 A 系被 B 胁迫而为意思表示者,其法律效果有何不同?

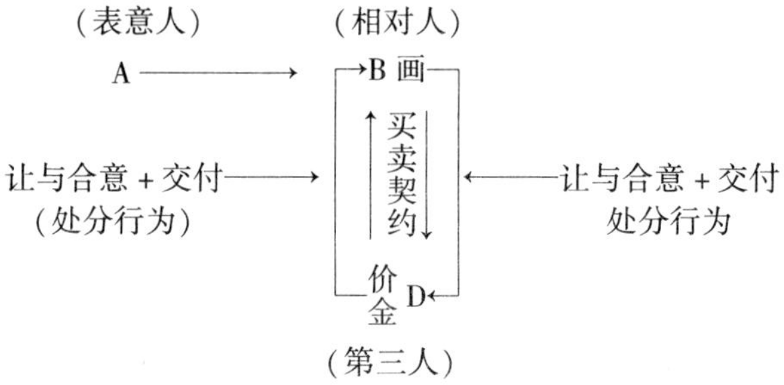

(二) 诈欺

1. A 未撤销其因被诈欺而为之意思表示

A 因被 B 诈欺而出卖其画给 B,并即交画付款时,如前所述,在当事人间共有三个法律行为:① A 与 B 间之买卖契约;② A 让与其画给 B 之物权行为;③ B 支付价金给 A 之物权行为。B 将该画让售于 D 时,B 与 D 之间亦有三个法律行为:① B 与 D 间之买卖契约;② B 让与其画给 D 之物权行为;③ D 支付价金给 B 之物权行为。[①] 倘 A 未撤销其因被诈欺而为之意思表示时,上述诸法律行为均属有效。B 先自 A 取得其画之所有权,并以买卖契约为其取得该画所有权之法律上原因。D 则自 B 受让其画之所有权,并以其与 B 之买卖契约为其取得该画所有权之法律上原因。

2. A 撤销其被诈欺而为之意思表示

倘 A 撤销其被 B 诈欺而为出卖其画及让与该画所有权之意思表示时,则 A 与 B 间之买卖契约及让与合意(物权行为)均视为自始无效。于此情形,B 让与该画所有权给 D 之意思表示(物权行为),亦随之成为无权处分,盖 A 既已撤销其让与画给 B 之意思表示,则 B 自始未取得该画之所有权,从而亦无让与该画予他人之权利也。惟应注意的是,B 虽因 A 撤销其意思表示而未取得该画之所有权,但 B 与 D 间之买卖契约并不因

① 价金之给付,实际即为货币之给付,货币在法律上属于物之一种,处于权利客体之地位,在其上得成立所有权(货币的所有权),因此价金之支付者,在法律上即为货币所有权之移转(参见郑玉波:《民法物权》,第 416 页附录一,从法律观点看货币的所有权)。基于物权客体特定个别主义,在一个货币之上(例如 5 元硬币、10 元钞票、千元钞票之上)存有一个所有权,因此给付一个 5 元硬币者,为移转一个所有权,有一个物权行为,给付两张千元大钞者,为移转两个所有权,有两个物权行为。

此而受影响,盖出卖他人之物,法所不禁[①],而 B 之给付,非为自始客观不能,其与 D 间之买卖契约应属有效也。

基上所述,A 撤销其受诈欺而为之意思表示时,当事人间之权利义务可简略分述如下:

其一,A 对 D 得主张之权利。A 得对 D 主张何种权利,端视 D 是否明知 A 受 B 诈欺而为意思表示之事实而定。倘 D 明知其事(恶意),A 得以其撤销对抗 D,主张 D 因 B 之无权处分而未取得该画之所有权,而依第 767 条之规定,请求返还其无权占有之画。反之,倘 D 不知 A 受诈欺之事实(善意),依第 92 条第 2 项规定,被诈欺而为之意思表示,其撤销不得对抗善意第三人。所谓不得对抗善意第三人,系指 A 与 B 间虽发生撤销之效果,但不得向善意第三人主张其意思表示,因被撤销而归于无效。A 既不得对 D 主张其让与该画所有权给 B 之意思表示,因被撤销而视为自始无效,则对 D 而言,B 系依有效之法律行为而取得其画之所有权。D 既然从所有权人受让其画;A 自不得对其主张任何权利也。

其二,A 对 B 得主张之权利。A 撤销其被 B 诈欺而为之意思表示时,就 B 处分其画之行为,得以所有权遭受侵害,依侵权行为之规定,请求损害赔偿。倘善意之 D 因 A 不得以其撤销予以对抗,而取得其画之所有权时,则 A 因丧失其画之所有权而受损害,自得依不当得利之规定,向 B 请求返还处分其画所得之利益。[②]

(三) 胁迫

A 未撤销因被胁迫而为之意思表示者,其所生之法律状态,与上述 A 未撤销因被诈欺而为之意思表示相同,无待详论。倘 A 撤销其被胁迫而为之意思表示时,首应说明者,系 A 与第三人 D 间之法律关系。

---

① 参见郑玉波:《民法债编各论》上册,第 7 页;1914 年上字第 4 号判例谓:“他人所有物之买卖,在债权法上仍属有效。”又 1969 年台上字第 3141 号判决谓:“出卖人对出卖之标的物不以有处分权为必要,亦即就无处分权之物,非不可以成立买卖。纵出卖人甲就所约出卖之土地未取得所有权,为买受人乙所明知,但公证契约既订明甲负责保证确系完全所有物并无瑕疵,则甲最后不能履行移转所有权之情形下,对乙要应负违约之责任。”参见黄茂荣:《买卖法》,“植根法学丛书”,1980 年,第 69 页。

② 关于无权处分与不当得利之基本问题,尤其是关于不当得利请求权之范围与出卖所得价金之关系,请参见拙著:《无权处分与不当得利》,载《民法学说与判例研究》(第二册),北京大学出版社 2009 年版,第 77 页。

依第92条第2项之规定:"被诈欺而为之意思表示,其撤销不得以之对抗善意第三人。"据此规定反面解释之,凡因被胁迫而为之意思表示,其撤销得以之对抗善意第三人。申言之,即A得向D主张其出卖其画给B及让与该画所有权之意思表示,既经撤销,视为自始无效,B自始未取得该画之所有权,故B将该画让售于D,系属无权处分,D占有该画为无权占有,负有返还之义务(第767条)。惟应注意的是,上述A与D间之法律关系,系就总则篇第92条之规定而言。物权篇关于动产所有权之善意取得,设有规定,即动产之受让人占有动产,而受关于占有规定之保护者,纵让与人无移转所有权之权利,受让人仍取得其所有权(第801条、第948条以下规定)。因此,善意之D得依此项规定而取得其画之所有权,盖物权篇之规定,对总则而言,系属特别规定,应优先适用也。于此情形,A既丧失其画之所有权,得依侵权行为之规定,向B请求损害赔偿,或依不当得利之规定,向B请求返还处分其画所受之利益,自不待言。

自始主观给付不能*

一、问题之提出

（一）给付不能之基本类型

给付不能是民法上之基本问题。给付不能可别为两个基本类型，四种情形：① 自始客观不能；② 自始主观不能；③ 嗣后客观不能；④ 嗣后主观不能。例如：甲于5月2日卖某名画给乙，约定于5月4日交付，设该画于5月1日灭失，为自始客观不能；于5月1日被丙所盗，为自始主观不能；于5月3日灭失，为嗣后客观不能；于5月3日被丙所盗，为嗣后主观不能。

关于自始不能与嗣后不能，"民法"设有明文。第211条规定："数宗给付中，有自始不能或嗣后不能给付者，债之关系，仅存在于余存之给付。但其不能之事由，应由无选择权之当事人负责者，不在此限。"又依通说，第246条、第247条所称之给付不能，系指自始不能；第225条、第226条、第266条、第267条所称之给付不能，系指嗣后不能。

所应注意的是，关于客观不能及主观不能，未设明文。因此，这种区别，究仅属学理上之分类抑或具有实质意义，殊值研究。

（二）嗣后不能

嗣后不能不影响契约之效力，不过得发生债务不履行之问题。至其法律效果，得分四种情形讨论之：

（1）因不可归责于双方当事人之事由，致给付不能者，债务人免给付义务，债权人亦免为对待给付，其已为给付者，得依不当得利之规定请求

---

* 本文原载《法学丛刊》第98期（1980年6月），第13页。

返还(第225条、第266条)。

(2)因可归责于债务人之事由,致给付不能者,债权人得请求损害赔偿或解除契约(第226条、第256条)。

(3)因可归责于债权人之事由,致给付不能者,债务人得请求对待给付,但其因免给付义务所得之利益,或应得之利益,均应由其所得请求之对待给付中扣除之(第225条、第267条)。

(4)因可归责于双方当事人之事由,致给付不能者,"民法"未设明文,通说认为于此情形应先视为系可归责于债务人之事由致给付不能,然后再斟酌债权人与有过失之程度,以定债务人之责任。

所应注意的是,依通说见解,上述关于嗣后不能之规定,于客观不能及主观不能两种情形,均有适用余地。因此,就上举买卖名画之例而言,买卖之标的物于订约后灭失或被盗,致给付不能者,其法律效果并无不同。

(三)自始不能

第246条规定:"以不能之给付为契约标的者,其契约为无效。但其不能情形可以除去,而当事人订约时,并预期于不能之情形除去后为给付者,其契约仍为有效。附停止条件或始期之契约,于条件成就或期限届至前,不能之情形已除去者,其契约为有效。"又依第247条规定:"契约因以不能之给付为标的而无效者,当事人于订约时,知其不能或可得而知者,对于非因过失而信契约为有效致受损害之他方当事人,负赔偿责任。"此两条规定所称"不能之给付",系指自始不能,向无疑问。又依通说见解,其所称"不能之给付",仅指客观不能而言。① 在此理论下,关于自始主观不能,于现行法上即乏依据,其法律效果如何,尚待研究。最近,有学者提出新的论点,采取与通说相反之见解,强调第246条及第247条所称"不能之给付",除自始客观不能外,尚应兼括自始主观不能在内,实值注意。②

---

① 参见胡长清:《民法债编总论》,第354页;梅仲协:《民法要义》,第172页;史尚宽:《债法总论》,第488页;王伯琦:《民法债篇总论》,第195页;郑玉波:《民法债编总论》,第331页;洪逊欣:《民法总则》,第321页。

② 参见孙森焱:《论给付不能》,载《固有法制与现代法学》(戴炎辉先生七秩华诞祝贺论文集),1978年,第469页以下;郑玉波:《民法债编总论》,第356页以下、第362页以下。

（四）本文研究之问题

据上所述，关于自始主观给付不能（anfängliches Unvermögen）疑义最多，可谓系民法上一项重大疑难问题。[①]本文所拟检讨者有三：第一，客观不能与主观不能之区别。第二，以主观不能之给付为契约之标的者，契约之效力如何？第三，于自始主观不能之情形，债务人应负之责任。

二、客观不能与主观不能之区别

（一）判断标准

自始不能与嗣后不能之区别，系以契约订立之时作为标准，众所公认，无待详论。关于客观不能与主观不能之区别则颇有争论，计有三种见解：① 依给付之人的范围而为区别，即对任何人其给付均属不能者，为客观不能，惟对于该债务人为不能者，为主观不能。[②] ② 依发生给付不能之原因为区别，即不能之原因，基于给付本身者，为客观不能，基于债务人之一身之情事者，为主观不能。[③] ③ 依事务之原因而为不能者，为客观不能，依债务人之人的原因，而为给付不能者，为主观不能。史尚宽先生赞同此说，惟作有补充，认为债务人专属性之给付，虽其不能系基于债务人一身之情事，仍为客观不能。[④]

依本文见解，第一说之判断标准较为明确，可资采取。[⑤] 史尚宽先生批评此说，认为依给付之人的范围而为区别，其所谓之客观不能，失之过狭。[⑥] 实则客观不能之范围，不宜过广，以避免增加契约无效之机会也。

债务人专属性之给付，发生给付不能之情事，例如声乐家失声不能演

---

① 德国法儒 Oertmann 曾谓：自始主观给付不能，是德国私法理论上最具疑义问题之一（Anfängliches Leistungsunvermögen, AcP 140, 129）。

② 参见戴修瓒：《民法债编总论》，第 134 页。

③ 参见胡长清：《民法总论》，第 219 页；李宜琛：《民法总则》，第 225 页；洪逊欣：《民法总则》，第 321 页。

④ 参见史尚宽：《债法总论》，第 366 页。

⑤ 此亦为德国之通说：Larenz, Schuldrecht Ⅰ, Allgemeiner Teil 1976, 11. Aufl. S. 87; Emmerich, Das Recht der Leistungsstörungen, 1978, S. 18f.

⑥ 参见史尚宽，前揭书，第 366 页。

唱,画家失明不能作画,究属客观不能抑或为主观不能,甚有争论。此类给付性质特殊,属于所谓之边界案件(Grenzfälle),视为客观不能或主观不能,均有所据。[①] 惟依本文见解,在解释上宜认为系属主观不能,以维持契约之效力。

(二)客观不能之案例

给付,对任何人而言,均属不能者,为客观不能。客观不能有由于自然法则者,例如:出卖之画灭失,出租之马死亡,赠与之酒被渗入化学原料而变质;有由于当事人所企图实现之法律效果,为法律所不承认,或在法律上不能实现者,例如:买卖黄金,出卖属于自己之物,买卖之标的依法不能输出或输入;有由于事实上具有重大难以克服之障碍者,例如:挟泰山以越北海,南海捞针,就物理或技术而言,此类给付,虽尚属可能,但经济上失其意义,应认为系属客观不能。

(三)主观不能之案例

给付对一般人乃属可能,惟对该债务人为不能者,为主观不能,其主要情形有:

(1)出卖他人之物,例如甲借乙某画以供观赏,乙擅将该画出卖于丙。

(2)买卖标的物原属出卖人所有,但于订约前已让与第三人。

(3)受雇从事某事,但欠缺必要之技能,例如:不识汉语而受聘为通译。

(4)债务人于订约前,丧失其给付之能力。例如:甲于2月1日在报纸刊登广告,急征驾驶怪手之司机,乙于2月3日应征(要约),信函于2月6日到达甲,甲于2月7日为同意之表示(承诺),于2月9日到达乙。设乙于2月8日患病,不能担任该项工作者,即构成主观不能。

(5)标的物于订约前被盗,例如:甲所有之画于5月2日凌晨被盗,甲不知其事,于该日中午出卖于乙。学者有认为倘盗贼杳无踪迹者,应构成客观不能。依余所言,于此情形,原则上仍可认为系属主观不能,盖出卖人得依让与返还请求权之方式移转其所有权,而占有其物者,仍得为交

---

① 参见 Emmerich, S. 30.

付也。①

三、自始主观不能与契约之效力

(一) 通说

第246条规定,以不能之给付为契约标的者,其契约为无效。其所称"不能之给付",系指客观不能,不包括主观不能在内,故以主观不能之给付为标的者,契约仍为有效,向无疑义,并认为事属当然,多未详述理由。

上述条文规定系采德、瑞立法例,应一并论述,以资比较。②《德国民法》第306条规定:"Ein auf eine unmögliche Leistung gerichteter Vertrag ist nichtig。"依德国民法之用语,"Unmöglichkeit"系指客观不能,"Unvermögen"则指主观不能,德国通说认为《德国民法》第306条系指客观不能。关于自始主观不能(anfängliches Unvermögen),《德国民法》未设明文,不适用该法第306条规定,系属法律漏洞(Rechtslücke),解释上应认为契约仍为有效。③

《瑞士债务法》第20条第1项规定"Ein Vertrag, der einen unmöglichen……Inhalt hat, ……ist nichtig"(契约以不能为其内容者,无效)。此所称之"unmöglich",瑞士之判例学说一致认为系指客观不能。

---

① 标的物被盗或遗失,杳无踪迹者,德国通说原认为系属客观不能(参见 Enneccerus/Lehmann, Das Recht des Schuldverhältnis, 15. Aufl. 1958, §29 Ⅰ.3)。目前已逐渐改变见解,认为原则上仍可认为系属主观不能(Larenz, Schuldrecht Ⅰ, S. 91)。并请参见史尚宽,前揭书,第367页。

② 《日本民法》并未设类如台湾地区"民法"第246条、《德国民法》第306条及《瑞士债务法》第20条之规定,但通说亦承认自始不能与嗣后不能(后发的不能)之区别,并认为仅自始不能涉及契约之效力(参见我妻荣:《民法总则》,昭和43年6刷,岩波书店,第261页)。关于自始不能,有未明确加以区别者,参见我妻荣:《民法总则》;几代通:《民法总则》(1970年2版,青林书院新社),第197页,但其所举之例,均属吾人所谓之客观不能,例如买卖契约订立前房屋灭失,戒指掉入琵琶湖。亦有明确加以区别者,并强调因目的不能致法律行为无效者,仅客观不能而已。金山正雄于其《民法总则要论》(昭和43年,有斐阁,第182页)略谓:"当行为者の事由によつて不能のものを'主观的不能'といい、社会观念上实现不能とされゐものを'客观的不能'という。主观的不能のときは、その行为の成立を认め、行为者にその责を负おせば足ゐ。客观的不能のときは、その行为が无效となゐ。したがつて、ここおの不能は、客观的不能にかぎる。"此可资参考。

③ 参见 Larenz, Schuldrecht Ⅰ, S. 89; Emmerich, S. 28f; Esser-Schmidt, Schuldrecht Ⅰ, Allgemeiner Teil, Teil Ⅰ, 5. Aufl. 1976, S. 240f(244).

民法权威学者 von Tuhr 在其名著《瑞士债务法》(Schweizerisches Obligationsrecht)一书中之说明最为简明,略谓:"与客观不能(objektive Unmöglichkeit),应严予区别者,系所谓之主观不能(subjektive Unmöglichkeit,《德国民法》之用语为 Unvermögen)。所谓主观不能,系指债务人欠缺必要之劳力、能力、处分权及支付能力,致不能提出他人所提出之给付。此种个人障碍并非是《瑞士债务法》第 20 条所称之不能。故于上述诸种情形,契约仍为有效(尤其是在出卖他人之物之情形),债务人应负履行利益之赔偿责任。至于债务人对其不能是否明知或可得而知,在所不问。"①

(二) 不同意见

如上所述,通说均认为以主观不能之给付为契约标的者,其契约仍为有效。

惟应注意的是,德国少数学者曾持不同见解。Stammler 及 Dernburg 两位著名学者,认为《德国民法》第 306 条所称之给付不能(Unmöglichkeit)应采广义解释,兼括主观不能在内。② 最近 Carolsfeld 又倡此说,强调于主观不能与客观不能,债务人均未能履行其义务,其道德性质(moralische Qualität),并无不同,不应区别而异其效果。③ 惟此项见解,并未受到重视,一般教科书多未提及。

最近亦有学者对通说提出质疑,认为第 246 条所称"不能之给付",除客观不能外,应兼指主观不能。申言之,即认为就第 246 条及第 247 条之适用而言,无区别客观不能及主观不能之必要,契约应均属无效。其基本论点有四④:

(1) 主观不能与客观不能界限难定:"主观或客观之分,既然属于学说上之分类,其界限又未确定,则所谓自始客观不能,其范围即非确定,自易引起纷扰。"

(2) 自始不能与嗣后不能,前后未能呼应:"嗣后不能,包括主观不能

① Tuhr/Peter, Schweizerisches Obligationsrecht Ⅰ, 1979, S. 263.

② 参见 Stammler, Recht der Schuldverhältnisse in seinen allgemeinen Lehren, 1897, S. 107.

③ 参见 Carosfeld, Zur objeketiven und subjektiven Unmöglichkeit, Festschrift für Rheinhardt, 1972, S. 151f.

④ 参见孙森焱,前揭书,第 358 页以下、第 365 页。

及客观不能,学说及判例对此问题所采见解,尚无不同。若云自始不能仅指客观不能而言,并不包括主观不能之情形,前后显然不能呼应。"

(3)欠缺法律依据:"解释'民法',既以依社会观念认定债务人之给付已属不能者,是为给付不能,似亦无再区分主观不能或客观不能之必要。如果于法律规定以外,将其分别主观不能及客观不能而赋予不同效果,显然欠缺法律依据。"

(4)当事人之利益衡量:"标的不能,债务人之给付既自始不能,不论其原因系出自债务人之个人事由与否,均无实现之可能。债权人原即无从因而获得履行利益。契约系自始失其目的、失其意义、失其客体,以之为无效,对于债权人亦不发生积极损害。倘因善意无过失而信契约为有效,致生损害,则得依第 247 条规定,请求信赖利益之损害赔偿,以资弥补。"

(三)分析检讨

综上所述,问题之争点在于,第 246 条规定,以不能之给付为契约标的者,其契约为无效,除客观不能外,是否兼指主观之不能,尚有争论。依吾人之见解,问题关键非在于主观不能与客观不能区别之难易。任何法律概念,有其核心部分(Begriffskern),亦有其边界区域(Begriffshof),于若干特殊情形,诚有难以判断之苦,但此属正常现象,不足为病,故不得以此作为否认主观不能与客观不能应予区别之理由。

又法律规范旨在衡量利益,判断价值,因此关于主观不能及客观不能之区别,于自始不能及嗣后不能形式上应否采同一立场,期能前后对称,亦非属关键问题。

由是观之,所应检讨者有二:一为法律上之依据;另一为法律规范目的与当事人利益之衡量。以下分别详论之。

1. 法律之依据

将给付不能,加以分类,并赋予不同之法律效果,系德国 19 世纪 Pandektenwissenschaft(注释法学)之产物,并为《德国民法》所接受。[①] 关于自始不能与嗣后不能,现行"民法"设有规定;而关于主观不能与客观不能

---

① 关于给付不能理论之发展,参见 Wollschläger, Die Entstehung der Unmöglichkeitslehre, 1970; Emmerich, S. 5-15.

之区分,却未设明文,惟不得据此径即否定此类区别之存在。

第246条之前身,系民律第一草案第514条,其立法理由书谓:"谨按:当事人得自由以契约订定债务关系之内容,而其标的则以可能为必要,故以客观之不能给付(不问其为相对之不能或为绝对之不能)为标的之契约终归无效,所以防无益之争议也。但其不能,系指主观之不能而言,则其契约仍应认为有效,使债务人负损害赔偿之责,然此无待明文规定,故本条仅明示其旨。"①

第225条系采自民律第一草案第361条规定,其立法理由书略谓:"谨按:给付于债务关系发生后,依客观或主观之不能,并其原因非可归责于债务人之事由时,应使债务人免其义务,故设本条以明示其旨。"②

据上所述,于自始不能之情形,立法者对客观不能及主观不能设有区别,异其效果认为事属当然,无待明文。通说采之,实有所据,应值赞同。

或有认为,立法理由(或立法者之意思)与法律之文义有别,不足作为法律依据。立法理由,非可直接作为法律依据,虽无疑问,但立法理由得用以确定法律规范内容,系法律解释学公认之基本原则。③ 立法理由书之重要性,因法律实施期间及社会变迁之程度而有不同。在法典制成初期,社会事实及价值体系,与立法者之认识及价值判断相去不远,立法者之意思,应受高度尊重,自不待言。反之,法律实施已久,社会变迁迅速,立法者之意思应依社会变迁情事而斟酌。以主观不能之给付为契约标的者,契约仍为有效,立法者之意思至为明确,其价值判断不但不因社会变迁而受影响,抑且益见其正确性,得作为法律解释之准据,应毋庸置疑。

2. 法律之规范目的与当事人利益之衡量

(1) 两个问题

依第246条、第247条规定,以不能之给付为契约标的者,其契约为无效,无过失一方当事人得向有过失之他方当事人,请求赔偿因信赖契约为有效而受之损害。例如:甲于5月2日出卖某画给乙,约定5月4日交付,乙于5月3日将该画出卖于在外国之丙,获利10万元,预支运往外国

---

① 《民法制定史料汇编》(上册),1976年,第466页。

② 同上注,第400页。

③ 参见 Larenz, Methodenlehre der Rechtswissenschaft, 4, Aufl. 1979, S. 315f.

之保险费5000元。设甲所出卖之画于5月1日灭失(自始不能),致不能给付者,乙向甲仅得请求因信赖契约为有效而支出之保险费,但不得请求买卖契约为有效时可获得之利益。惟若该画于5月3日灭失时(嗣后不能),乙即得依债务不履行之规定,请求其转卖所得之预期利益。于此即发生两项疑问:其一,以不能之给付为契约之标的者,契约何以无效,其立法理由何在?其二,受有损害之一方当事人仅得请求信赖利益之赔偿,是否妥适?

(2)法制史上之探讨

为合理解释第246条及第247条关于自始不能之规定,不能仅就法条文义论断,必须对此项规定之法制发展背景(Dogmengeschichte)有所了解。

按"以不能之给付为契约标的者,其契约为无效",此项规定系肇源于罗马法学家Celsus所提出之法谚:"impossibilium nulla obligationest"。[①]此类原则,在罗马法上并不具有一般适用性。依罗马法学大家Gaius之报道[②],其主要之适用案例计有:基于问答契约(言语契约)(stipulatio)约定死亡奴隶之给付,误以自由人为奴隶之给付,神话中怪兽(Hippocentaur)之给付,不具交易性物品(宗教上圣物)之给付。依学者之研究,此类契约,尤其关于以给付神话中怪兽及宗教上圣物为标的之契约,所以无效者,主要系因其标的物根本不存在或根本不得为交易之客体,损害之多寡自始无法计算,故特否定其契约之效力。惟应注意的是,于上述罗马法上少数契约无效之情形,尚设有若干例外,例如:出卖人为恶意,而买受人为善意者,买卖契约仍属有效,买受人得请求损害赔偿,以资保护。由是可知,在罗马法上,因给付不能致契约无效者,仅限于特定客观给付不能之情形,其适用范围极为有限。[③]

(3)学者之解释

关于"以不能之给付为契约标的者,其契约为无效",民律第一草案所提出之立法理由为:"防无益之争议",此究指何而言,殊失明确。洪逊欣先生认为:"法律行为,如欲发生效果,须其标的可能实现。即以不能实

① 参见D 50, 17, 85; Emmerich, S.5.

② 参见Institutionen 3, 97; Emmerich, S.3.

③ 参见Emmerich, S.4.

现之事项为标的之法律行为,当然无效。盖法律行为之标的,既无实现之可能,则纵令以‘国家法’,对当事人之私法自始与以助力,亦无从促其达成目的之故。”[①]Larenz 教授认为:“此项规定系基于事实需要而作之价值判断,盖在给付客观不能之情形,契约自始即失其目的,失其意义,失其客体(zwecksinn und gegenstandslos),故使之不发生任何效力。”[②]此项解说,系针对客观不能而言,对主观不能,实无适用之余地。

(4) 限制解释之必要性

关于自始(客观)不能,契约无效之规定,学者虽能提出各种解释,但此项规定,并非基于逻辑之必然性,盖于此情形,法律仍可承认契约有效,而令债务人负不能履行之赔偿责任。[③] 出卖之债权或其他权利不存在时,本属自始客观不能,但依第 350 条规定,买卖契约仍为有效,即其证明。因此,第 246 条及第 247 条规定,是否妥适,实有研究余地,抑有进者,于嗣后给付不能之情形,债务人有可归责之事由时,债权人得请求不履行之损害赔偿或解除契约;何以于自始不能,债务人仅负赔偿信赖利益之责任?价值判断,不免失其均衡。

罗马法上“impossibilum nulla obligationest”原则,本仅适用于少数特定客观不能之案例,《德国民法》采此原则加以概括化深受批评。现行“民法”继受之,因而扩大契约无效之范围,实有未当。因此,关于第 246 条所称“不能之给付”,应作限制解释,不宜扩张适用及于主观不能之情形,以维持契约之效力,并保护债权人之利益。[④]

(四) 结语

综据上述,第 246 条第 1 项本文规定:“以不能之给付为契约标的者,其契约为无效。”通说认为其所称“不能之给付”,系指客观不能,此项理论符合立法意旨,实有所据,衡诸当事人利益,亦甚妥适。在比较法言,亦为德国、瑞士判例学说之共同见解,不但无变更之必要,而且亦不应变更;否则徒然增加契约无效之机会,使债务人仅负信赖利益之赔偿责任,不但与法律发展趋势有所违背,而且对债权人利益之保护,亦有不周。

---

① 洪逊欣,前揭书,第 321 页。
② Larenz, Schuldrecht Ⅰ, S. 88.
③ 参见 Larenz, Schuldrecht Ⅰ, S. 88.
④ 参见 Zweigert, SJ 249, 416; Esser-Schmidt, Schuldrecht Ⅰ, S. 244.

第 246 条所称“不能之给付”，既系客观不能，则反面推论之，以主观不能之给付为契约之标的者，其契约仍应为有效。[1] 立法者认为事属当然，无待明文，未见诸文义，固难免引起误会也。

四、债务人之责任

（一）责任要件之问题

据前所述，以自始主观不能之给付为契约标的者，其契约仍为有效；债务人就其给付之不能，应负债务不履行责任，债权人得请求损害赔偿或解除契约，虽无疑问，其有争论者，系归责事由之问题，易言之，即债务人责任之成立，是否须以有可归责之事由为要件。例如：甲于 5 月 2 日中午卖画给乙，不知该画已于 5 月 2 日清晨被盗，履行期间（Erfüllungszeitraum）经过后，甲仍未寻回该画以为交付者，构成自始主观不能。倘甲对该画之保管已尽必要注意，出卖之际依其情事亦无从知悉其画已被盗者，对出卖人言，虽无可归责之事由，买受人是否仍得请求损害赔偿？

（二）权利瑕疵担保责任

首先应讨论的是，第 349 条关于权利瑕疵担保之规定，即“出卖人应担保第三人就买卖标的物，对于买受人不得主张任何权利”。学说上称之为权利瑕疵担保责任。出卖他人之物而不能移转所有权，为其著例，此为自始主观不能在实务上最重要之案例。

权利瑕疵担保责任之成立，须权利瑕疵于买卖契约成立时既存在。故权利瑕疵担保，系自始主观不能之问题，契约仍为有效，出卖人得依关于债务不履行之规定，行使其权利。所谓依债务不履行之规定，系指法律效果之准用，而非法律要件之准用。出卖人应负无过失责任，对权利瑕疵之存在，纵非因过失而不知，亦应负责。[2] 此项关于出卖人权利瑕疵担保责任之规定，于其他有偿契约，原则上得予准用（第 347 条）。

---

① 参见拙著：《给付不能》，载《民法学说与判例研究》（第一册），北京大学出版社 2009 年版，第 223 页。

② 参见郑玉波：《民法债编各论》（上册），第 30 页。

(三)其他情形

至于权利瑕疵担保以外之情形,例如出卖之物于订约前被盗,债务人应如何负其责任,学者见解不一,计有二说:

(1)适用债务不履行之一般规定。胡长清先生采此见解,认为契约标的之给付,如系嗣后不能或主观不能,则其契约与普通契约发生同一之效力,只能因可归责于债务人与否,或免为给付义务,或负损害赔偿责任。①

(2)债务人应负担保责任。梅仲协先生认为:"给付之主观的不能,不影响于债之关系之效力,债务人不为给付时,应负担损害赔偿之义务,故由吾人观之,凡约定以主观的不能之给付,为债之标的,即借此损害赔偿之方法,以保证债务之履行也。"②就其文义观之,梅仲协先生似认为债务人就其自始主观不能应负担保责任。

民律草案第514条立法理由书所谓"但其不能系指主观之不能而言,即其契约仍应认为有效,使债务人负损害赔偿之责……"(并请参阅前引民律草案第361条立法理由书),是否认为不论债务人有无可归责之事由,均应负责,尚难断言。

就比较法而言,瑞士通说认为,以主观不能为契约之标的者,其契约有效,债务人对其给付不能虽无过失,仍应负担损害赔偿责任。在德国民法上,通说(尤其是判例)亦认为债务人应负担保责任(Garantiehaftung)③,惟学者有认为担保责任过于苛严,应加限制,因而主张债务人应仅就其事务范畴(Geschäftskreis)负责。申言之,即主观之不能系因债务人事务范畴外之事由而发生者,例如纵尽交易上必要注意,仍无法防止第三人之干预,或给付之不能系由不可抗力者,债务人免负责任。④ 依Larenz教授之说明,买卖契约订立前,标的物被盗者,系属自始主观不能,窃盗之发生非因出卖人之过失者,使其负履行利益之赔偿责任,未尽公平。惟出

---

① 参见胡长清:《民法债编总论》,第354页。

② 梅仲协,前揭书,第172页。

③ 德国民法立法理由书,亦采此见解。参见Mot. Bd, Ⅱ, S. 45; RGZ69. 335(358), 80, 247(250); NJW 1974, 1874; Staudinger/Kadeck, §306 Rdnr. 3; Medicus, Bürgerliches Recht, 8. Aufl. 1978, Rdnr. 280f.

④ 参见Oertmann, AcP 140, 148f.

卖人因过失而不知标的物被盗,不能为给付者,应构成缔约上过失(culpa in contrahendo),应对买受人所受之信赖损害(Vertrauensschaden),负赔偿责任。[①] 惟应注意的是,最近德国有不少学者主张,关于自始主观不能,应类推适用嗣后不能之规定,以定债务人责任。申言之,即因不可归责于债务人之事由,致给付自始主观不能者,债务人免负责任;惟债务人于缔约时,明知或可得知其给付不能者,仍应负缔约上过失责任。[②]

综据上述,债务人就自始主观之给付不能,应如何负其责任,尚有争论。有采担保责任说,其主要理由有三:① 债务人为给付之约定时,对其订约时之能为给付,在交易上应解为含有担保之意思。② 债务人就缔约时之能为给付,应较订约后负更大之责任,盖前者在其掌握之中,后者则难预测。③ 出卖他人之物,亦属主观不能,出卖人应依权利瑕疵担保之规定,负无过失责任,于其他情形之主观不能,亦应适用同一原则。对担保责任说持反对见解之学者亦提出三项论点:① 债务人订约时,对其能为给付作有担保之表示,纯属拟制。② 自始主观不能与嗣后不能,既均不影响契约之效力,则债务人之责任,不宜区别,应适用同一原则,须有可归责之事由,始应负责。③ 过失责任系民法上之基本原则,除法律有特别规定,债务人不负无过失责任。

以上二说,均有所据,何者为是,实难断言。依本文见解,首应探求当事人之意思及解释契约,以决定债务人应负之责任。当事人无约定者,原则上须债务人对主观给付不能有可归责之事由,始应负责。故出卖人之画于订约前夕被盗,出卖人就该画之保管并无疏懈时,对其给付不能,不负责任。惟出卖人于订约时,明知或可得而知标的物已被盗者,应负缔约上过失责任。[③]

---

① 参见 Larenz, Schuldrecht Ⅰ, S. 91.

② 参见 Gaudian, NJW 1971, 1279; Evans v. Krehek, AcP 177, 35; Esser-Schmidt, Schuldrecht, 1978, S. 244; Emmerich, S. 39; Kornblum, Fälle zum Allgemeinen Schuldrecht, 1978, S. 54f.

③ 笔者于前揭拙文《给付不能》[载《民法学说与判例研究》(第一册),北京大学出版社 2009 年版,第 223 页],曾采德国通说(担保责任说)。又关于缔约上之过失,参见拙著:《民法学说与判例研究》(第一册),北京大学出版社 2009 年版,第 70 页。

五、结　　论

给付不能,可分为自始不能及嗣后不能,法有明文,尚无争论。给付嗣后不能者,无论其为客观不能或主观不能,于契约之效力,不生影响;惟若因可归责于债务人之事由致给付不能者,债务人应负债务不履行之责任,债权人得请求损害赔偿或解除契约。

给付自始不能者,若属客观不能,契约无效,当事人一方明知或可得而知其不能者,对于非因过失而信契约为有效致遭受损害之他方当事人,应负赔偿责任(信赖利益之赔偿),第246条及第247条设有规定。若以主观不能之给付为契约之标的者,契约仍属有效,立法者认为事属当然,无待明文,通说采之,应值赞同。至于债务人之责任,有认为应负担保责任,有认为须有可归责之事由,始应负责,尚无定论。兹以前举名画之买卖为例,将上述法律关系,图示如下:

事项 案件事实	给付不能发生之时期	给付不能之类型	契约之效力	债务人责任		法律数据
				责任要件	损害赔偿范围	
甲于5月2日卖某名画给乙,约定于5月4日交付	5月1日灭失	自始客观不能	无　效	明知或可得而知其不能	信赖利益	第246条 第247条
	5月1日被丙所盗	自始主观不能	有　效	1. 担保责任?或 2. 须有可归责之事由?	履行利益	立法者视为当然,未设明文
	5月3日灭失	嗣后客观不能	有　效	可归责之事由	履行利益	第225条 第226条 第266条 第267条
	5月3日被丙所盗	嗣后主观不能	有　效	可归责之事由	履行利益	第225条 第226条 第266条 第267条

就上图观之,不免发生如下之疑问:于自始不能之情形,契约之效力,及债务人之责任,因主观不能或客观不能而异,其依据何在?此项问题之

提出,实具启发性。关于此种区别,就现行“民法”之解释适用而言,其理由有二:① 于以客观不能之给付为契约之标的者,契约自始失其目的、失其意义、失其客体,故使之不发生效力。反之,于主观不能之情形,给付仅对该债务人为不能,其他之人仍得为给付,不宜径使契约无效。② 契约无效,事属例外,债务人仅负信赖利益之赔偿责任,不足保护债权人之利益。故对第246条所称“不能之给付”,应作限制解释,不包括主观不能之情形,以维持契约之效力,保护债权人之利益。惟进一步就立法政策而言,吾人认为纵在以客观不能之给付为契约之标的,在逻辑上亦非当然须令契约无效,使债权人仅能请求信赖利益之损害赔偿。现行“民法”继受德国普通法理论,区别给付不能之类型,而异其效力,是否妥适,实有疑问。例如:买卖之标的物于订约前1小时灭失(自始客观不能),被盗(自始主观不能),或于订约后1小时灭失(嗣后客观不能),被盗(嗣后主观不能)。依照通说,除自始客观不能外,契约均为有效。依反对者之见解,自始不能者,契约无效,嗣后不能者,契约有效,形式上虽较整齐,前后亦甚对称,但徒然增加契约无效之机会,违反立法规范意旨,亦有未洽。再者,如前举之例所示,“自始不能”与“嗣后不能”纯属偶然,对债权人而言,给付不能则一,何以异其效果,其实质依据何在,亦难索解。依吾人所信,民法上给付不能之理论,诚有重新检讨之必要。①

① “以客观不能给付为契约之标的者,其契约无效”,此项原则,目前德国通说认为在立法论上系属错误(Emmerich, S. 16)。1964年海牙国际商品买卖统一法已放弃给付不能之类型化,而赋予同一之法律效果,即无论其为何种给付不能,均不影响契约之效力,债务人应负债务不履行责任。参见 Dölle, Kommentar zum Einheitlichen Kaufrecht, 1976, S. 238f.

不完全给付之基本理论*

一、问题之说明

甲于3月1日卖某只鸡给乙，约定于3月5日交付。设该鸡于3月2日死亡，则构成给付不能；其因非可归责于甲之事由致给付不能时，甲免给付义务，乙亦免支付价金；其因可归责于甲之事由致给付不能时，乙得请求损害赔偿或解除契约。设甲因可归责于自己之事由，逾期仍未为给付时，则构成给付迟延，乙得请求赔偿因给付迟延而生之损害，或解除契约。给付不能与给付迟延系债务不履行之两种基本形态，“民法”设有明文规定（第225条、第226条、第229条以下），于此不拟讨论。①

本文所要讨论的问题是：甲虽于约定日期将出卖之鸡交付于乙，惟所交付之鸡有传染病，致乙之鸡群受到感染而死亡。于此情形，债务人虽已提出给付，但其提出给付之方式或内容并未符合债之本旨，致债权人受有损害。关于此种类型之案例，德国学者有称为 positive Vertragsverletzung（积极侵害契约）；有称为 positive Forderungsverletzung（积极侵害债权）；亦有称为 Schlechtleistung（不良给付）。台湾学者多称之为不完全给付，是民法理论中最有争论的一个基本问题。

关于不完全给付理论，学者见解素不一致，向有激烈争论，原已沉寂

---

* 本文原载《法学丛刊》第94期（1979年12月），第1页。

① 关于给付不能之最近资料，参见孙森焱：《论给付不能》，载《固有法制与现代法学》（戴炎辉先生七秩华诞祝贺论文集），1978年，第469页。孙氏之主要论点系认为区别客观不能与主观不能在实体法上欠缺依据，第246条之给付不能应兼括主观不能与客观不能两种情形。其与通说最大之不同，在于认为以主观不能之给付为契约标的者，其契约亦属无效（第246条）。此项论点，值得注意，惟是否妥当，仍有待研究。并请参见拙著：《给付不能》，载《民法学说与判例研究》（第一册），北京大学出版社2009年版，第223页。

多年,惟最近又再生论战。先则,钱国成先生在其所著《不完全给付与物之瑕疵担保责任》一文中,明白表示第 227 条所称“不为完全之给付”,非指“不完全给付”,其所规定者,实系给付迟延之问题;关于不完全给付,“民法”未设明文,应类推适用给付不能与给付迟延之规定。[①] 郑玉波先生针对钱国成先生此项论点,提出相反见解,认为第 227 条所称“不为完全之给付”,实系德国学者 Staub“积极侵害契约”理论之继受,应属不完全给付之规定无疑。[②] 钱国成及郑玉波二位先生是有名的民法学者,在实务上负有重任,其对第 227 条是否为不完全给付之规定,采取不同见解,实值重视。

综据学者见解,关于不完全给付,涉及四个基本问题:

(1) 除给付不能及给付迟延外,是否尚应承认“不完全给付”为债务不履行之一种形态?学者向采肯定说,但对不完全给付(积极侵害债权)理论之产生及发展,论述未详,似有补充说明之必要。

(2) “民法”对于不完全给付是否设有规定?有采否定说,认为此系一项缺漏;有认为第 227 条即系不完全给付之规定。争点之症结在于第 227 条之规范意义。

(3) 不完全给付包括何种类型?有认为给付拒绝亦属不完全给付,但亦有采否定说者。最近,钱国成先生一方面认为“加害给付”系不完全给付之一种类型,但另一方面又认为被害人仅能依侵权行为之规定,请求损害赔偿,此项见解殊值注意。

(4) 不完全给付之构成要件及法律效果如何决定?其采漏洞说者,认为应类推适用给付不能及给付迟延之规定;其主张第 227 条系不完全给付之规定者,一方面认为原则上应适用该条规定,一方面认为该条规定过于简略,有待补充。

---

① 参见钱国成:《不完全给付与物之瑕疵担保责任》,载《法令月刊》第 29 卷第 6 期(1978 年 6 月),第 3 页。

② 参见郑玉波:《不为给付与不为完全之给付》,载《法令月刊》第 30 卷第 2 期(1979 年 2 月),第 3 页。

二、不完全给付(积极侵害债权)理论之产生及发展

(一) Staub之理论

Staub(史韬布)是德国柏林之执业律师,于《德国民法》施行后的第二年(1902年),在第26届德国法曹学会之纪念文集(Festgabe für den 26 Deutschen Juristentag)发表一篇论文,其题目为《论积极侵害契约及其法律效果》(Über die positiven Vertragsverletzungen und ihre Rechtsfolge),引起了空前热烈之讨论。1904年,Staub整理前文,再度刊行,易名为Die positive Vertragsverletzungen,进一步为自己见解而辩论,建立了更为紧密之理论体系。①

Staub在上开论文中,举出14个《德国民法》实施后实务上发生之特殊案例:

案例1:买受人违反约定,将其购得之灯,销售到法国。

案例2:出卖人将其所制造含有易爆成分之照明设备交付给买受人时,未告知应注意事项,致该照明设备在买受人之店铺爆炸,造成重大损害。

案例3:代理商因疏于注意,对于由其所招揽顾客之支付能力,提出不正确之报告。

案例4:受雇人违反义务,继续为其他竞争事业工作。

案例5:店员因过失,以低于进货的价格出售商品。

案例6:店主为店员出具之证明书内容不正确。

案例7:出卖人交付腐败的苹果,致买受人其他苹果受到传染,发生重大损害。

案例8:合伙人中之一人制作资产负债表,因疏忽造成错误,致其他合伙人根据此项资产负债表而从事投资时,产生了不利之结果。

案例9:出卖人交付发霉之皮货、潮湿之皮革、水分过多之柏油、发酸

① 参见Staub, Die positiven Vertragsverletzungen, 2. Aufl., 1904. 新版于1969年发行,附有Eike-Schmidt之评论(S. 131f.);参见Esser/Schmidt, Schuldrecht, Allgemeiner Teil, Teilband Ⅰ, 5 Aufl. 1977, S. 103f.

之酒,均欠缺通常预定之品质,但出卖人未为特定品质之保证,亦未恶意不告知其瑕疵。

案例10:酒店主人长年由某啤酒厂供应啤酒,最近1个月以来,该啤酒厂连续供应品质不佳之啤酒。

案例11:某游泳池基于契约,由某煤炭商供应一定数量之煤炭,于4月间开始供应后,连续3个星期煤炭品质不佳,致游泳池难以维持其正常营业。

案例12:某股份有限公司拥有一项新型燃烧器(Brenner)之专利,另一家公司拥有制造能增强光度之汽缸的营业秘密。两家公司订立长期契约,约定互相供应产品,并不向其他国家或地区销售,以免增加取得专利之困难。其中一家公司连续违约,虽经严重警告,仍将商品向外销售。

案例13:买受人连续订购大量物品,出卖人负有义务,在2年内不将此类商品出卖给该地其他商人,但出卖人违反此项约定。

案例14:某市政府与瓦斯公司订立契约,使瓦斯公司取得专卖权,瓦斯公司所供应之瓦斯,长期间具有瑕疵。

Staub认为《德国民法》对给付不能(Unmöglichkeit der Leistung)及给付迟延(Verzug)虽设有详细规定,但上述案例既不构成给付不能,亦不构成给付迟延。Staub认为给付不能及给付迟延之特色,在于债务人应有所为而不为(Jemann unlasst, was er tun soll);反之在上述案例,债务人应有所不为但仍然为之(Jemann tut, was er unterlassen soll)。易言之,债务人虽已提出其所应为之给付,但其给付具有瑕疵,致债权人受有损害,是属积极侵害契约(positive Vertragsverletzung)。Staub认为《德国民法》对于此类案例,未设规定,实为法律之漏洞(Lücke)。

关于上述案例,德国学者有认为得适用侵权行为法规定,加以解决。关于此点,Staub强烈表示,难以赞同,其主要理由系《德国侵权行为法》有两项规定不足保护债权人之权益:① 依《德国民法》第823条规定,侵权行为之成立,原则上须以权利(尤其是绝对权)受侵害为前提要件,单纯义务之违反,并不构成侵权行为。② 依《德国民法》第831条规定,雇主得证明其于选任受雇人及监督其职务之执行已尽必要之注意而免责。

Staub认为,《德国民法》对于积极侵害契约之案例既未设规定,侵权行为法之规定又未尽周全,而于此诸案例,债务人应负损害赔偿责任,又属当然,因此应类推适用给付迟延之规定(《德国民法》第280条),使债权人就其所受之损害,得请求损害赔偿;于继续性契约,其契约目的有不能达成之虞时,债权人更得依《德国民法》第326条规定解除契约。

(二)德国判例学说之发展

Staub之积极侵害契约理论,一经提出,即广受重视,实务界之反应特为迅速。帝国法院(Reichsgericht,简称RG)于1903年3月6日一项有名之判决(RG54,98)中,明白表示采取Staub之见解,认为债务人违反契约上之义务,致契约目的有难以达成之虞时,债权人得依《德国民法》第326条规定解除契约。自此以后,积极侵害契约乃成为德国判例法上一项基本制度。① 在学说方面,德国学者有认为"积极侵害契约"概念不甚恰当,因为此种债务不履行,不限于因契约而生之债始有之,于其他原因而生之债之关系,亦得有之,故改称为积极侵害债权(positive Forderungsverletzung)。又有学者认为,不作为亦可构成此种债务不履行之责任,例如机器之出卖人未告知特殊之使用方法,致发生损害,即其著例,"积极"(positive)一词,不无语病,故改称为Schlechtleistung(不良给付)。唯一般言之,德国学者通说承认及采取Staub的基本理论,Dölle教授更称之为法学上之伟大发现(juristische Entdeckung)。② 德国权威民法学者Larenz教授对此项理论之发展,作有如下之结论:"现行民法有漏洞存在,确属事实。Staub早于1902年即已发现,并提出填补此项漏洞之方法,即类推适用关于迟延之规定。实则,所应适用者,非仅此而已。吾人应由给付迟延及给付不能之规定,导出一项法律基本原则,认为债务人因有可归责之事由违反债之关系上之义务——无论其为给付迟延、给付不能或不良给付(Schlechterfüllung)——致债权人于其人身或其他法益遭受损害者,应负损害赔偿责任。此项原则,长久以来已为判例所明确承认,并且符合国民之法律意识,实具有习惯法之效力。"③

---

① 最近判例发展参见BGHZ 11, 80.

② 参见Dölle, Juristische Entdeckungen, Verhandlungen des 42. Deutschen. Juristentages (1957), Bd. Ⅱ, B.1ff.

③ Larenz, Schuldrecht Ⅰ, 11. Aufl., 1976, S.299.最近资料参见Westhelle, Nichterfüllung und positive Vertragsverletzung, 1978.

三、不完全给付在现行法上之依据（兼论第227条之规范意义）

（一）学说

关于债务不履行，除给付不能及给付迟延外，尚有不完全给付（积极侵害债权）之存在，是学者一致见解，似无不同意见。有疑问的是，现行"民法"对此种所谓之"第三种债权侵害"，是否设有规定。综合言之，计有三说：① 漏洞说；② 第227条即为不完全给付规定说；③ 第227条多余条文借用说。兹分别说明之。

1. 漏洞说

认为"民法"对不完全给付未设规定者，有洪文澜、梅仲协及钱国成。

洪文澜认为，第227条所谓不为完全之给付非德国、日本学者所谓不完全给付。给付不能与给付迟延以外，尚有所谓不完全给付之第三种债权侵害，在德、日已成通说，惟以德、日民法并未就此设有规定，故其法律上之构成论，学说尚未一致，台湾现行"民法"亦未就此设有规定。本条所谓不为完全之给付，不得解为有此意义，盖如斯意义之不完全给付非不为给付，而申请强制执行以全然不为全部或不为一部之给付为前提也。①

梅仲协先生更从比较法之研究，作进一步之说明，根本否定第227条之规范意义。梅仲协先生认为，第227条似采《瑞士债务法》第97条之立法例。《瑞士债务法》第97条规定，债务人不为债务之履行或不为完全之履行者，对于因此所生之损害，应予赔偿，但证明并非可归责于已之事由所致者，不在此限。其条文辞句虽与台湾现行"民法"稍异，而立法旨趣则一。惟查《瑞士债务法》，并无类似第226条之明文，故《瑞士债务法》第97条之规定，自属重要。台湾地区现行"民法"既采德国立法例，设有第226条（参照《德国民法》第280条），则第227条，似属多赘。②

钱国成先生是从学说发展史来否定第227条为不完全给付之规定。钱国成先生认为不完全给付此项理论，为1902年德国Staub所倡导，现代

---

① 参见洪文澜：《民法债编通则释义》，第236页。
② 参见梅仲协：《民法要义》，第174页。

各国家和地区学说及实务上均加承认,但立法例上似尚未见其例。第227条所谓不为完全之给付,绝非属关于不完全给付之规定,其理由有四:① 不完全给付之理论,在民法债编制定时(1929年),尚属萌芽时期,不可能被采为立法,此由第227条之立法理由绝未提及不完全给付之理论即可得知。② 第227条系将不为给付与不为完全之给付并举,不为给付,即系给付迟延,并无异说;若不为完全之给付即系不完全给付,则为给付迟延及给付不能以外之另一种债务不履行,不应与给付迟延合并规定于同一法条。③ 不完全给付不能补正者,即无从强制执行,第227条规定之得请求强制执行,于不能补正之不完全给付显然不能适用。④ 为不完全给付与不为完全给付,其文义显然有别。[①]

2. 第227条系属不完全给付之规定

认为第227条系属关于不完全给付之规定者,有胡长清、史尚宽。[②]最近郑玉波先生亦采胡、史二氏之见解,并针对着上述钱国成先生之论点,采取全面反对之立场。其所持之理由有三:① 从文字含义上言,不为完全给付系属质之问题,而非量之问题。又债务人有应为完全给付之义务,违之者则为"不为完全给付";而不应为不完全给付者,违反之则为"为不完全给付"。结果不为完全给付与为不完全给付者等,第227条从正面立论,称"不为完全之给付",其反面则为"不完全给付"也。② 从法条排列上言,第227条之规定,认为重复或无多大价值者有之,其实若将不为完全之给付,解为不完全给付,而不解为一部给付,即无重复之可言。因如此解释,则给付迟延问题虽已于第229条以下设有规定,而一部给付

---

① 参见钱国成,前揭文。钱国成先生认为不完全给付此项理论,为1902年德国Staub所倡导,现代学说及实务上均加承认,但立法例上似尚未见其例。实则,奥地利民法(AGBG)1916年第三次修正案(Ⅲ Novelle von 1916)曾斟酌德国判例学说,于第1295条设如下规定:"Jedermann ist berechtigt von dem Beschädiger den Ersatz des Schadens, welchen dieser ihm aus Verschulden zugefügt hat, zu fordern; der Schaden mag durch Übertretung einer Vertragspflicht oder ohne Beziehung auf einem Vertrag verursacht worden sein"(因他人故意或过失受损害者,得向加害人请求损害赔偿。所生之损害无论系由于契约义务之违反或与契约之违反无关,均得请求赔偿)。又依第918条规定:"Wenn ein entgeltlicher Vertrag von einem Teil entweder nicht zu gehörigen Zeit, am gehörigen Ort oder auf die bedungene Weise erfüllt wird, kann der andere entweder Erfüllung und Schadensersatz wegen der Verspätung begehren oder unter Festsetzung einer angemessenen Frist zur Nachholung den Rücktritt vom Vertrag erklären"(于有偿契约,一方当事人未于适当时期、适当地点或依约定之方式履行者,他方当事人得请求履行及给付迟延之损害赔偿,亦得于定期催告后,解除其契约)。参见Köpcke, Typen der positiven Vertragsverlezung, 1965, S. 135,138.

② 参见胡长清:《民法债编总论》,第293页;史尚宽:《债法总论》,第397页。

问题,亦已于第318条另有规定,但均与第227条不完全给付之规定无涉,否则若解为一部迟延,则与迟延之规定重复。③ 从立法理由上言,不完全给付为债务不履行之一种形态,乃德国学者 Staub 于1902年第26届德国法曹纪念论文集中所提倡,称为积极的契约侵害,包括不完全给付及给付拒绝两者。第227条规定不为给付(给付拒绝)及不为完全之给付(不完全给付),即本此理论而来。有认为,关于不完全给付之理论,在民法债编制定的当时(1929年)尚属萌芽时期,不可能被采为立法。其实此一理论在德国于1902年既已提出,其后德国学者纷纷讨论,早已成熟。而史尚宽先生,于1922年留学德国柏林大学法律研究所,对于此一理论,当时自然耳熟能详。其于1927年回国,1929年就任"立法委员",躬亲民法之起草,安能不将此一进步的理论输入其中。此由史先生所著《债法总论》中认为不完全给付即系第227条所规定者一点观之,吾人即不容疑义。盖斯乃出诸躬亲参与立法者之笔,较后人之臆测不更可信乎(又胡长清先生虽非民法起草人,但当时亦列席参与其事,其所著《民法债编总论》亦认为第227条系不完全给付之规定)。退一步言,纵属立法当时未采用前述之理论,但时至今日,吾人何以不顺应时势,作切合现实需要之解释,而从法理上认为不为完全之给付,即系不完全给付。即从文理上将该条解为不完全给付,亦无何不妥之处。[1]

3. 多余条文(第227条)借用说

依王伯琦先生之见解,债务不履行,除给付不能及迟延给付外,另应有不完全给付,已为德、日学者之通说。惟该国民法并无明文规定,吾情形亦然。第227条系仿自《瑞士债务法》第97条,惟《瑞士债务法》无相当于第226条之规定,故有《瑞士债务法》第97条规定之必要。台湾地区现行"民法"既仿《德国民法》第280条而有第226条之规定,又仿《瑞士债务法》而有第227条之规定,似嫌多赘。惟既认不完全给付为债务不履行之一种,而又有第227条多余之条文,则不论立法时之用意如何,就解释而言,毋宁认为第227条即系不完全给付原则之规定。[2]

---

① 参见郑玉波,前揭文,第3页。

② 参见王伯琦:《民法债编总论》,第163页、第164页(注1)。

(二) 判决

很多学者研究不完全给付,多重学理之分析,对法院实务上之见解向少注意,前已论及。为此,特收集最近判决二则,加以分析。此二则判决虽尚未被选为判例,但亦深具参考价值。

1. 1977 年台上字第 2142 号判决(化学原料氮气缺少所保证之品质)

在本案,上诉人以其公司于 1974 年 9 月 20 日向被上诉人公司购买化学原料氮气 40 支,保证适用于化学树脂之纯度及压力,讵于同年 10 月间使用结果,因品质低劣,不但所买受之原料全部损失,因经化学程序后所混合之其他原料亦全部废弃,致上诉人受有新台币(下同)356 880 元之损害,系因被上诉人不完全给付所致,应负损害赔偿责任等情,请求命被上诉人赔偿 237 750 元及其迟延利息之判决。原审将第一审所为上诉人胜诉之判决废弃,改判驳回其诉,无非以上诉人系于 1974 年 9 月 21 日受领被上诉人交付之氮气,有验收单可凭,至本件起诉状缮本于 1975 年 4 月 9 日送达于被上诉人,已逾第 365 条第 1 项所定 6 个月之除斥期间,上诉人之契约解除权既已消灭,其以解除契约为由请求被上诉人赔偿损害,即有未合,为其判断之基础。第按法院就原告所主张起诉原因之事实判断其法律上之效果,不受原告所述法律上见解之拘束,依上诉人所主张起诉原因之事实,系因被上诉人就其债务给付不完全,有品质之瑕疵,且因其瑕疵而致上诉人受有履行以外其他之损害,而请求赔偿(按本件买卖似非以特定物为标的),第一审亦以被上诉人给付不完全为命其赔偿之论据,原审就上诉人主张之事实,是否真正,未予详求,以判断其法律上之效果,徒以上诉人于起诉状有解除契约之用语,认其解除权因除斥期间经过而消灭,自不得以解除契约为由,请求赔偿,不惟未尽调查之能事,抑有未尽阐明之责任,上诉意旨,指摘原判决不当,求予废弃,非无理由。

2. 1978 年台上字第 2251 号判决(出租冷藏库温度湿度不合约定标准,致冷藏之马铃薯发芽)

在本案,上诉人主张:伊于 1976 年 4 月 20 日向被上诉人租用其冷藏库 3 间冷藏马铃薯 2000 箱,合约书内约定温度须在摄氏 2.5 度、湿度须 80 度至 90 度,租期自 1976 年 5 月 1 日起至同年 8 月 31 日止。讵料该冷藏库之温度、湿度,均不符合约定标准,温度超过摄氏 2.5 度,使马铃薯发芽毁坏,经伊发觉运往市场出售后,共损失新台币(下同)269 648 元等情,求为命如数赔偿并加付法定利息之判决。被上诉人则以:伊出租之冷藏库机能正常,温度温度均合乎约定标准,上诉人出售之马铃薯非冷藏于本件冷藏库者,为抗辩。

原审以上诉人虽主张其向被上诉人租用上开冷藏库 3 间,其温度湿度均不符合约定标准,致其冷藏之马铃薯发芽,遭受损害 269 648 元,但为被上诉人所否定。上诉人复未举证证明该冷藏库温度湿度如何不符合标准及其所售之发芽马铃薯确系冷藏于本件冷藏库者,则其请求被上诉人赔偿,即无可许,因将第一审所为被上诉人败诉判决废弃,改判驳回上诉人之诉。卷查被上诉人于第一审既有"因租期过后才发生损失的,在租期内损坏,我愿意负责"等语之陈述,则上诉人出售之发芽马铃薯,能否谓非本件冷藏库内之马铃薯,即不无斟酌余地,倘约定租赁期间届满后,依法变为不定期租赁时,在此不定期租赁期间内冷藏库温度湿度不符合约定标准,致所藏马铃薯发芽而生损害时,尚难谓被上诉人不应负责(参见第 423 条、第 227 条)。

综据上述二则判决,可知实务上已承认不完全给付为债务不履行之一种,并以第 227 条为其依据。

(三)本文之见解

1. 第 227 条规定立法理由之探讨

民律第一草案(1911 年)关于债务不履行,仅就给付不能及给付迟延设有规定。惟值得注意的是,民律第二草案(1925 年)则于给付不能规定(该草案第 222 条至 223 条)之后、给付迟延之前(该草案第 225 条至 231 条),增设第 224 条规定,其全文为:"Ⅰ. 债务人因自己应负责任之事由不为给付或为不完全给付者,债权人得依左列各款之规定,行使其请求权。其债务由契约而生者,得解除契约。一、以表示为给付者,得请求法院以裁判代表示。二、以不作为为给付者,得请求以债务人之费用,将其作为除去之。Ⅱ. 前项情形,债权人并得请求损害赔偿。"[①]现行"民法"第 227 条采此规定,加以简化为:"债务人不为给付或不为完全之给付者,债权人得声请法院强制执行,并得请求损害赔偿。"

关于民律第二草案第 224 条及现行"民法"第 227 条规定之立法理

① 《民法制定史料汇编》(下册),第 143 页。

由,因资料欠缺,难以查知,惟所可确定无疑的是,此项规定系仿自《瑞士债务法》第97条。[①] 依《瑞士债务法》之立法资料及判例学说,《瑞士债务法》第97条原则上系关于因可归责于债务人之事由致给付不能之规定,与"积极侵害债权"(不完全给付)理论,并无关联。[②] 再就民律第二草案第224条所规定之要件及法律效果观之,所谓不为给付及不为完全之给付,似系指全部给付迟延及一部给付迟延而言,虽无疑义,惟就法律体系言,"民法"关于给付不能及给付迟延既设有规定,则若将第227条解为系关于给付迟延之规定,则该条实无存在意义。总而言之,第227条立法意旨,难以稽考,是否为Staub"积极侵害契约"理论之继受,亦无从证明,可称为具有疑义之一项规定。

2. 新的规范意义

第227条规定之意义,实欠明了,已如上述。惟不完全给付属债务不履行之一种,既为通说所共认,则将第227条解释为系关于不完全给付之规定,亦属可行。"最高法院"亦采此见解,可资赞同。就法学方法论言,亦有正当依据,兹分四点言之:① 就文义言,将不为完全之给付解为不完全给付,文理尚属可通。② 就体系言,现行"民法"关于给付迟延已详设规定,将第227条解为系给付迟延之规定,徒然增加一项不具实质规范功能之条文,似无意义。③ 就法律适用言,将第227条解释为不完全给付之规定,使不完全给付理论在实体法上有直接依据,对法律适用,实有助益。④ 就比较法而言,瑞士判例学说亦认为《瑞士债务法》第97条所称之不为完全(nicht gehörig)之履行,亦可解释为包括积极侵害债权之理论。[③] 在此种合理解释下,一个存在价值具有疑义之规定,得到了新的规范生命。德国法学家Radbruch(拉德布鲁赫)有言,解释法律之人应较立

---

① 《瑞士债务法》第97条规定:"债务人对于债务完全不履行或不为完全之履行者,对于因而发生之损害,应负赔偿之责,但债务人能证明该损害非因其过失者,不在此限。强制执行之方式依据债务督促程序法、破产法、联邦及各邦强制执行法之规定。"又《瑞士债务法》第98条规定:"债务人应为作为之给付时,债权人得保留损害赔偿之请求权,以债务人之费用委由他人代为履行。债务人应为不作为之给付时,于有违反不作为规定之行为时,即应负损害赔偿之责。债权人并得请求除去违法状态,以及以债务人之费用委由他人代为除去。"

② 参见 Berner Kommentar zum schweizerischen Zivilrecht, 1990, §97.

③ 参见 Guhl, Schweizeriches Obligationsrecht, 1972, 6. Aufl. S. 222.

法者聪明,更能了解法律之意旨,此之谓乎?[1]

四、不完全给付之构成要件及法律效果

不完全给付系债务不履行之一种,但其构成要件与法律效果应如何决定,仍有疑问。关于此点,涉及第227条是否为不完全给付之规定。主张现行“民法”对不完全给付未设规定之学者,均认为应类推适用给付不能及给付迟延之规定;对倡导第227条即不完全给付规定之学者言,原则上应适用该条规定,自无疑问。依本文之见解,第227条虽可解释为系不完全给付之规定,但其内容过于简略,关于不完全给付之构成要件及法律效果乃有类推适用给付不能及给付迟延规定之必要。此为以下论述在方法论上所采之立场,特先为说明。

(一)构成要件

不完全给付之基本构成要件有二:其一,债务人提出给付不合债之本旨或债务人违反债之关系上之附随义务;其二,须有可归责于债务人之事由。至债权人请求损害赔偿时,损害赔偿之一般要件亦须具备,自不待言。以下专就其基本构成要件加以说明。

1. 债务人提出给付不合债之本旨或违反债之关系上之附随义务

债务人应依债之本旨提出给付,是债务之基本原则。债务人不能提出给付者,是为给付不能;其能给付而未适时提出者,是为给付迟延;债务人虽已提出给付,但不符合债之本旨或债务人违反债之关系上之附随义务者,即构成不完全给付。不完全给付是一个相当抽象、概括之概念,最近学者多依不同之观点,就构成不完全给付之情形加以分类[2],在方法论上实属正确。不完全给付之类型化虽不能将一切不完全给付之情形包括

---

① 参见 Radbruch, Rechtsphilosophie, 6. Aufl. 1963, S. 211:“Der Ausleger kann das Gesetz besser verstehen, als es seine Schöpfer verstanden haben, dass Gesetz kann klüger sein als seine Verfasser-es muss sogar klüger sein als seine Verfasser”(解释法律者应较立法者更能了解法律,法律较其制定者聪明——甚至法律应较其制定者聪明)。

② 参见史尚宽,前揭书,第399页;钱国成,前揭文,第3页;Köpcke, Typen der positiven Vertragsverletzung, 1965; Esser/Schmidt, Schuldrecht Ⅰ, S. 105;关于类型基本理论之最新资料,参见 Leehen, Typus and Rechtsfindung, 1971; Kuhlen, Typuskonzeptionen in der Rechtstheorie, 1977.

在内,巨细靡遗,但却可增进认识不完全给付之规范内容,对于法律之解释适用,殊有助益。基此认识,兹以义务违反及所生损害为标准,提出下列不完全给付之类型结构,用供参考:

- 不完全给付
  - 给付义务之违反(给付有瑕疵之鸡)
    - 履行利益之侵害(瑕疵给付)(病鸡本身价值或效用之减少)
    - 履行利益以外其他利益之侵害(加害给付)(债权人之鸡群受病鸡之感染而死亡)
  - 附随义务之违反(出卖人未告知机器之使用方法)
    - 履行利益之侵害(机器本身价值或效用之减少)
    - 履行利益以外其他利益之侵害(机器爆破时,债权人人身或财产所受之损害)

(1) 给付义务或附随义务之违反

债之关系上之义务,基本上可分为两类:一为给付义务(Leistungspflicht);一为附随义务(Nebenpflicht)。例如,当事人一方约定移转财产权于他方,而他方约定支付价金者,是为买卖契约。在买卖契约上,出卖人负有移转标的物之占有及所有权之给付义务,而出卖人负有支付价金之义务。然而应注意的是,债之关系是一种有机体(Organismus),在其发展过程中(process),依具体情况,尚产生照顾、通知、保护、协力及保守秘密等义务。此等义务群,德国学者称为Nebenpflicht或weitere Verhaltenspflicht[①],台湾学者则多称为附属义务。附属义务之法律依据在于第219条诚实信用之规定,盖债之关系(尤其是契约关系),系一种信赖关系,当事人依诚实信用原则,负有某种作为及不作为之义务,一方面在于使债权人之利益能够圆满实现,另一方面在于避免因债之履行致他方当事人之人身或其他财产法益遭受损害。附属义务之内容及强度,因债之关系而异,继续性契约关系(例如雇佣)所生的附随义务,较一时性契约(例如买卖)为广泛而深刻。

债务人提出给付不合债之本旨,违反给付义务者,例如交付之鸡有传染病,提出之资产负债表内容不确实,修缮屋顶偷工减料,出租之冷藏库

---

① 参见Larenz, Schuldrecht, S. 23f.

温度及湿度不合标准,医生误小肠为输卵管而为结扎手术等是。债务人违反附随义务者,例如机器之出卖人未告知特殊使用方法,买受人所交付之钞票染有恶性传染病,雇用人未为受雇人办理加入劳工保险,受雇人泄漏雇主之营业秘密等是。债务人无论违反给付义务或附随义务,均构成不完全给付。

(2) 履行利益之侵害或履行利益以外其他权益之侵害

不完全给付所造成之损害,可分为两类:其一,给付本身不完全,具有瑕疵,致减少或丧失该给付本身之价值或效用,其所侵害的是债权人对完全给付所具有之利益(履行利益 Erfüllungsinteresse),台湾学者称之为瑕疵给付。其二,不完全给付具有瑕疵,除该给付本身减少或丧失价值或效用外,尚对债权人人身或其他财产法益,肇致损害,易言之,即为履行利益以外其他权益(übererfüllungsmäßiges Interese)之侵害,德国学者称之为附带损害(Begleitsschaden)[①],台湾学者则称之为加害给付。就此两种损害,兹举数例说明之:出卖人所交付之鸡有病,致鸡之价值减损者,是为履行利益之损害,若债权人之鸡群亦感染而死亡者,是为履行利益以外其他权益之损害(加害给付);机器出卖人未告知机器之特殊使用方法致减少其价值或效用者,是为履行利益之侵害,若因而致机器爆破,伤害买受人之人身或其他财产者,是为履行利益以外其他权益之损害(加害给付)。

通说认为,债务人不为完全给付时,对此两种损害均应依债务不履行原则,负损害赔偿责任。最近钱国成先生认为,关于加害给付,债务人仅依“侵权行为法”之规定负责。此项见解,俟于讨论损害赔偿责任时,再加说明。

2. 归责事由及举证责任

(1) 归责事由

不完全给付既系债务不履行之一种,应以可归责于债务人之事由为其构成要件,系属当然(参阅第 225 条、第 226 条、第 220 条)。关于债务人于何种情形,就其债务不履行,应予负责,“民法”设有规定,归纳言之,计有四点:其一,当事人有约定者,依其约定,但故意及重大过失之责任,不得预先免除(第 222 条)。其二,当事人无约定者,依法律就各种债之关

① 参见 Larenz, Schuldrecht Ⅰ, S. 296.

系(尤其是契约)所设之特别规定。其三,当事人无约定,法律亦未设特别规定者,债务人就其故意或过失之行为,应负责任,过失之责任,依事件之特性而有轻重,如其事件,非予债务人以利益者,应从轻酌定(第220条)。其四,债务人之代理人或使用人,关于债之履行有故意过失时,债务人应与自己之故意或过失,负同一责任。但当事人另有订定者,不在此限(第224条)。上述归责原则,于不完全给付,亦有适用余地,自不待言。

如上所述,不完全给付责任之成立,须以有可归责于债务人之事由为要件。然而,归责事由是否存在,究应由谁负举证责任?易言之,有无可归责于债务人之事由,于最后言词辩论终结,仍不能确定时,败诉之不利益应归债权人抑或债务人负担?(客观之举证责任)。[①]

(2)举证责任

关于举证责任之分配,通说原则上系采法律要件分类说,认为除法律有特别规定外,主张权利存在之人,应就权利发生之法律要件存在之事实负举证责任,否认权利存在之人,应就权利妨害之法律要件、权利消灭之法律要件或权利受限制要件之存在事实负举证责任。据此理论,通说认为被害人主张侵权行为损害赔偿请求权时,对加害人之故意过失应负举证责任。惟关于债务不履行(给付不能或给付迟延)归责事由之举证责任,则采相反之见解。

按民律第一草案,采德国立法例,于第363条规定:"不能给付是否可归责于债务人,有争议时,债务人负举证责任。"[②]现行"民法"未采此规定,但学说认为,债务人就"不可归责于自己之事由,致给付不能或给付迟延"负有举证责任。换言之,被告(债务人)对原告(债权人)既已负有给付之义务,故仅须有不履行给付义务之事实,原则上当然负损害赔偿义务,惟债务人之无故意过失(归责事由)获得证明时,始例外不负损害赔偿义务。[③] 实务上亦采相同见解,1932年上字第1956号判决(判例)谓:"给付有确定期限者,债务人自期限届满时起,当然负迟延责任,其因不可归责于债务人之事由,致未为给付者,债务人虽不负迟延责任,但不可归责于债务人之事由,应由债务人负举证之责。"诉讼法学者陈荣宗认为此

---

① 参见骆永家:《民事举证责任论》,1972年(尤其是第42页以下);陈荣宗:《举证责任与民事程序法》,"台大法学丛书"(十七),1979年,第1页。

② 《民法制定史料汇编》(上册),第400页。

③ 参见骆永家,前揭书,第93页。

系一项具有进步性之判决，略谓：债务人是否为给付，此事完全系于债务人一方之决意，而其未给付之原因是否不可归责于自己之事由，债务人自己对该事实真相知之最详细，债权人通常较不容易知悉其未给付原因及归责事由之有无。换言之，此类事实属于债务人控制下之事实，债务人较容易举证，所以应认为债务人应就不可归责于债务人之事由，负举证之责。[①]

至就不完全给付归责事由之举证责任言，学者论述甚少。郑玉波先生曾讨论此一问题，并认为今日工商社会，大量生产，大量消费，不完全给付，尤其是加害给付，往往与消费者保护之问题有关，应否采无过失责任，或采举证责任转换之方式，以维护消费者之利益，值得研究。[②] 依吾人见解，使债务人负无过失责任，在"立法政策"上，似有商榷余地，盖契约种类繁多，性质有别，均采无过失责任，不免失其轻重。惟就现行法解释言，使债务人就不可归责之事由负举证责任（举证责任之转换），则可资采取，理由有二：其一，于给付不能及给付迟延之情形，债务人就不可归责于自己之事由应负举证责任，系判例、学者之一致见解，不完全给付既为债务不履行之一种，原则上应采同一解释。其二，债务人所为之给付，何以不完全，债权人不易明了，损害原因事实多在债务人控制领域之内（Gefahrenbereich），使债务人就"不可归责之事由"负举证责任，承担不能举证之不利益，实合乎公平正义之原则。[③]

（二）法律效果

1. 拒绝受领及要求补正

不完全给付，于给付之际为债权人所发现，债权人得拒绝受领，并不负受领迟延责任，盖依第235条规定，受领迟延须以债务人依债务本旨提出给付为其前提要件也。例如，出卖人所交付汽车之刹车机件具有瑕疵时，买受人得拒绝受领。若不完全给付系债权人于受领后始发见者，除法

---

① 参见陈荣宗，前揭书，第89页以下。

② 参见郑玉波，前揭文，第4页。

③ 关于不完全给付（积极侵害债权）之举证责任，目前在德国争论甚烈，参见 Raape, Die Beweislast bei positiver Vertragsverletzung, AcP 147, 217; Hans Stoll, Die Beweislast bei positiven Vertragsverletzungen, Festschrift für Fritz Hippel, 1967, S. 517; Larenz, Schuldrecht, S. 301f.；参见陈荣宗，前揭书，第42页、第74页。

律关于物之瑕疵有特别规定外，尚得请求为完全之给付，易言之，即得请求债务人补正。不完全给付不能补正或债务人拒绝补正者，债权人得请求损害赔偿，债务人虽为补正，但债权人受有损害者，仍得请求赔偿，自不待言。

2. 损害赔偿

(1) 通说

不完全给付所生之损害，约可分两类：一为履行利益之损害（瑕疵给付），例如病鸡本身价值之减少；另一为履行利益以外权益之损害（加害给付），例如债权人之鸡群受病鸡之感染而告死亡。通说认为，债权人就此两种损害，均得请求赔偿。德国判例学说，亦采同一见解。[①]

(2) 钱国成先生之不同意见

最近钱国成先生在其所著《不完全给付与物之瑕疵责任》一文，提出与通说相异之见解，认为因债务人不为完全给付，致债权人受原来债务范围以外之损害，即在不完全给付中为加害给付，则在现行"民法"，均仅于债务人有过失，始负侵权责任，债权人只能依侵权行为之规定，请求损害赔偿。[②]

就法律体系而言，"加害给付"所生之损害（买受人鸡群之死亡），原应属"侵权行为法"之范畴，因此，使债权人得依不完全给付（债务不履行）规定请求损害赔偿，可谓是违反体系（Systemwidrigkeit）。[③] 就此点而言，钱国成先生之见解，自值赞同。然而，应特别说明的是，Staub 提出"积极侵害契约"理论之基本目的，乃在于使债权人得以债务不履行为理由，向债务人请求履行利益外之附带损害（Begleitsschaden）赔偿，其主要理由系《德国侵权行为法》之规定不足保护债权人之利益。关于此点，前已详论，兹不赘。台湾地区"侵权行为法"之体系结构，系仿德国立法例，而有改进，主要特色有两点：其一，凡属权利（尤其是人格权）原则上均受保护（第 184 条第 1 项前段），不若德国民法只限于生命、身体、健康、自由、所有权及其他权利（参阅《德国民法》第 832 条第 1 项）。其二，雇用人纵能证明其对受雇人之选任监督已尽必要之注意，法院亦得依被害人之声请，

① 参见王伯琦，前揭书，第 164 页；Fikentscher, Schuldrecht, 5. Aufl. 1975, S. 232f.

② 参见钱国成，前揭文，第 4 页。

③ 参见 Fikentscher, Schuldrecht, S. 233.

斟酌雇用人与被害人之经济情况，令雇用人为一部或全部之损害赔偿，《德国民法》未设此项雇用人衡平责任之规定。台湾地区“侵权行为法”对被害人之保护虽较周密，但仍有不足之处，兹举一例说明之：设有审查某矿山之债务人于约定期限内提出报告，债权人据此报告以高价买入矿山，其后发现报告为错误，矿山无价值。于此情形，债权人购买矿山所支出之价金，是为“加害给付”，但因非属“权利”受伤害，债权人得否依“侵权行为法”之规定，请求损害赔偿，不无疑问，但依不完全给付之理论，则得请求之①，对债权人之保护，似较周全。

应特别提请注意的是，“最高法院”亦采通说见解。在化学原料氮气一案（1977年台上字第2142号），被害人所请求损害赔偿者，系“因经化学程序后所混合之其他原料”。又在“冷藏库温度不合标准致马铃薯发芽”一案（1978年台上字第2251号），债权人所请求赔偿者，亦是履行利益以外之损害。

综括上述，通说认为，被害人就履行利益以外之损害，得依不完全给付理论请求损害赔偿，对债务人保护，实属有利，并为不完全给付理论基本规范意义之所在。法院亦采通说见解，具有促进法律进步之功能，实值赞同。

3. 解除契约或终止契约

债务人不为完全给付时，债权人得否解除契约，并无明文规定（参阅第227条），惟于给付迟延及给付不能之情形，债权人既得解除契约，则于不完全给付，自应采同一解释。通说认为给付不完全而可能补正者，应类推适用第254条之规定，债权人得定相当期限催告其补正，如于此期限内不补正时，得解除契约，惟非于一定时期为给付不能达契约之目的者，则得不定期催告而径解除契约（第255条）；给付不完全而不能补正者，则应类推适用第256条解除契约。② 在连续给付之契约（Sukussivlieferungsvertrag），债务人在较长时间内，负有连续给付之义务，若其给付一次或数次具有瑕疵，致债权人不能期待契约关系之继续者（例如某养鸡场供应之土鸡，经常品质不佳，致餐厅主人有丧失顾客之虞），则债权人得以不完全给

---

① 此例参考洪文澜，前揭书，第236页。

② 参见王伯琦，前揭书，第209页。

付为理由,终止契约。[1]

五、适用范围与竞合关系

债务人应依债之本旨而为给付,债务人未依债之本旨提出给付,或虽提出给付,但不合债之本旨者,“民法”就给付不能、给付迟延或特定契约之瑕疵担保责任,设有规定。在此体系下,不完全给付理论仅具补充之功能,因此关于债务不履行或瑕疵担保责任,法律已设有规定者,不完全给付即无适用余地。[2] 又不完全给付与侵权行为之关系,实务上至为重要,亦有略加说明之必要。

(一) 不完全给付与其他债务不履行类型之关系

1. 不完全给付与给付迟延及给付不能之并存

不完全给付得与给付迟延及给付不能同时并存。例如,甲向乙购买某种化学原料,逾约定日期,乙仍未为给付时,构成给付迟延;其后乙所交付者系劣等品质,致甲之其他原料遭受损害时,构成不完全给付;设该类化学原料经政府禁止进口,市场上已无法购置时,则构成给付不能。甲就其所受之损害,得分别请求损害赔偿。[3]

2. 不完全给付与给付拒绝

债务人表示不为给付之意思者,学说上称为给付拒绝(Erfüllungerweigerung)。Staub 及德国通说认为给付拒绝系属不完全给付之一种情形[4],台湾学者亦有采此见解。[5] 惟依本文见解,不完全给付乃债务人已为给付,但其给付不合乎债之本旨;而给付拒绝则不独未为给付,亦无给付之意思,二者实不相同。故给付拒绝非属不完全给付,应认为系债务不履行之一种形态。

---

① 参见梅仲协,前揭书,第 176 页。

② 参见 Medicus, Bürgerliches Recht, 8. Aufl. 1978, S. 139f.

③ 此例参见 Medicus, Bürgerliches Recht, S. 140.

④ 参见 Medicus, S. 139. 关于给付拒绝之一般理论,参见 Lessr, Die Erfüllungsverweigerung-ein Typ der Leistungsstörungen, in: Jus Privatum Gentium (Festschrift für Max Rheinstein), 1969, Bd. Ⅱ, S. 643f.

⑤ 参见梅仲协,前揭书,第 176 页。

(二) 不完全给付与物之瑕疵担保责任[①]

物之出卖人就物之瑕疵,对于买受人应担保其物依第 373 条之规定,移转于买受人时,无灭失或减少其价值之瑕疵,亦无灭失或减少其通常效用或契约预定效用之瑕疵。但减少之程度无关重要者,不能视为瑕疵(第 354 条第 1 项)。买卖之物有瑕疵,而出卖人应负担保责任者,买受人得解除其契约,或请求减少其价金,但依其情形,解除契约显失公平者,买受人仅得请求减少价金。买卖之物,仅指定其种类者,得请求交付无瑕疵之物(第 359 条)。买卖之物欠缺出卖人所保证之品质者,买受人得不解除契约或请求减少价金而请求不履行之损害赔偿。出卖人故意不告知物之瑕疵者,亦同(第 360 条)。据上述规定,关于物之瑕疵,买受人依其情形有四种权利:① 解除契约;② 减少价金;③ 请求交付无瑕疵之物(种类买卖);④ 请求损害赔偿。以下仅就物之瑕疵所生之损害与不完全给付之关系说明之。

物之瑕疵所生之损害,可分为两类[②]:其一,固有之瑕疵损害(eigentlicher Mangelschaden),即标的物本身具有瑕疵所生之损害(例如汽车刹车具有瑕疵而减损其价值);其二,瑕疵结果损害(Mangelfolgeschaden),即物之瑕疵在买受人之人身或其他财产法益肇致损害(例如汽车买受人因汽车刹车具有瑕疵发生车祸,身受重伤)。第 360 条所称不履行之损害,究指何言,实有疑义。德国通说认为《德国民法》第 363 条所称之"不履行之损害赔偿"(相当于第 360 条),除固有瑕疵损害外,尚包括瑕疵结果损害在内。[③] 钱国成先生认为应仅指前者而言[④],史尚宽先生似认为兼括后者[⑤],尚无定论。

关于不完全给付与物之瑕疵担保责任之关系,应分为固有瑕疵损害及瑕疵结果损害两种情形讨论之:

---

① 关于不完全给付与物之瑕疵担保责任之一般问题,参见钱国成,前揭文。

② 参见 Larenz, Schuldrecht, Bd. Ⅱ, 11. Aufl., 1977, S. 54f.;最新资料,参见 Huber, Zur Haftung des Verkäufers wegen positiver Vertragsverletzung, AcP177, 281f.; Peters, Mangelschaden und Mangelfolgeschaden, NJW 1978, 665.

③ 参见上注所引资料。

④ 参见钱国成,前揭文,第 4 页。

⑤ 参见史尚宽:《债法各论》,第 40 页。

(1) 关于固有瑕疵之损害。依第360条规定,须出卖人故意不告知物之瑕疵或保证其品质时,买受人始得请求赔偿。买受人是否尚得依不完全给付理论请求之,不无疑问。德国学说判例原则上采肯定说。钱国成先生谓:“出卖人因特定物,其内含数量不及指示之数量者,如因此减少其价值或效用,亦应认为系物之瑕疵,其因可归责于出卖人之事由所致者,更成为不完全给付之一种”①,似亦采同一见解。

(2) 关于瑕疵结果损害。钱国成先生认为,不完全给付理论或物之瑕疵担保责任,均无适用余地,债权人仅能依侵权行为之规定,请求损害赔偿。惟依吾人见解,不论第360条是否包括此种损害,买受人均得依不完全给付理论请求之。法院亦采此见解(1977年台上字第2142号判决),可资赞同。

(三) 不完全给付与承揽人之瑕疵担保责任

承揽人完成之工作,应使其具备约定之品质及无减少或灭失其价值或不适于通常或约定使用之瑕疵。因可归责于承揽人之事由,致工作发生瑕疵,定作人除得请求修补或解除契约或请求减少报酬外,并得请求损害赔偿。承揽工作之瑕疵所生之损害,亦可分为固有瑕疵损害(修缮之楼梯具有瑕疵不堪使用,减损其价值)及瑕疵结果损害(定作人因楼梯倒塌而受伤)。德国通说认为,《德国民法》第635条所谓“不履行之损害赔偿”(Schadensersatz wegen Nichterfüllung)系兼指二者而言。② 台湾学者对此论述未详,惟多认为关于工作瑕疵,不完全给付理论仍有适用余地。③

(四) 不完全给付与侵权行为

债务人因可归责于自己之事由为不完全给付,致债权人之人身或其财产权益遭受损害时,债权人得以债务不履行为由,就所生之损害,请求损害赔偿。不完全给付之行为,同时具备侵权行为要件时,被害人尚有侵权行为损害赔偿请求权,例如出卖人因其过失,以患有传染病之鸡交付于买受人,致买受人原有之牲畜亦罹于疾病死亡;或赠与汽车一部,赠与人

---

① 钱国成,前揭文,第4页(注)。

② 参见 Larenz, Schuldrecht Ⅱ, S.267.

③ 参见郑玉波:《民法债编各论》,第362页、第365页。

因故意或重大过失未告知刹车机件失灵,致受赠人因车祸遭受损害者,均同时构成不完全给付责任(债务不履行责任)及侵权责任。

关于契约责任与侵权责任之竞合关系,学说不一,计有法条竞合说、请求权竞合说及请求权规范竞合说。[①] "最高法院"原采严格法条竞合说,认为当事人间有契约关系时,被害人即无依"侵权行为法"规定请求损害赔偿之余地(参阅 1971 年台上字第 1611 号判决及 1972 年台上字第 200 号判决)。此项见解原有研究余地[②],惟在 1974 年台上字第 1988 号判决,修正前述理论,认为:"契约责任与侵权责任竞合时,学说上固有采法条竞合说,认为行为人仅就契约上负责者。惟对于人身自由权之侵害,若亦采此见解,则若干保护人身权之规定,必将受到限制而无由发挥其作用,为求符合立法本旨及平衡当事人利益起见,对于本件情形,应认为债权人得就其有利之法律基础为主张。"[③]此项见解,对被害人保护较为周到,可谓系一项较为进步之判决。

六、结　　论

关于不完全给付理论,学者向有不同见解。最近钱国成及郑玉波二位先生对此再加讨论,立场不同,足以阐释疑义,深具价值。本文除介绍 Staub"积极侵害契约"之理论及其在德国法上发展概况外,特分析检讨台湾地区学说判例,兹综述其要点,归纳五项,作为结论。

(1) 不完全给付理论,旨在补充现行"民法"关于债务不履行规定之不足,具有保护债权人之功能,承认其为债务不履行之一种,实具意义。

(2) 第 227 条是否为 Staub 理论之继受,属不完全给付之规定,就比较法(《瑞士债务法》第 97 条)及法制发展沿革(民律第二草案第 224 条)而言,尚有疑问,惟在解释上可用来解决不完全给付之问题,不但裨益法律适用,而且可使一项在其存在价值上具有疑义之规定,获得了新的规范内容。法院亦采此见解,在法学方法论上,寓有深意。

(3) 关于不完全给付之不可归责事由,基本上应与给付不能及给付

---

① 参见拙著:《契约责任与侵权责任之竞合》,载《民法学说与判例研究》(第一册),北京大学出版社 2009 年版,第 204 页。

② 同上注。

③ 《法令月刊》第 27 卷第 5 期(1976 年),第 23 页。

迟延,采同一之解释,由债务人负举证责任(举证责任之倒置),始能符合公平正义之原则。

(4) 关于加害给付,有认为仅能适用侵权行为之规定,此就法律体系言,虽亦有据,但鉴于债之关系之本质,并为保护债权人之利益,宜认为被害人亦得依债务不履行之规定,请求损害赔偿。"最高法院"亦采此见解,可资赞同。

(5) 物之瑕疵担保责任与不完全给付,其法律性质、构成要件及规范功能各有不同,原则上得为并存,因此买卖标的物具有瑕疵,致买受人之人身或财产法益遭受损害者,虽出卖人未保证其品质或未恶意不告知其瑕疵,买受人仍得以不完全给付为理由,依债务不履行原则,请求损害赔偿。

使用他人物品之不当得利*

一、问题之说明

无法律上之原因使用(或消费)他人之物品,在日常生活中经常有之。例如擅自使用他人海滨别墅、在他人墙壁上悬挂广告招牌、未购票而搭乘游览车、误以他人之蛋糕为己有而食用之、利用他人之照片作营业广告……实务上最为常见者,系租赁关系消灭后,原承租人未交还租赁物,仍继续使用收益。于诸此情形,不当得利请求权是否成立?请求权之内容如何?殊值研究。

二、不当得利请求权之成立

第179条规定:"无法律上之原因而受利益,致他人受损害者,应返还其利益。虽有法律上之原因,而其后已不存在者,亦同。"由此可知,不当得利请求权之成立,须具备四项要件:① 受利益;② 致他方受损害;③ 受利益与受损害之间须有因果关系(通说);④ 无法律上之原因。以下谨依此四项构成要件,说明"使用他人之物"在何种情形之下得构成不当得利。

(一) 受利益

1. 概说

不当得利之基本功能在于使受领人返还其所受之利益。所谓"受利益",抽象言之,即指财产总额之增加,其财产总额积极地有所增加,固为受有权益,其本应减少而未减少者,谓之消极的增加,亦属受有利益。就

---

* 本文原载《法学丛刊》第97期(1980年3月),第1页。

具体事例而言，受利益之主要情形有：① 权利之取得，凡所有权、抵押权、债权及其他财产权之取得均属之；② 法律所保护事实上地位之取得，占有之取得，为其著例；③ 债务之免除，例如他人清偿自己债务而免自己之支出。所应讨论的是，因使用他人之物而“受利益”，究系指何而言？

2. 判决

其一，1961 年台上字第 1402 号判决：消极地减免其应支付之代价。

在本案，被上诉人前承租上诉人坐落桃园县杨梅镇草湳坡字埔心 33 之 15 号建地内 58 坪余，建筑房屋，另又占用 48 坪余，共计 106.389 坪。嗣将房屋让与诉外人叶云锦，土地亦交叶使用，叶云锦复将房屋租与第一审共同被告周进居住，由上诉人诉经判决确定，被上诉人应予拆屋，并应与周进共同交还土地在案，此为原审所确定之事实。上诉人以被上诉人及周进迄未交还土地，乃诉请自 1957 年 7 月 7 日起至交地之日止，按年返还不当得利。原审驳回上诉人对于被上诉人之上诉，无非谓上诉人既不能提出被上诉人占用系争土地受有何种利益之证据，自不能以系争土地上之房屋为被上诉人原始取得，即主张由被上诉人负连带返还之责任。“最高法院”在本案判决中认为：“卷查前开拆屋还地之确定判决，系谓‘系争地上之房屋为被告罗集福所建，虽据其主张已出卖与叶云锦所有，但尚未办理所有权移转登记……依法不生移转之效力……该被告已丧失基地承租权，则原告请其拆除该屋返还基地，自应认为有理由’等语，是地上房屋既仍为被上诉人之所有，该房屋基地及被上诉人另外占用之基地，原应由被上诉人交付相当之代价始得使用。兹被上诉人不付任何代价而使用上开土地(按原确定判决仅命被上诉人给付 1954 年至 1956 年 3 年间之租金，而未命给付此后相当于租金之损害金)，其财产总额虽无积极的增加，但不能谓无消极的减免其应支付使用该土地之代价，此种消极的利益，亦在得请求返还之列。况系争土地位于埔心火车站近边，前面紧靠本省纵贯公路，后面紧靠纵贯铁路，左右均有商店……上诉人如将之出租他人，每坪周年可得新台币 100 元之租金，已为原审所认定，则其又以上诉人不能提出被上诉人占用系争土地受有何种利益之证据等词，驳回上诉人该部分之上诉，于法自难谓合。”

其二，1972 年台上字第 1695 号判决：无权占有他人土地，可能获得相当于租金之利益。

在本案，上诉人主张：伊所有云林县北港镇北港第 1288-35 号建地

0.0695 公顷(即 210.24 坪)曾出租与被上诉人,租期至 1959 年 12 月底止,期满经合法止约,并由法院判令被上诉人还地确定在案,被上诉人无权占有土地,尚缴使用费至 1965 年年底止。讵自 1966 年 1 月 1 日起既不还地又不付使用费,致使伊每年负担地价税而不能使用收益,损失重大。该土地为都市土地,其地价税 1966 年及 1967 年为每年 4753.50 元,1968 年以后每年 8962.40 元,为此依第 179 条规定,请求被上诉人自 1966 年 1 月 1 日起至 1969 年年底止,比照地价税计算,返还不当得利 27 431.60 元及自 1970 年 1 月 1 日起至还地日止按年赔偿 8962.40 元等情,求为命被上诉人如数给付之判决。而被上诉人则谓:伊使用系争土地所得系相当于租金,上诉人按地价税请求返还不当得利自有未合云云,资为抗辩。"最高法院"采取原审之见解认为:"依不当得利之法则请求返还不当得利,以无法律上之原因而受利益,致他人受损害为其要件,故其得请求返还之范围,应以对方所受之利益为度,非以请求人所受损害若干为准,无权占有他人土地,可能获得相当于租金之利益为社会通常之观念,是被上诉人抗辩其占有系争土地所得之利益,仅相当于法定租金之数额,尚属可采,地价税为土地所有人所应缴纳,而与被上诉人之无权占有无关,上诉人以其所受损害即相当于地价税之数额计算不当得利金额,请求被上诉人返还,尚难采取……"

其三,1962 年台上字第 1450 号判决。

在本案,上诉人承租被上诉人耕地时,并由被上诉人将其所有坐落苑里镇山柑段山柑小段 273-1 号地上房屋,无偿供给上诉人郭旺仔使用 6 间,上诉人汤石秀使用 2 间,上诉人孟献枞使用 1 间。该租赁之耕地,已于 1953 年征收放领与上诉人等,为两造不争之事实。被上诉人据以请求上诉人等分别返还房屋,及自 1956 年 1 月 1 日起之不当得利,第一审判决命上诉人分别返还房屋及酌定上诉人等应返还之利益,为每间房屋以每年稻谷 50 斤计算各点,两方亦不争执。"最高法院"认为:"查承租耕地之农舍,由出租人无偿供给承租人使用者,其使用权系附随于耕地之租赁关系而存在,则耕地之租赁关系消灭时,该使用权亦即失其存在,承租人于是时即有返还之义务。即依借贷关系而论,出租人无偿供给农舍使用之目的,既基于耕地之租赁关系,租赁关系消灭,则借贷目的自应认为已使用完毕,依第 470 条前段之规定,承租人亦已有返还之义务,不待于出租人之终止借贷及请求返还而始发生。故如不返还,则其占有使用,即成为无法律上原因。若构成不当得利之情形时,依第179条,应自受利益之时起返还其利益,而非自出租人请求返还之时始起算。"

3. 分析检讨

关于使用他人之物所受之利益,依上述三则判决,系指"消极地减免其应支付使用土地之代价",或"可能获得相当于租金之利益",其措辞用语虽有不同,但基本观点则无二致,即以使用代价或费用之节省为所受之利益。1962年台上字第1450号判决谓:"……故如不返还,则其占有使用,即成为无法律上之原因,若构成不当得利之情形时,依第179条,应自受利益之时起返还其利益",似认为"占有使用"为所受之利益,但该判决又谓:"……应返还之利益,为每间房屋以每年稻谷50公斤计算",其稻谷50公斤之返还,究系所受利益本身之返还,抑或为"占有使用"之价额偿还(参阅第181条),尚有疑问。

据上所述,"最高法院"基本上系以"费用之节省"为使用他人物品所受之利益。此项传统见解,持之有故,言之成理,自不待言。[①] 惟依吾人之所信,第179条及第181条规定所称之"受利益",系指因损益变动过程直接获得之利益而言。例如,基于不成立之买卖契约而为房屋所有权之移转时,买受人所受之利益为房屋所有权;甲误以乙之房屋为其雇主丙所有而加以打扫者,乙所受之利益,为甲之劳务。

至就使用或消费他人物品而言,其所受之利益应为"物之使用或消费本身","相当于租金之利益"之减免,则属不当得利请求权之范围。物之使用或消费,通常须支付对价,得为交易(契约)之客体,具有财产价值,故使用或消费他人物品之本身即属财产之增加,受有利益。[②]

(二)他方受损害

1. 概说

一方当事人所受之利益,具有形体性(körperlichgegenstandlich)者,一

---

① 德国以前通说亦采此见解,参见 RGZ 97, 310; BGHZ 14,719;BGHZ 20, 270, 275; BGHZ 128, 131.

② 此为目前德国学者之通说(die im Schriftum vorherrschende Auffassung), Larenz, Schuldrecht Ⅱ, 1977, S. 4, 1; 参见 v. Caemmerer, Festschrift für Rabel, 381 = Ges. Schr. 1, 258; Mestmächen, JZ58, 521; Kleinheyer, JZ61, 473; Gursky, JR72, 279; Reeb, Grundprobleme der Bereicherungsrechts, 1975, S. 11; Medicus, Bürgerliches Recht, 1978, S. 335.

方所受之利益,即为他方所受之损害。例如:基于不成立之买卖契约,移转房屋所有权时,买受人所受之利益为房屋所有权之取得,出卖人所受之损害为房屋所有权之丧失;无权占有他人之画者,一方所受之利益为占有之取得,他方所受之损害为占有之丧失;消费(食用)他人物品者,一方所受之利益为物之消费,他方所受之损害为物之灭失。于诸此情形,他方所受之损害,至为明显,无待详论。有疑问的是,使用他人之物者,于何种情形,得认为致“他方受损害”。

2. 判决

(1) 在1957年台上字第1081号判决一案,被上诉人以上诉人无法律上之原因占用被上诉人之土地,请求返还其所受之利益。“最高法院”谓:“惟关于返还不当得利部分,第179条载‘无法律上之原因而受利益致他人受损害者,应返还其利益’是利益之返还必须具备此方受利益而他方受损害之条件,若谓此方受利益,即应视为他方受损害,则条文即无双方并举之必要,被上诉人被他人占用土地而不知,显无利用土地之计划,则上诉人为之耕犁施肥有何损于被上诉人……”

(2) 1961年台上字第688号判决要旨略谓:“请求返还不当得利,依第179条,系以他人受损害为要件,如谓一方受利益,即为他方受损害,则条文何须规定他方受损害之字样,故水产公司如未计划使用或未对已离职之上诉人请求返还原豁免使用代价之系争土地,则水产公司尚未受有损害可言,有何返还不当得利可言。”

(3) 在1971年台上字第101号判决一案,上诉人主张其土地被被上诉人占用,以每坪新台币(以下同)3500元计算其年息10%之损害或不当得利为5929元(于原审减为4870.25元),而请求被上诉人自1959年2月25日起至交付日止,依上开数额按年给付。“最高法院”谓:“查损害赔偿除法律另有规定或契约另有订定外,应以填补债权人所受损害及所失利益为限;又不当得利之受领人原则上亦系返还其所受之利益,第216条第1项、第181条分别定有明文。又本件上诉人被占之土地系属空地,上诉人既未陈明因被占而自己不得利用或不得出租,致受何项损害,即无请求填补所受损害及所失利益之可言。”

3. 分析检讨

关于无法律上之原因而受利益,致“他方受损害”,“最高法院”于上开判决系倾向于认为其意义相当于损害赔偿法(尤其是侵权行为法)上之损害。易言之,须土地或房屋被占有而不得利用或不得出租,或所有人已有使用之计划者,始得认为受有损害。反面言之,占有使用他人土地或房屋,他人原无使用之计划,或未因此而不得利用或出租者,占有使用之人虽受有利益,但因未致“他方受损害”,仍不构成不当得利,不负返还其所受利益之义务。试举一例说明之:甲赴外进修1年,任其海滨别墅闲置不用,乙知其情事而占有使用之,受有利益,虽甚显然,惟依“最高法院”上述见解(别墅被他人占有而不知,显无利用之计划),仍不构成不当得利。此项论点与不当得利制度之基本思想,尚有未符,似有商榷余地。

侵权行为法之基本功能在于填补损害(Ausgleichsfunktion)。损害者,权益受侵害时所生之损失也,损害事实发生前之状况,与损害事实发生后之情形,两相比较,被害人所受之损失,即为损害之所在。在财产损害,其赔偿范围,包括所受损害及所失利益。惟所失利益,必须系依通常情形,或依已定之计划、设备或其他特别情事可得预期者为限(第216条)。至于不当得利之基本功能,非在于填补因侵害他人权益所生之损害,而是在于使受领人返还无法律上之原因所受之利益(Abschöpfungsfunktion)。[①] 侵权行为请求权之成立,须以行为人有主观(故意或过失)及客观(义务之违反)之归责因素;不当得利请求权之成立,则以损益变动客观上无法律上之原因即为已足,利得人主观上有无故意过失,在所不问。不当得利法与侵权行为法(损害赔偿法)之基本功能既有不同,因此不当得利法上之所谓一方受利益,致“他方受损害”(英文为 at the expense of,德文为 auf dessen Kosten)与侵权行为法上之“损害”(英文为 damage,德文为 Schaden),自应为不同之解释。

依本文之见解,不当得利法上之一方受利益,致他方受“损害”,非系指实际财产之减少(effektive Vermögensminderung)。[②] 所有人对其所有物依法有使用收益之权能,对无权使用者得为禁止,得将所有物让与他人使用者,通常亦得请求支付对价。因此,无法律上之原因而使用他人之物时,客观上侵害他人权利之“归属内容”(Zuweisungsgehalt des fremden Re-

---

① 关于侵权行为法与不当得利法基本功能之不同,参见 Esser, Schuldrecht, Ⅱ, 1969, S. 330f.; Reeb, S. 1f.

② 参见 Staudinger/Seufert, §812, Rdn. 7f.; Kleinheyer, JZ 1961, 475, Fussn. 14; Berg, JuS, 1962, 75, Fussn. 21 mit Nachweisen.

chts)，其使用本身即属致他人受损害。[①] 物之所有人(或其他权利人)是否因此而不得利用或出租，是否原有使用计划，均非所问。因此，在上举使用他人海滨别墅之例，仍应认为一方受利益，致“他方受损害”；又例如甲经营夜总会，未经乙之同意，擅自利用乙之墙壁悬挂广告招牌，不论有无肇致侵权行为法上之“损害”，仍应认为已具备不当得利法上受利益，致“他方受损害”之要件。

(三) 损益变动关系

1. 概说

不当得利之成立，须无法律上之原因而受利益，“致”他方受损害，故一方受利益与他方受损害之间须具有特定关系，以确定不当得利之当事人，并适当限制不当得利请求权之适用范围。通说系采基于同一原因事实之直接因果关系说。[②] 此项理论主要系适用于基于给付而生之不当得利，尤其是在有第三人介入之情形(例如甲偷乙之钱，对丙非债清偿)。[③] 承租人于租赁关系消灭后，将租赁物转租他人时，此项理论如何适用，法院亦著有判决，可供研究。

2. 判决

在1959年台上字第1555号判决一案，被上诉人向上诉人承租系争台北市中华路82号内临街房屋一大间，应予交还，并自1954年11月3日起至执行终了之日止，按每月100元(新台币，下同)计算，赔偿上诉人之损害，业经另案判决确定执行在案，为不争之事实。上诉人主张被上诉人于租赁关系消灭后，将讼争房屋转租他人，每月收取租金至少在500元以上，而向伊所支付之租金每月仅为100元，其因转租所获超过此数额之租金，即为不当得利，而为其应返还15 200元之请求。经查被上诉人有转租之事实，曾据系争房屋之现住人杨旺麟等于另案执行中承认，有与被上

---

① 关于权利归属理论(Lehre vom Zuweisungsgehalt)之综合分析检讨，请参见Koppensteiner/Kramer, Ungerechtfertigte Bereicherung, 1975, S. 89f.

② 参见王伯琦:《民法债编总论》，第55页。

③ 参见郑玉波:《民法债编总论》，第105页。在不当得利关系中有第三人介入者，德国学者称为Dreiecksverhältnisse或Dreipersonenverhältnisse(三角关系或三人关系之不当得利)，最近论述甚多，其基本问题，请参见Larenz, Schuldrecht Ⅰ, S. 476f.; Carnaris, Der Bereicherungsausgleich im Dreipersonenverhältnis, Festschrift für; Larenz, 1973, S. 799f.; Medicus, Bürgerliches Recht, Rdnr. 669ff。

诉人订立租约迁入住居，并据提出租赁契约可凭，经原审调阅该另案执行卷宗查明属实，非空言所能否认。惟其系因上诉人不返还其所交押租金14 000元拒不交房，既据陈明在卷，而上诉人对此亦无争执。“最高法院”谓：“无法律上之原因而受利益致他人受损害者，应返还其利益，则为第179条所明定，但所谓受利益致他人受损害，必须受利益与受损害之间有因果关系存在，其间有无因果关系，应视受利益之原因事实与受损害之原因事实是否同一事实为断，如非同一事实，纵令两事实之间有所牵连，亦无因果关系，自与上开规定不当得利之要件不合。本件两造间因另案请求交还房屋等事件，业经判命被上诉人按每月100元计算赔偿上诉人之损害，确定执行在案，是上诉人所受损害已获得赔偿，而被上诉人系因上诉人不返还押租金，拒不交房并转租取得相当租金之利益又如上述。其受利益之原因事实与受损害之原因事实，并非同一，其间虽有所牵连，仍不能谓有因果关系，依照上开说明，既与不当得利之要件不合，上诉人主张超过其租金100元之利益为不当得利，据为返还之请求，为非正当……”

3. 分析检讨

同一原因事实直接因果关系说本身，是否妥当，于此暂不讨论。所应检讨者，系法院对此理论之解释适用。首先应提出者，系1964年台上字第2661号判决(判例)。在此判决，债权人误以第三人之不动产为其债务人所有而声请法院查封拍卖。“最高法院”首先认为，拍定人不能取得标的物之所有权，真正权利人得诉求涂销其所有权之登记。有疑问的是，拍定人得否依不当得利之规定，向债权人请求返还其所受之价金。① 关于此点，“最高法院”于上述判决中采取否定说，其理由略谓：“执行法院拍卖查封之不动产，以其价金分配于各债权人者，纵该不动产嗣后复经确定判决认为不属于债务人所有，不能移转于买受人，而买受人因此所受价金之损害，亦只能向直接受其利益之债务人请求偿还，各债权人所受清偿之利益，系另一原因事实，除有恶意外，不能认与买受人所受之损害有直接因果关系，自不负返还其利益之责任。”依吾人所信，“最高法院”认为债

---

① 关于错误拍卖第三人财产所生之问题，“最高法院”见解甚不一致，颇为零乱，欠缺一贯理论，殊有彻底检讨之必要。参见拙著：《强制拍卖非属债务人财产与拍定人之地位》，载《民法学说与判例研究》(第一册)，北京大学出版社2009年版，第281页。

权人若具有"恶意",则可构成不当得利,此点显有误会,盖损益变动是否具有直接性,应纯就客观事实判断,与当事人主观意思无涉,不宜混淆也。[①]

租赁关系消灭后,承租人未交还房屋,仍继续使用者,依1969年台上字第3717号判决,解为"无法律上原因而受利益致他人受损害"之不当得利,或解为"因故意过失不法侵害他人之权利"之侵权行为,均无不可。在此判决,虽未提及直接损益变动关系,但于此情形,一方受利益,致他方受损害,系基于使用他人之房屋之原因事实,具有直接因果关系,殊无疑义。

所可讨论者,系上开1959年台上字第1555号判决。在本案,租赁关系消灭后,法院判令原承租人自应交还房屋起到执行终了日止,按每月100元计算,赔偿出租人之损害,确定执行在案。在此期间,原承租人将房屋转租他人,取得500元租金,"最高法院"认为不构成不当得利,其理由为:"上诉人所受损害已获得赔偿,而被害人系因上诉人不返还押租金,拒不交屋并转租取得相当租金之利益,其受利益之原因事实,与受损害之原因事实,并非同一,其间虽有牵连,仍不能谓有因果关系。"就此判决理由观之,"最高法院"显然将"自应交还房屋起至执行之日止之每月100元损害赔偿"与"转租所得500元"两件不同之事物(或法律关系)放置一起,而径作形式上之推论。依本文见解,原审法院判令原承租人按月以100元计算赔偿出租人损害,就判决理由之文义观之,似属侵权行为之损害赔偿。原承租人于租赁关系消灭后,继续使用租赁物,损益变动具有直接因果关系,应构成不当得利,前已述之。其将租赁物转租他人时,亦然,其情形与无权处分他人之物,殆相类似[②],从而发生不当得利请求权与侵权行为请求权之竞合问题。[③] 原承租转租所得之利益超过原出租人已受领之损害赔偿金时,原出租人似尚得依不当得利规定请求之。

(四) 无法律上之原因

不当得利之成立,以"无法律上之原因"而受利益、致他人受损害为

---

① 参见拙著:《民法学说与判例研究》(第一册),北京大学出版社2009年版,第281页。

② 参见 Larenz, Schuldrecht Ⅰ, S. 503; Medicus, Bürgerliches Recht Rdnr. S. 715f.

③ 参见刘春堂:《不当得利返还请求权与其他请求权之竞合》,载《法学丛刊》第94期(1979年6月),第109页。

基本要件。“无法律上原因”虽为不当得利之核心概念,但判断标准何在,殊有争论。有就一切之不当得利求其共通之观念者(统一说);亦有就各种不当得利求其个别之观念者(非统一说)。统一说所提出之各种观念,例如公平、正义、权利、债权,或失诸空洞,或偏于一隅,不足作为判断标准,众所公认。故依本文见解,以非统一说较可采,盖欲求法律适用之安定,须依特定之观点,将不当得利之情形,组成类型也(不当得利之类型化)。[①] 综合言之,可归类为基于给付及基于给付以外事由不当得利两个基本类型,“最高法院”历年判决,亦采非统一说。

使用他人物品有基于给付者,例如甲基于租赁契约使用乙之房屋,租赁契约(债权行为)即为甲使用乙之房屋之法律上原因。租赁契约不成立、无效或被撤销者,给付目的已不存在,使用房屋即无法律上之原因。1958 年台上字第 1554 号判决谓:“因履行契约而为给付后,该契约经认定无效者,给付之目的既归消灭,给付受领人受此利益之法律上原因,即失其存在,依第 179 条之规定,自应返还其利益。”此判决亦采同样见解。非基于给付而使用他人物品,在实务上最为常见者,系于租赁关系消灭后,承租人未交还房屋或土地,仍继续占有使用收益。于此情形,其无使用权利时,即属无法律上之原因。

无法律上之原因占有使用他人物品,应构成不当得利,已如上述。占有人因时间之经过,依时效取得之规定而取得标的物之所有权时(参阅第 768 条以下),是否具有法律上原因,不无疑问。1969 年台上字第 3861 号判决,采取 1958 年台上字第 203 号判例之基本见解,略谓:“按不当得利须以无法律上之原因而受利益,致他人受损害为其成立要件。其因时效而取得权利,‘民法’上既有明文规定,即与无法律上之原因而受利益之情形有别,应不生不当得利之问题。本件上诉人等共有之坐落高雄市大港埔段 213 号之三建地内 99.92 坪,为被上诉人无权占有。上诉人于 1963 年 9 月诉请被上诉人拆屋还地,经三审认定被上诉人蔡顺立占有该地已逾 15 年,依法上诉人之恢复请求权已罹时效而消灭,判决驳回其拆屋还地之诉确定在案。则被上诉人已因时效而取得使用该土地之权利,纵因使用该地受有利益,依首开说明,亦与无法律上之原因而受利益之情形有间,自不

---

① 参见拙著:《无法律上原因之财产损益变动》,载《民法学说与判例研究》(第一册),北京大学出版社 2009 年版,第 247 页。

生不当得利之问题。”此项见解,可资赞同,盖时效取得制度旨在维持法律秩序之安定,规范意旨在使时效取得人得终局地保有其权利也。[①]

三、不当得利请求权之内容

(一)返还客体

不当得利之受领人,除返还其所受之利益外,如本于该利益更有所取得者,并应返还。但依其利益之性质,或其他情形,不能返还者,应偿还其价额(第181条)。由此可知,不当得利仍以原物返还为原则,以价额偿还为例外,至于返还客体则为所受之利益及本于该利益更有所取得者。返还人所受之利益,系属权利者,应依各该权利之移转方法,将其权利移转于受损害之人;返还人所受之利益为物之占有者,应移转其占有。使用他人物品者,不当得利受领人所获之利益,为物品之使用本身,前已论及。此项利益,依其性质,不能原物返还,故应偿还其价额,并应自受领之时起算。受领人应偿还之价额(Wertersatz),应依交易上客观情形定之,原则上系相当于使用他人物品通常所须支付之对价(租金或价金)。[②]

(二)利益之不存在[③]

不当得利之受领人应返还其所受之利益,已如上述。至其返还范围,则因受领人之为善意抑恶意而有不同,即:① 不当得利之受领人不知无法律上之原因,而其所受利益已不存在者,免负返还或偿还价额之责任。② 受领人于受领时,知无法律上之原因或其后知之者,应将受领时所得

---

① 参见拙著:《无法律上原因之财产损益变动》,载《民法学说与判例研究》(第一册),北京大学出版社2009年版,第247页。

② 受领人利益依其性质或其他情形,不能返还时,应偿还其价额(Wertersatz)。通说认为此项价额应依其交易上客观情形决定之(objektiver Wert),惟最近德国学者有倡导采取主观价额观念(subjektiver Wert)者,即认为该价额应具体地(konkret)就个别受领者之财产加以判断(参见Koppensteiner, Probleme des Bereicherungsrechtlichen Wertersatzes, NJW71, 588 und 1769; Koppensteiner/Kramer, S. 159f)。关于此项争议问题之讨论,参见Geotzke, Subjektiver Wertbegriff im Bereicherungsrecht, AcP 173, 289; Larenz, Zur Bedeutung des Wertersatzes im Bereicherungsrecht, Festschrift für v. Caemmerer, 1978, S. 209.

③ 关于“利益不存在”(Wegfall der Bereicherung)之一般理论及其所涉及之基本问题,参见曾世雄:《论所受利益已不存在》,载《法学丛刊》第34期,第51页;许惠佑:《不当得利法上所受利益之不存在》,1980年政大硕士论文。

之利益,或知无法律上之原因时所现存之利益,附加利息一并返还,如有损害,并应赔偿(第182条)。例如:受领之利益为房屋之所有权时,设该屋毁于火灾,若受领人为善意者,免负返还或偿还价额之责任;反之,受领人若系恶意,则不能免返还其所受利益之义务,即应返还该房屋所有权,惟该房屋所有权之返还若属不能,则应偿还其价额。

善意受领人所受利益已不存在时,所以免返还或偿还价额之责任,其主要理由,系不当得利制度之基本功能非在于填补他方所受之损害,而是在于使受领人返还所受之利益。所受之利益既不存在,若仍须返还,则受领人不免受到损害(学说上称之为损害禁止原则 Prinzip des Schädigungsverbotes)。所受利益是否尚存在,应就受领人财产之全部观察之,故所受利益虽不能保持原状,而实际受领人财产总额之增加现尚存在者,仍非利益不存在。1952年台上字第637号判决(判例)认为:"第182条所谓其所受之利益已不存在者,非指所受利益之原形不存在而言,原形虽不存在而实际上受领人所获财产总额之增加现尚存在时,不得谓利益已不存在。上诉人所收陈福记祭祠公业之稻谷,除完结纳税及正当开支外,并无不存在之理由,虽因消费其所受利益而其他财产得免消费,结果获得财产总额之增加,其利益自应视为现尚存在……"亦采同样见解。

于使用他人物品之情形,不当得利受领人系属恶意者,依上所述,应偿还使用他人之物通常所须支付之对价,无待详论。有疑问的是,善意之受领人于何种情形,得主张所受利益不存在(Wegfall der Bereicherung)。实务上尚未发现此类案例,"最高法院"见解如何,不得而知,仅举二例,试作理论上之探讨。甲向其友乙借用海滨别墅,误以丙之别墅为乙所有而使用之。丙依不当得利之规定向甲请求返还其所受利益时,甲得否主张海滨渡假纯属奢侈,绝无租用别墅之预算或计划,故无得利之可言?又设有A、B二人同姓同名,同日生,同住某宿舍,各有姓名相同之女友C、D。A生日,其女友C寄来蛋糕,B误以为系其女友D所送,取而食用之,B可否主张其家境清寒,原无食用蛋糕之预算,故无得利之可言?关于此一问题,学者见解不一。有认为使用或消费他人物品,其所受利益,依其预定使用或消费之目的,已终局地归属于受领人之财产,故在概念上不致发生所受利益不存在之情事。[1] 有认为得利是否尚存在,应就返还义务

---

① 参见 Batsch, NJW 1972, 613, 614; Kleiheyer, JZ 1961, 475; Medicus, NJW 1970, 686.

人整个财产而为观察,故善意受领人无支出费用之计划时,其使用他人物品所获之利益,既未留存于其财产之上,得主张所受利益不存在。[①] 依余所信,应以后说较为可采。

四、结　论

(一)"最高法院"见解

无法律上之原因使用或消费他人物品,实务上案例甚多。其主要者,系于租赁关系消灭后,原承租人未交还租赁物,仍继续使用收益。关于此一特殊不当得利类型之成立与内容,"最高法院"之基本见解可综合归纳如下:

(1) 使用他人之物,其"所受之利益",为消极地减免其应支付使用之代价。

(2) 使用他人之物,须他人原有使用该物之计划,或因此不得利用或出租者,始构成致"他方受损害"。

(3) 一方受利益"致"他方受损害,须基于同一原因事实之直接因果关系。对此理论之适用,有二则判决:① 1964 年台上字第 2661 号判决(判例)认为,债权人误以第三人之不动产为其债务人所有,而声请法院查封拍卖,并受领价金者,"其所受清偿之利益,系另一原因事实,'除有恶意外',不能认与买受人所受之损害有直接因果关系,自不负返还其利益之责任"。② 在 1959 年台上字第 1555 号判决一案,承租人于租赁关系消灭后,将房屋转租他人,每月获得租金 500 元,"最高法院"以地方法院曾判令原承租人自应交还房屋时起,至执行之日,应按月支付 100 元,赔偿出租人之损害,从而认为原承租人转租所受有利益与原出租人受有损害(损害赔偿金 100 元)之原因事实,并非同一,不能谓有因果关系。

(4) 租赁关系消灭后,未交还租赁物,继续使用者,系"无法律上原因"受利益,致他方受损害。

(5) 不当得利受领人在返还其所受之利益,系使用他人之物所应支付之代价(相当于法定之租金)。

---

① 参见 Larenz, Schuldrecht Ⅰ, S. 472; Goetzke, AcP 173, 316; Lieb, NJW 1971, 1289; Canaris, JZ 1971, 560.

（二）本文见解

（1）使用他人物品，其所受之利益，不是应支付代价之节省，而是使用他人物品本身。

（2）使用他人之物，系侵害他人权利之归属内容（Zuweisungsgehalt des fremden Rechts），当然致"他方受损害"，他方有无使用计划，是否因此不得利用或出租，在所不问。不当得利法之基本功能，在于使受领人返还其所受之利益；侵权行为法之基本功能，在乎填补被害人所受之损害，故不当得利法上之致他方受"损害"，与侵权行为法上之"损害"，意义不同，不得为同一之解释。因此擅自在他人墙壁上悬挂广告招牌者，纵未肇致侵权行为法上之损害，亦具备不当得利致"他人受损害"之要件。

（3）不当得利之成立，须损益变动基于同一原因事实之直接因果关系，虽为通说，但 1964 年台上字第 2661 号判决一案，以受领人恶意与否作为判断标准，实值商榷。又在 1959 年台上字第 1555 号判决，"最高法院"更以两个各别之法律关系，作为推论基础，亦有未洽。依本文见解，租赁关系消灭后，承租人将租赁物转租他人者，依其情形，除成立侵权行为外，尚得构成不当得利。承租人因转租之同一原因事实而受利益，致出租人受损害，具有直接因果关系，应毋庸置疑。

（4）使用他人物品系基于给付时，其债权契约（例如租赁）不成立、无效或经撤销者，一方受利益，致他方受损害，即无法律上之原因。使用他人物品系基于给付以外之事由时，受利益者欠缺使用该物品之权利，即属无法律上原因。"最高法院"基本上亦采此见解，可资赞同。

（5）无法律上之原因使用他人物品所受之利益，为物之使用本身。此项利益，依其性质，不能返还，故应偿还其价额。此项价额应依客观情形决定，一般言之，系使用该物通常所须支付之对价。

无法律上之原因使用他人物品，系实务上重要之不当得利类型，关于其成立要件及内容，"最高法院"若干传统论点，尚有可资商榷之处。本文旨在从不当得利制度之基本功能，试作分析检讨，期能建立一个较为明确、符合当事人利益之理论体系，是否妥当，敬请教正。

物之瑕疵与不当得利

一、问题之说明

不当得利制度肇源于罗马法,大法学家 Pomponius 曾谓:"任何人不得牺牲他人,不法自利。"①降迄 17、18 世纪,自然法理论昌盛,Pomponius 之法谚受其滋润,乃发展成为一个以分配正义(iustita commutativa)为其基础之一般法律原则,而其基本任务则在于调整不符合公平及与社会良心之正义相违反之财产变动。惟现代各民法典对不当得利请求权之成立要件及范围均设有规定,不当得利乃逐渐确立为一个明确的法律制度。②奥地利学者 Wilburg 教授认为,不当得利请求权既然已经演变成为一种成熟之权利,不必再以公平与正义为其基础,公平与正义亦不足作为不当得利请求权构成要件之特征,应功成身退。③ 此项论点是否绝对正确,固值研究,惟法官作具体案件之裁判时,应尽量克制其个人主观公平之感情,避免使不当得利请求权失其节制,妨害法律适用之安定及交易之安全,应无疑问。

台湾现行"民法"关于不当得利制度亦详设规定,计有 5 个条文,多为概括抽象条款。1974 年新版判例要旨共收录有 31 则关于不当得利之

---

① 参见 Pomponius, D. 12. 6. 14:"Jure aequum est neminem cumalterius detrimento et iniuria fieri locupletiorem".

② 关于不当得利制度之简明论述,参见 Zweigert/Kötz, Einfürung in die Rechtsvergleichung, Bd. Ⅱ(Institutionen), 1969, S. 246f.

③ 参见 Wilburg, Die Lehre von der ungerechtfertigten Bereicherung nach österreichischem und deutschem Recht, 1934, S. 19:"Für den Bereicherungsanspruch als fertiges Recht aber sind Billigkeit und Gerechtigkeit ausgediente Helfer".

判例,对于"民法"规定之具体化(Konkretisierung)及类型化(Typisierung)[1],卓著贡献。综合观之,"最高法院"之判例,在方法论上具有两个特色:一为关于不当得利成立要件之认定,向极审慎,倾向于采从严解释;一为关于不法原因给付不得请求返还之规定,则尽量扩大其适用范围。[2] 所应注意的是,1980 年台上字第 677 号判决认为买卖标的物具有瑕疵时,出卖人因此而溢领之价金,应成立不当得利,对不当得利之成立要件似采取过度从宽认定之立场,是否妥适,实值研究。

二、判　　决

在 1980 年台上字第 677 号判决一案,原审维持第一审驳回上诉人返还不当得利请求之判决,系以上诉人于 1972 年 12 月 7 日向被上诉人订购坐落台北市大安区坡心段第 35011 号地上白宫大厦 5 楼 F 号房屋一户之买卖契约,始终有效存在,被上诉人基于买卖契约受领价金之给付,并非无法律上之原因而受利益,上诉人亦无受损害之可言,上诉人主张被上诉人所交付之房屋有坪数不足之情形,要属买卖标的物瑕疵担保问题,被上诉人纵有超收价金新台币 25 038 元情事,上诉人仍不得依不当得利之规定请求返还本利为其判决之基础。

"最高法院"认为:按第 179 条规定所谓无法律上之原因而受利益,就受损害之给付情形而言,对给付原因之欠缺,目的之不能达到,亦属给付原因欠缺形态之一种,即给付原因初固有效存在,然因其他障碍不能达到目的者时,本件被上诉人就其出卖之房屋,固应负瑕疵担保责任,但上诉人主张,被上诉人交付之房屋坪数短少,而有溢收价金之情形,如果属实,被上诉人对于溢收之房屋价金,是否不能成立不当得利,尚有疑问,又上诉人之不当得利返还请求权与其瑕疵担保请求权如有并存竞合之情形,

---

① 关于不当得利具体化及类型化在方法论之说明及适用,参见 von Caemmerer, Bereicherung und unerlaubte Handlungen, FS Rabel, Bd. Ⅰ, 1954, S. 333(= GSI, 209),该论文(不当得利与侵权行为)对德国所谓"现代不当得利法"(modernes Bereicherungsrecht)之建立,影响甚大,颇值参考。

② 关于不法原因给付之基本问题,参见马志锰:《不法原因给付之研究》(台大硕士论文);谷口知平:《不法原因の研究》,有斐阁,昭和 38 年。德国最新资料,参见 Honsell, Die Abwicklung sittenwidriger oder verbotener Geschäfte, 1974.

上诉人择一请求似非法所不许,原审未予斟酌,遽为不利于上诉人之判决,尚不足以昭折服,上诉意旨求为废弃原判决,应认为有理由。

三、分析检讨

(一) 物之瑕疵担保

在1980年台上字第677号判决一案,上诉人向被上诉人购买房屋,交付房屋之坪数不足,原审及"最高法院"均认为出卖人应负物之瑕疵担保责任,此为首应检讨之问题。

依第354条之规定,物之出卖人对于买受人应担保其物依第373条规定,危险移转于买受人时,无灭失或减少其价值之瑕疵,亦无灭失或减少其通常效用或契约预定效用之瑕疵。但减少之程度无关重要者,不得视为瑕疵。出卖人并应担保其物于危险移转时,具有其所保证之品质。由是可知,出卖人应负物之瑕疵担保责任之情形有四[①]:① 买卖之物具有灭失或减少其价值之瑕疵。所谓价值,系指客观的交易价值,因此,出售之房屋外观不雅时,即具有减少其价值之瑕疵。② 买卖之物具有灭失或减少其通常效用之瑕疵。所谓通常效用系指一般交易客观上应有之效用,因此出售之房屋漏雨时,即具有减少其通常效用之瑕疵。③ 买卖之物具有灭失或减少契约预定之效用。所谓契约预定之效用,系指买卖标的物在一般交易上未必有此效用,当事人特以契约订定者,例如当事人约定房屋屋顶可建花园及负载游泳池者,倘该出卖房屋不能达此预定效用者,即具有瑕疵。④ 买卖之物欠缺所保证之品质。所谓品质,系指构成标的物价值及效用一切法律与事实关系(Alle rechtlichen und tatsächlichen Verhältnisse),因此当事人约定出售之房屋冬暖夏凉时,若不具此种性质者,即欠缺所保证之品质。

物之瑕疵,系属品质之问题,与之应严予区别者,系物之数量不足之

---

① 关于买卖标的物瑕疵担保之基本理论及实务上见解,详见黄茂荣:《买卖法》,"植根法学丛书",1980年,第408页以下。

问题。例如甲向乙购买1万块红砖，而乙仅交付8000块红砖[①]，此时，买受人甲得向出卖人乙请求2000块红砖之给付。于出卖人给付迟延时，买受人并得请求因给付迟延而生之损害赔偿或解除契约。惟出卖之标的物，非具备特定之数量，不能符合买卖之目的者，其数量之欠缺亦可成为品质问题，而构成物之瑕疵。例如集邮册中之邮票之缺少，一包香烟支数之短少，地毯尺寸过小均属之。[②] 至于出卖房屋坪数短少，原属数量不足，但足以减少整个房屋本身之价值或效用，自亦构成物之瑕疵。“最高法院”亦采此见解，可资赞同。又倘出卖人保证房屋之特定坪数而出卖者，学者有认为可准用第354条第2项关于保证品质之规定。[③]

出卖人应负物之瑕疵担保责任时，买受人得解除契约或请求减少价金（第359条）；于欠缺所保证品质之情形，并得选择行使不履行之损害赔偿请求权（第360条）。又买卖之物，仅指定种类者，买受人得不解除契约或请求减少价金，而即时请求另行交付无瑕疵之物（第364条）。

（二）不当得利请求权

1. 概说

出卖房屋坪数短少，系属物之瑕疵，出卖人应负担保责任，已如上述。其次应检讨者，系买受人得否主张，买卖标的物具有减少其价值或效用之瑕疵，与其所支付之价金不相当，故出卖人因此而溢领之价金，无法律上之原因，应依不当得利之规定负返还之义务。

第179条规定：“无法律上之原因而受利益，致他人受损害者，应返还其利益。虽有法律上之原因，而其后不存在者，亦同。”依此规定，不当得利之成立要件有四：① 须一方当事人受有利益。② 须他方当事人受有损害。③ 损益变动须有基于同一原因事实之直接因果关系（通说）。④ 须损益变动无法律上之原因。就上开1980年台上字第677号判决而言，出卖人受领价金，受有利益，买受人支付价金受有损害。出卖人受有利益及买受人受有损害系基于买受人之给付行为，具有直接因果关系，均无疑

---

① 关于所谓数量之瑕疵（Quantitätsmangel），参见 Larenz, Schuldrecht Ⅱ, 11. Aufl. 1977, S. 38.

② 参见史尚宽：《债法各论》，第23页；郑玉波：《民法债编各论》（上册），第43页。

③ 参见史尚宽，前揭书，第24页。

问,应深入分析者,乃出卖人受领价金是否具有法律上之原因,此为关键问题之所在。

2. "最高法院"系采非统一说

按财产上之变动是否具有法律上之原因,在方法论上,可依两种途径决定之:一为提出一个共同概念,说明所有无法律上之原因之损益变动(统一说);一为就个别情形分别决定损益变动有无法律上之原因(非统一说)。主张统一说之学者所提出之共同概念,未尽一致,或为公平,或为正义,或为权利,或为债权。质言之,即认为财产之损益变动,违反公平或正义,欠缺权利或债权即属无法律上之原因。关于非统一说,奥地利学者Wilburg倡导最力,认为应区别"因给付而受利益"及"因给付以外事由而受利益"两种基本类型,分别探求财产变动在法律上之原因。[①]

台湾学者对于损益变动是否具有法律上之原因,有采统一说者,认为第179条系就不当得利之情形,为一般之规定,并非如有的民法就不同之情形为个别规定,且该条所谓之无法律上之原因,系就利益之受领人方面而言,至为明显。故依"民法"之解释,应以采统一说为宜。惟统一说中,无一能作概括之说明,与其削足适履,无如分别说明之为愈。[②] 亦有认为统一说未能概括,非统一说未免琐碎,惟"民法"上应采统一说之权利说,盖第179条系就不当得利为统一之规定,而非个别规定,故不能不采统一说,而统一说中只有权利说比较妥当,故又不能不采权利说。[③]

"最高法院"在其所公布之判决中,似未曾使用公平、正义、权利或债权等抽象概念,就无法律上之原因,作统一性之说明;相反地,系就各种财产变动情形,分别判断其有无法律上之原因,基本上并区别"因给付而受利益"及"因给付以外事由而受利益"两种情形。吾人曾综据历年判决,组成下列类型体系[④]:

---

① 参见 Wilburg, S. 20f.

② 参见王伯琦:《民法债编总论》,第58页。

③ 参见郑玉波:《民法债编总论》,第115页。

④ 参见拙著:《无法律上原因之财产损益变动》,载《民法学说与判例研究》(第一册),北京大学出版社2009年版,第247页。

不当得利之类型体系

- 因给付而受利益
  - 1. 自始欠缺目的(无债清偿,1939 年上字第 173 号判决)
  - 2. 目的不达(预期条件不成就)
  - 3. 目的消灭(因婚约而受聘金,其后婚约解除,1958 年台上字第 917 号判决)
- 因给付外事由而受利益
  - 1. 基于行为
    - (1) 债务人行为(拍卖非属债务人之财产,1964 年台上字第 2661 号判决)
    - (2) 债权人行为(耕种他人土地,1942 年上字第 453 号判决)
    - (3) 第三人之行为(甲以乙之肥料,施于丙之土地)
  - 2. 基于法律规定
    - (1) 时效消灭(1962 年台上字第 2881 号判决)
    - (2) 时效取得(1958 年台上字第 203 号)
    - (3) 添附(1959 年 6 月 9 日民刑庭总会决议)
    - (4) 基于确定判决(1933 年上字第 3771 号判决)
  - 3. 基于事件之结果(甲之马误食乙之饲料)

依本文见解,“最高法院”关于财产变动有无法律上之原因之认定,采取非统一说,实值赞同。第 179 条就不当得利之情形,虽为一般之规定,但在法律逻辑上并非当然需采统一说不可。统一说所提之各种概念,欠缺周密性,既无一能作概括之说明,则自以采非统一说为当也。所谓非统一说失之琐碎,表面观之,虽似如此,实则不然,因为各种不当得利之情形,可依一定之观点,组成类型,建立完整体系,不但无零乱、琐碎的缺点,反而有助于法律之解释适用。

3. 给付目的与法律上之原因

在 1980 年台上字第 677 号判决,“最高法院”亦采非统一说,在方法论上实值赞同,前已论及。惟其认为出卖之物具有瑕疵(房屋坪数不足),出卖人溢领之价金,应构成不当得利,则有商榷余地。采此基本论点,由来已久。在债权人错误查封债务人以外第三人之不动产之情形,“最高法院”认为真正权利人得诉求涂销拍定人(得标人)之所有权登记。于此情形,“最高法院”一方面认为债务人为出卖人,应对拍定人负第 349

条权利瑕疵担保责任(1942年9月22日民刑庭总会决议)[①],另一方面又认为拍定人得依不当得利之规定,向债务人请求返还其所支付之价金。1964年台上字第2661号判例谓:“执行法院拍卖查封之不动产,以其价金分配于各债权人者,纵该不动产嗣后经确定判决认为不属于债务人所有,不能够转于买受人,而买受人因此所受价金之损害,亦只能向直接受其利益之债务人请求返还,各债权人所受清偿之利益,系另一原因事实,除有恶意外,不能认与买受人所受之损害有直接因果关系,自不负返还其利益之责任。”由是可知,“最高法院”明白承认于出卖人应负债务不履行责任时,其受领价金亦构成不当得利。此项基本见解误认不当得利之本质,显难赞同。[②]

依非统一说之理论,关于因给付而受利益之类型,首应研究者,系给付之概念。给付云者,系指有意识之增益他人财产(eine bewußte vorgenommene Vermögensmehrung),具有双重目的性(doppelte Finalität):一为增加他人之财产,一为达成某种目的。[③] 给付之目的,可别为三类:① 清偿法定义务(例如因侵权行为而生之赔偿义务);② 清偿因基础行为而生之义务,此种基础行为有为有因之负担行为(例如买卖),有为无因之负担行为(例如债务约束或债务承诺);③ 直接创设某种有因之债务行为(例如现实赠与或要物契约)。诸此基于给付而生之损益变动,是否具有法律上之原因,端视其给付目的是否实现而定。给付目的若已实现,则他方之受领给付,即有法律上之原因。反之,若给付之目的未能实现,则无论其为自始欠缺目的(非债清偿、误偿他人之债),目的不达(预期条件不成就),或目的消灭(因订婚而受聘金,其后婚约解除),则财产之变动均无法律上之原因。

4. 物之瑕疵与给付目的之不达

关于给付目的与法律上之原因,已略如上述。兹应再讨论者,系物之

---

① 1942年9月22日民刑庭总会决议谓:“强制执行法上之拍卖,应依通说解为买卖之一种(参照‘强制执行法’第69条、第113条),并认债务人为出卖人,甲乙基于对丙之执行名义,声请执行,误认戊之不动产为丙所有,拍卖于丁,由戊诉经确定判决命丁返还者,丙虽于拍卖时,确信该不动产为伊所有,亦应负第349条之担保责任。至丙无资力,亦无特别规定时,丁即不得以此为理由,请求甲乙返还价金。”

② 参见拙著:《强制拍卖非属债务人财产与拍定人之地位》,载《民法学说与判例研究》(第一册),北京大学出版社2009年版,第281页。

③ 参见 Esser/Weyers, Schuldrecht, Ⅱ, Besonderer Teil, 5Aufl. 1980, S. 38f.

瑕疵是否使买受人所给付价金之目的不达,而成立不当得利。依吾人之见解,买受人支付价金之目的,旨在清偿基于买卖契约(基础行为)而生之债务,此项有效成立之债务,因清偿而消灭,给付目的随之而实现,出卖人受领价金具法律上之原因,应不构成不当得利。买受人所受领之标的物虽具有瑕疵,但其与价金之给付,系属二事,出卖人受领价金具有法律上之原因,不因此而受影响。又依统一说之理论,出卖人受领价金,系基于有效买卖契约而生之债权,具有法律上之原因,亦属无疑。

有疑问者,系买受人得否将其给付之价金,割裂为二,认为超过其物价值之部分(所谓溢领之价金),因为"给付原因初固有效存在,但因其他障碍不能达其目的"而构成不当得利。关于此点,应采否定说,盖买受人所给付之价金之全部,系为清偿基于有效成立买卖契约而生之债务,给付原因自始存在,其后亦未消灭,应无不能达其目的之可言。其情形与当事人原约定支付100万元,而给付120万元时,其溢付之20万元应成立不当得利,实有不同。买卖标的物具有瑕疵,致与买受人所支付之价金在对价上失其平衡时,救济途径在于出卖人应负物之瑕疵担保责任,而非在于辗转迂回绕道于不当得利制度也。

为期进一步之了解,兹再举债务不履行之例说明之。A向B购置房屋,价金百万元,倘A已支付价金,而房屋因可归责于B之事由而灭失时,A得请求损害赔偿或解除契约(第226条、第256条),惟B对于受领之房屋价金,并不能成立不当得利,盖就统一说而言,B系基于债权而受领价金给付,就非统一说而言,A系为清偿基于买卖契约所生债务而为给付,目的既达,B受领房屋价金实有法律上之原因也。于上举之例,倘房屋因不可归责于债务人之事由而灭失者,依第266条第2项之规定,B固得依不当得利之规定请求其所给付之价金。惟应注意的是,第266条第2项所谓债务人得依不当得利之规定,请求返还其所为之给付,系指准用不当得利之法律效果(所谓之法律效果之准用,Rechtsfolgenverweisung),而非指于此情形应成立不当得利也(所谓之法律构成要件之准用,Rechtsgrundverweisung)。此点易滋误会,应予注意。[①]

买受人主张出卖人应负物之瑕疵担保责任,尤其是请求减少价金,与

① 参见Staudinger/Larenz, Kommentar zum BGB, 12. Aufl. 1976, Vorbem. 16 zu 812-822.

依不当得利之规定请求出卖人返还其所溢领之价金，就实际结果而言，殆无不同，其主要之差异在于权利行使期间。易言之，即买受人因物有瑕疵，而得解除契约或请求减少价金者，其解除权或请求权，于物交付后6个月间不行使而消灭(第365条第1项)①；而不当得利请求权，依消灭时效一般规定，因15年间不行使而消灭，对请求人较为有利。“最高法院”是否以此为理由而承认买受人之不当得利请求权，固不得而知，惟“民法”关于物之瑕疵担保请求权之行使，设较短期间之目的，旨在避免买卖效力久悬不定，以求交易之安全，此项正当之立法政策，实不容另创不当得利请求权而破坏之。

四、结　论

1980年台上字第677号判决认为，在买卖契约有效成立之前提下，买受人仍得以买卖标的物具有瑕疵，致与其所支付之价金不相当为理由，而主张出卖人因此所溢领之价金为不当得利。依本文见解，出卖人基于有效之买卖契约受领价金，依统一说，乃基于其权利(债权)，依非统一说，买受人因此而达其清偿债务之目的，具有法律上之原因，应不构成不当得利。至于买卖标的物之瑕疵，已有物之瑕疵担保责任之明文规定，对买受人利益已有妥适之保护，“最高法院”另辟途径，赋予买受人以不当得利请求权，实有动摇不当得利制度之虞，似难苟同。盖如前所述，现行法上不当得利请求权之成立，有其特定之要件，已成为一个明确之法律制度，不是正义之化身，对于任何情事均能救济也。

---

① 关于第365条所定期间之性质，学者见解不一。有认为系除斥期间，有认为系时效期间(参见史尚宽：《债法各论》，第43页)，1933年上字第716号判例认为系无时效性质之法定期间。

以同居为条件之赠与及不法原因给付*

一、前　　言

近年来,台湾经济发展迅速,产生了两类特殊人物:一类是因经济发展而致富之男士;另一类是应运而兴之风尘女子。此两类人物,有道不同不相为谋者,但亦有各献所能,各取所需者,其最具体的结合方式是:男方赠与财物,女方委身同居。于此情形,若女方于取得财物后,拒不同居时,则男方所求不遂,其不甘遭受损失者,乃提出诉讼,请求返还赠与物。最近,"最高法院"著有判决二则,殊值研究。

二、"最高法院"判决

(一) 判决

1. 1976 年台上字第 2436 号判决

事实　本件上诉人主张,系争坐落台南市东区虎尾寮段第 551 号土地面积 0.1675 公顷应有部分 1/2,原为上诉人所有,被上诉人因与上诉人同居,要求上诉人将该地移转登记与被上诉人,但约定如不与上诉人同居时,应即将系争土地归还上诉人。兹被上诉人已与上诉人终止同居时,应即将系争土地归还上诉人,兹被上诉人已与上诉人终止同居关系,自应将系争土地归还上诉人等情,求为命被上诉人将系争土地移转登记与上诉人之判决。

被上诉人则称,其为上诉人任会计工作,共同出差台北时,被上诉人

* 本文原载《台湾大学法学论丛》第 8 卷第 1 期(1978 年 12 月),第 271 页。

利用权势，一方面以利诱提供洋房土地或金钱为饵，一方面以胁迫方法与之成奸。上诉人自愿将系争土地赠与被上诉人，并无附有终止同居关系时应归还上诉人之约定等语，资为抗辩。

判决理由　原审以上诉人为有妇之夫，涎被上诉人之色，诱使同居，而将系争土地之所有权移转登记与被上诉人，复约定一旦终止同居关系，仍须将该地返还，以资钳制，而达其久占私欲。是其约定自系有背善良风俗，依第 72 条规定应属无效，上诉人依据此项约定，诉请被上诉人移转系争土地之所有权殊非正当，因将第一审所为不利于上诉人之判决判予维持，于法尚非有违，上诉论旨，斤斤以此项约定事所恒见，不能目为有背善良风俗云云，指摘原判决声明废弃，应认为无理由。

2. 1978 年台上字第 1997 号判决

事实　本件被上诉人主张，上诉人原为高雄市雪莉舞厅舞女，于 1974 年 5 月间，因伴舞而认识被上诉人后，伪称：愿为被上诉人之妾，与被上诉人同居，不再为舞女，但以被上诉人须购赠房屋一栋为条件。讵被上诉人于同年 7 月间交付上诉人讼争新台币 127 万元，购得上诉人现住之房屋及其基地后，上诉人竟拒与被上诉人同居。上诉人涉及诈欺之刑事部分，经诉请刑事法院判处其罪刑确定。按被上诉人购赠房地，系附有上诉人与被上诉人同居为停止条件。兹上诉人不与被上诉人同居，其条件虽未成就，惟被上诉人系受诈欺而为此附条件之赠与，经以邮局存证信函向上诉人撤销其赠与之意思表示，爰本于不当得利，求为命上诉人返还讼争款项及其法定利息之判决。如认被上诉人本于撤销被诈欺之意思表示，而请求返还不当得利，为不能成立时，则因上诉人在刑事侦查中自认讼争款项系被上诉人借与上诉人，爰本于借贷关系，求命上诉人返还此款及利息，为其预备声明。

上诉人则称，伊与被上诉人同居，为被上诉人之前妻黄许金燕（已于 1975 年 1 月 20 日亡故）发觉而来吵闹，并提出告诉，故不敢与上诉人继续同居。且被上诉人给付讼争款项，系基于不法之原因，不得请求返还等语，资为抗辩。

判决理由　原审依调查证据之结果，上诉人并未与被上诉人同居，被上诉人赠与所附之停止条件尚未成就，被上诉人撤销其被诈欺而为之赠与意思表示后，本于不当得利，请求上诉人返还讼争款项，及加付利息，并无不合。被上诉人给付该赠与款，乃基于附停止条件之赠与，不能认因不法之原因而为给付。上诉人引用第180条第4款规定,主张被上诉人不得请求返还,为无可采云云;而将第一审所为不利于上诉人之判决,判予维持。

第查法律行为有违于公序良俗者无效。附停止条件之法律行为,其条件有悖于公序良俗者亦然。无效之法律行为,固无待于撤销,而自始不存在;但其已为之给付,果系出于不法原因,仍无碍第180条第4款之适用。本件被上诉人赠与上诉人讼争款项,原审既认系以上诉人与之同居(实含通奸)为条件,其时被上诉人之妻尚未死亡,其行为难谓无背公序良俗。被上诉人所为之给付,能否谓非出于不法原因,而无该条之适用?非无研究之余地。原审未注意及此,徒凭上开理由,遂就被上诉人先位声明部分,为不利于上诉人之判决,尚嫌未洽。上诉论旨,就该部分判决,予以指摘,声请废弃,非无理由。

(二)基本见解

综据上开二则判决,可知关于以同居为目的之赠与,"最高法院"采取不同见解。1976年台上字第2436号判决认为"一旦终止同居关系,仍须将该地返还"之约定,虽因违反公序良俗无效,但赠与契约本身仍为有效;反之,1978年台上字第1997号判决则认为:"法律行为有违于公序良俗者,无效。附停止条件之法律行为,其条件有悖于公序良俗者,亦然。无效之法律行为固无待于撤销而自始不存在,但其已为之给付,果系出于不法原因,仍无碍第180条第4款之适用。"此二则判决之结果,虽属相同,即赠与人不得请求返还其建立或维持同居关系而给付之财物,但其理由构成,截然不同,尚有研究余地。

三、分析检讨

(一)条件?负担?

1976年台上字第2436号判决认为:"上诉人为有妇之夫,涎被上诉人之色,诱使同居,而将该系争土地之所有权移转登记与被上诉人,复约定一旦终止同居关系,仍须将该地返还,以资钳制,而达其久占私欲,是其约定自系有背善良风俗,依第72条规定应属无效,上诉人依据此项约定,诉请被上诉人移转系争土地之所有权,殊非正当。”此项判决理由,具有两点疑义:① 当事人之约定,究属何种性质?此项赠与契约之附款,究属条件抑或为负担,尚待究明。② 赠与契约中之最基本重要约款既为无效,赠与契约何以尚能继续有效存在,其法理依据何在?于此拟先就第一点加以说明。

按法律行为之附款,其主要者,有条件(或期限)及负担两种。条件者,系将法律行为效力之发生或消灭,系于将来成就客观上不确定之事实,例如“汝若3年内高中特考,赠汝《裁判类编全书》”。负担者,当事人一方应负履行特定义务之附款,对于法律行为之效力不生影响,例如“今赠汝《裁判类编全书》,但汝须于3年内连续参加司法官特考”。条件系事实,在限制法律行为之效力;负担系义务,现行“民法”对赠与及遗赠设有规定,受赠人有履行负担之义务(参阅第413条),如不为履行,得以判决强制之。由是可知,条件及负担同属法律行为之附款,目的虽甚相近,但法律性质及法律效果完全不同,应严予辨明。

法律行为之附款,究属条件或负担,当事人未有明确表示时,应探求当事人真义,解释法律行为之内容决定之。在实务上最滋疑义者,系聘金之法律性质。1958年台上字第1469号判例谓:“婚约之聘金,系负有负担之赠与,上诉人既不愿履行婚约,则依第412条第1项、第419条第2项,被上诉人自得撤销赠与,请求返还赠与财物,纵解除婚约之过失责任系在被上诉人,亦仅生赔偿之问题,不能为拒绝返还之论据。”又1958年台上字第917号判决谓:“凡订立婚约而授受礼物,固为一种赠与,惟此种赠与,并非单纯以无偿移转财物为目的,实系预想他日婚约之履行,而以婚约解除或违反,为解除条件之赠与,嗣后婚约解除或违反时,当然失其效力,受赠人依第179条,自应将其所受利益返还于赠与人。”1966年3月28日民刑庭总会决议认为:“为订立婚约所付之聘金,究系附有负担之赠与,抑解为附有解除条件之赠与,1958年台上字第1469号与同年台上字第917号判例见解不同,应否删除,议决:两判例并存。”

“两判例并存”实有疑问,尽如前所述,条件与负担之法律性质不同,应严予区别也。依吾人见解,“聘金系附有负担之赠与”,理论上实有未洽。依第412条规定,赠与附有负担者,如赠与人已为给付,而受赠人不履行其负担时,赠与人得请求履行其负担或撤销其赠与,因此,于附有负担的赠与,受赠人负有一定给付义务,并以得请求履行为原则。结婚在法律上的性质，原非可认为系属给付行为，且不得强制请求履行，故以结婚为赠与负担，是否符合当事人意思及社会一般观念，似有疑问。其次，再应检讨的是以聘金为附解除条件赠与之见解。条件本身亦为意思表示，而赠与又为契约，当事人必须合意，附条件之赠与始能成立。然而，交付聘金或礼物时，当事人明示约定附以解除条件者，其例绝少，因此此项附解除条件之意思表示，仅能依社会一般观念，认为系属默示意思表示。此种认定原属拟制，未必尽符当事人原意，在法律行为解释方法论上，容有疑义，然而由于现行"民法"对婚姻不成立时聘金之处理，未设明文规定，采此见解，亦属必要。①

如上所述，赠与契约中之附款，究为条件或负担，有时不易判断。惟就 1976 年台上字第 2436 号判决观之，当事人既然约定"一旦终止同居关系，仍须将该地返还"，则衡诸当事人之意思及契约之内容，此项赠与应解释为系附条件之赠与，似无疑问。

（二）停止条件？解除条件？

法律行为所附之条件，依其效力之不同，得分为停止条件及解除条件。停止条件系限制法律行为效力之发生之条件，即法律行为于条件成就时，发生效力，于条件不成就时，则不发生效力，从而附停止条件之法律行为，其效力之发生与否在于不确定之状态。解除条件系限制法律行为效力之消灭之条件，即已发生效力之法律行为，于条件不成就时，保持其效力，于条件成就时，则丧失其效力，从而附解除条件之法律行为，其效力之消灭与否，在于不确定之状态。至于法律行为所附条件，究属停止条件或解除条件，当事人有约定者，依其约定。无约定者，应探求当事人之真意、法律行为之内容，及斟酌交易情况决定之。

以同居为条件而赠与财物，其主要情形有二：① 于同居前赠与财物，期能建立同居关系；② 在同居期间，赠与财物，期能继续同居关系。1978 年台上字第 1997 号判决一案，系属前者；1976 年台上字第 2436 号判决，则属后者。于前者，赠与人主张赠与附停止条件，法院亦如此认定。惟依本文见解，除当事人有明示约定外，于上述二则判决，宜认为均系附解除条件，盖赠与人将赠与物所有权移转给受赠人，业已履行基于赠与契约所

---

① 参见拙著：《民法学说与判例研究》（第一册），北京大学出版社 2009 年版，第 252 页。

生之债务，则当事人显然欲使赠与契约发生效力，而以受赠人不为同居，为其失效条件也。[①] 再者，此项解释，与一般“交易惯例”亦不相违背。[②]

（三）条件无效？赠与无效？

以同居为条件之赠与，是否违反公序良俗构成不法条件，1978 年台上字第 1997 号判决，系分别区别两种情形，加以判断：① 双方当事人均无配偶者，其以同居为条件之赠与似不违反公序良俗，因此，受赠人拒不同居时，赠与契约即失效力，赠与人得依不当得利规定请求返还赠与物；② 当事人双方或一方有配偶时，其以同居为条件之约定，违反公序良俗，系不法条件。第二种情形，违反公序良俗，似无疑问。至就第一种情形而言，“最高法院”之论断，亦有相当依据。公序良俗之具体内容，常随时代社会之变迁及个别社会发展程度不同，而有差异。[③] 关于性自由及性道德之观念，亦正处于过渡变迁时期，其是否违反公序良俗，实难作绝对肯定之判断。

不法条件对法律行为之影响，亦应分别情形判断之。法律行为所附之条件违反公序良俗，致整个法律行为本身亦违反公序良俗者，不论其所附之条件系停止条件或解除条件，整个法律行为应归无效。不法之条件尚未足致整个法律行为具有不法性时，其效果如何，尚有争论。德国通说认为于附停止条件之情形，由于停止条件系法律行为不可分离之部分（integretierter Bestandteil），故条件不法者，整个法律行为不生效力。“法律行为一部分无效，全部皆为无效，但除去该部分亦可成立者，则其他部

① 法律行为之条件，是停止条件抑或为解除条件，德国通说认为有疑义时，应解为系附停止条件，但当事人已为履行时，原则上应认为系附解除条件。参见 Enneccerns/Nipperdey, Allgemeiner Teil des Bürgerlichen Rechts, 15. Aufl. zweiter Halbband, 1960, S. 1189; Sorgel/Knopp, Kommentar zum BGB, 10. Aufl. 1967, §158 Bem. 2. (S. 765); Sorgel/Knopp, Kommentar zum BGB, 11. Aufl. 1957, §158 Bem. 3. (S. 922).

② 关于以同居为条件之赠与，其条件之性质，可以下列对话方式表示之：

男：如果你愿与我同居，赠你华屋一栋。

女 1：好的（于此情形，赠与附停止条件）。

女 2：可以，但是，你应先将房屋过户给我。

男：好的，但如果你拒不同居时，应将房屋返还。

女：理所当然（于此情形男方将房屋之所有权移转于女方。双方当事人均有使赠与契约先行发生效力之意思，应解为系附解除条件）。

③ 参见洪逊欣：《民法总则》，1976 年修订再版，第 337 页。

分仍为有效”之规定(《德国民法》第139条,台湾地区现行“民法”第111条),无适用之余地。惟在附解除条件之情形,因为解除条件具有不同之功能,《德国民法》第139条规定依其情形得予适用,此在保护因不法条件而受不当拘束一方当事人利益之情形,尤有必要。例如于劳动契约之当事人约定,受雇人结婚时,该劳动契约即失其效力,此项解除条件,违反《德国基本法》第1条、第2条、第6条第1款之规定而无效;但无效者,仅该不法条件而已,雇佣契约并不因此而受影响,仍继续有效存在。[①] 此项见解,可供参考。

在以同居为条件而为赠与之情形,基本上应认为不法条件使整个法律行为亦具有不法性,无效。1978年台上字第1997号判决亦采此见解,可资赞同。惟应注意的是,1976年台上字第2436号判决认为“一旦终止同居关系,仍须将该地返还”之约定虽属无效,赠与契约本身不受影响,仍为有效。此项见解似有疑问。如前所述,此项约定应为解除条件,其不法性足使整个赠与契约归于无效。纵认为此项约定系赠与之负担,则诚如郑玉波教授所云:“负担系一种附款,乃赠与契约之一部,并非赠与契约与负担契约二者之结合,因此若负担之内容有背公序良俗或其他违法情事时,则该项赠与契约应全归无效(第111条)。”[②]

(四)不法原因给付

第180条第4款规定,不法原因给付不得请求返还。关于“不法原因给付不得请求返还”之规定,一般判例学说多倾向于采取狭义解释,以限制其适用范围。[③] 惟台湾地区实务上则尽量采广义解释,以扩大其适用范围。例如认为所谓“不法”,除公序良俗之违背外,尚包括强行法规之违反(1940年上字第464号);为赌债提供担保,亦属不法原因给付(1954年台上字第225号)[④];乙占有甲之土地,加工开垦增值,系属实施侵权行

---

① 参见Sorgel/Knopp, §158 Bem. 26; Flume, Allgemeiner Teil des Bürgerlichen Rechts, Bd. Ⅱ, Rechtsgeschäft, 2. Aufl. 1975, S. 692f.

② 郑玉波:《民法债编各论》(上册),1970年,第165页。

③ 参见Honsell, Die Rückabwicklung sittenwidriger oder verbotener Geschäfte, 1974, S. 32f.

④ 参见拙著:《民法学说与判例研究》(第二册),北京大学出版社2009年版,第88页。

为，构成不法原因给付，不得请求返还[1]；抑有进者，“最高法院”尚认为，第 180 条第 4 款寓有一项法律基本原则，即“为行使基于侵权行为之请求权，有主张自己不法之情事时，例如拟用金钱力量，使‘考试院’举行之考试发生不正确之结果，而受他人诈欺者，是其为此不法之目的所支出之金钱，则应适用第 180 条第 4 款前段之规定认为不得请求赔偿（1967 年台上字第 2232 号）”。实务上如此扩大解释适用第 180 条第 4 款，是否符合该款之立法目的及当事人利益，似有研究余地。惟就以同居为条件之赠与而言，赠与契约系属违反公序良俗，具有不法性，赠与人交付财物于受赠人，又有终局移转该项利益之意思，应构成不法原因给付，则属无疑。1978 年台上字第 1997 号判决亦采此见解，可资赞同。

四、结　　论

有妇之夫甲与乙女约定，以同居为条件赠与财物，男方虽已为给付，但女方拒不同居。就此案例，“最高法院”著有二则判决：一则认为仅“一旦终止同居关系，仍须将该地返还”之约定无效，赠与契约仍然有效；另一则认为赠与附停止条件，条件违反公序良俗，法律行为亦归无效。此二则判决，均有商榷余地。前者未能究明当事人约定之法律性质；后者认定赠与系附停止条件，与当事人意思及交易惯例，似有未符。依本文见解，就上述二则判决之事实而言，除当事人有明示表示外，均宜解释为系赠与附条件，而且所附之条件，又属解除条件。此项条件违反公序良俗，赠与契约具有不法性，应属无效。赠与人已为给付者，构成不法原因给付，不得请求返还。就结果而言，二则判决虽均属相同，即赠与人不得请求返还其所为之给付。然而，应特别注意的是，法律上公平之结果，一定要建立在合理的（rational）理由构成（Begründung）上，因为惟有如此，才能使法院判决免于恣意之判断，沦为主观之感情法学（Gefühlsjurisprudenz）；惟有如此，始能建立得为复验、具有科学性之判决活动，以保障公平正义的实践。

---

① 参见《民事法律问题汇编》，1976 年，第 105 页；并请参见戴森雄：《民法案例实务》（第一册），1979 年，第 308 页。

未成年人及法定代理人之侵权责任*

一、问题之提出

(一) 问题之说明

根据1978年12月份之统计,台湾现有人口为16 882 053人,其中未成年人(即未满20岁者)有7 361 916人,占全部人口43%。[①]近年来,由于教育普及,就业容易,未成年人参与社会经济活动者,日益增加,对社会经济发展,贡献卓著,自不待言。惟在他方面,随着未成年人社会活动之扩大,其因故意过失不法侵害他人,亦逐渐成为严重之社会问题。未成年人,除已结婚者外,均为无行为能力人或限制行为能力人[②],智虑未周,尚有保护之必要,因此法律为未成年人置有法定代理人,负照顾、教养之义务,以增进其利益。在此制度下,就侵权行为言,发生两个问题:① 未成年人不法侵害他人权益时,在何种情况下,构成侵权行为? ② 法定代理人应如何与未成年人负损害赔偿责任?

(二) 四种责任类型

关于上述问题,第187条设有规定,即:① 无行为能力人或限制行为能力人不法侵害他人之权利者,以行为时有识别能力为限,与其法定代理

---

* 本文原载《法学丛刊》第96期(1979年12月),第1页。

① 参见《台闽地区人口统计》(1977年),第28页。

② 依现行"民法"规定,满7岁之未成年人,除已结婚者外,均系限制行为能力人;无行为能力人则有两类:一为未满7岁之未成年人;另一为禁治产人(参见第12条、第13条及第14条)。本文所讨论者,以未成年人为主,但对禁治产人亦有适用余地。目前似尚无禁治产人侵权行为之案例可供分析参考。

人连带负损害赔偿责任。行为时无识别能力者,由其法定代理人负损害赔偿责任。② 前项情形,法定代理人如其监督并未疏懈,或纵加以相当之监督,而仍不免发生损害者,不负赔偿责任。③ 如不能依前两项规定受损害赔偿时,法院因被害人之声请,得斟酌行为人与被害人之经济状况,令行为人为全部或一部之损害赔偿。[①] 就此规定分析之,责任类型有四,即:

(1) 未成年人与法定代理人之连带损害赔偿责任(未成年人有识别能力)。

(2) 法定代理人之单独责任(未成年人无识别能力)。

(3) 未成年人之单独责任(未成年人有识别能力,但法定代理人已举证免责)。

(4) 未成年人之衡平责任(未成年人无识别能力,法定代理人已举证免责)。

本文旨在综合分析"最高法院"历年判决,期能究明第 187 条之规范内容,并阐明其在解释适用上之疑义,用供参考。

二、未成年人与法定代理人之连带责任

(一) 基本要件

未成年人不法侵害他人权益,若其行为时有识别能力,与其法定代理人负连带赔偿责任。此项连带责任之成立,须未成年人行为具备侵权行为之基本要件,即:① 须有行为;② 须侵害他人权益;③ 须造成损害;④ 须行为与损害之间具有因果关系;⑤ 须行为具有不法性(即无违法阻却事由存在);⑥ 须有识别能力(责任能力、侵权能力);⑦ 须有故意过失。应特别说明的是,第 187 条第 1 项虽仅谓:"……不法侵害他人之权利……"但在解释上应认为,故意以悖于善良风俗之方法加损害于他人(第 184 条第 1 项后段),而侵害客体非属权利者,亦构成侵权行为。其违

---

① 第 187 条第 4 项规定:其他之人在无意识或精神错乱中所为之行为,致第三人受损害时,应准用同法条第 3 项之规定,即法院因被害人之声请,得斟酌行为人与被害人之经济状况,令行为人为全部或一部损害赔偿。在实务上,目前尚无相关案例。

反保护他人之法律者，亦构成侵权行为，并推定其有过失（第184条第2项）。[①] 1963年台上字第2370号判决认为，未成年人与有夫之妇通奸，系“故意以悖于善良风俗之方法，加损害于他人，应负损害赔偿责任”（判决全文详后），亦采此见解，可资赞同。

第187条第1项之基本规范目的，在于表示“识别能力”系未成年人侵权行为之基本构成要件。因此，关于未成年人侵权行为之成立，于检讨其主观构成要件时，应先究明其是否有识别能力；于肯定有能力后，再讨论故意过失之问题。行为人无识别能力者，固无故意过失可言，其有识别能力时，未必即有故意过失。识别能力系指对于某项行为之是非利害，有认识判断之能力，而故意过失，则指其于从事该项行为时，曾否适当运用此种能力而言，故二者为各别不同之概念，应严予区别。

关于识别能力之意义，“最高法院”著有判决。在1963年台上字第2771号判决一案，上诉人与被上诉人蔡生湾系嘉义县太保学校五年级同班同学，均为11岁之未成年人。1962年1月19日在教室内，上诉人邀该蔡生湾作摔跤游戏，上诉人抱起蔡生湾一脚，蔡生湾则以残废之右手钩住上诉人脖子，同时仆地，上诉人压在蔡生湾身上，卒致上诉人左大腿受伤，业经原审查据在场目睹之蔡志得陈述证言及勘验之结果，予以认定。兹上诉人主张因医治腿伤及补营养，与精神损失共新台币17309.5元，应由该蔡生湾赔偿；而被上诉人蔡礼般系蔡生湾之法定代理人，对于上诉人此项损害，依第187条之规定亦应负连带赔偿之责等情，求为命被上诉人等如数连带赔偿之判决。而被上诉人则以上诉人之受伤系因其邀被上诉人蔡生湾摔跤跌仆所致，上诉人身材较蔡生湾高大，蔡生湾右手残废，仅一手相较，自不负赔偿之责等语，资为拒绝履行之抗辩。

“最高法院”认为：“按摔跤系以摔倒对方与否为决定胜负之运动方法，学校学生例多于课余之际作此游戏。上诉人左大腿受伤，既系因其邀请同被上诉人蔡生湾摔跤跌倒后所致，殊难谓该蔡生湾在当时有致上诉人受如此伤害之认识，亦即无识别能力之可言，核与第187条第1项前段‘限制行为能力人不法侵害他人之权利者，以行为时有识别能力为限，与

---

① 关于第184条第2项之规定，究仅为过失之推定（即举证责任之倒置），抑或为独立之侵权行为，在学说上甚有争论。参见拙著：《违反保护他人法律之侵权责任》，载《民法学说与判例研究》（第二册），北京大学出版社2009年版，第130页。

其法定代理人连带负损害赔偿责任'之规定,已难使该蔡生湾就上诉人因伤所受之损害负赔偿责任。况该蔡生湾与上诉人摔跤之处所,既在学校教室内,且蔡生湾应上诉人之邀而为此摔跤游戏,又非法令所不许,是被上诉人蘩礼般对于蔡生湾之监督,亦无疏懈之可言,依同法条第2项之规定,亦不负赔偿之咎。原审本此见解,因认上诉人提起本件之诉为无请求权存在,将第一审所为驳回其诉之判决予以维持,于法洵非有违。上诉论旨仍执其主张上述陈词,任意指摘原判决不当,不能谓有理由。"

"最高法院"此项关于识别能力之解释,似有商榷余地。识别能力制度,旨在保护意思能力薄弱之人,其意义如何,学者意见不一。有谓"辨别自己行为在法律上某种责任之能力";有谓"对于其行为方法侵害他人权利之行为,有正常识别之能力";有谓"足以识别自己行为能发生法律上不当行为责任之知能"。学者之措辞用语虽有不同,但其基本思想则无二致,即均以识别能力系指认识行为之危险性及就其结果应有所负责之能力;至于损害之确切程度,则无认识之必要。摔跤游戏可发生伤害,实难谓11岁之学童无认识之知能。又"最高法院"以加害人系应被害人之邀而作摔跤游戏,因而认为其在当时无致如此伤害之认识,故无识别能力。此点在逻辑推理上似未尽严密,盖摔跤游戏由谁主动邀请,对于识别能力之认定,基本上应无影响。要之,"最高法院"对于"识别能力"采取特别严格解释,强调个人主义有余,维护社会安全颇嫌不足,实难赞同。①

应附带说明的是,识别能力之有无,原则上应就行为人个别知能发展情况认定之,至其故意过失之有无,则应依客观类型化之标准加以判断。关于识别能力之举证责任,1963年台上字第2771号判决并未讨论,惟就第187条规定之文义观之,立法者系以未成年人具有识别能力为前提。因此,关于识别能力之欠缺,应由未成年人负举证责任,似无疑问。②

(二) 法定代理人之举证免责

1. 举证责任之功能

依第187条第1项规定,未成年人不法侵害他人之权益,行为时有识

---

① 以上论述参见拙著:《摔跤游戏之违法性》,载《民法学说与判例研究》(第一册),北京大学出版社2009年版,第168页。

② 参见 Deutsch, Haftungsrecht, Erster Band, Allgemeine Lehren, 1976, S. 309.

别能力者,法定代理人应连带负损害赔偿责任。惟依同条第2项规定,法定代理人如能证明其监督并未疏懈,或纵加以相当之监督,而仍不免发生损害者,不负责任。由此规定可知者有二:① 法定代理人责任之基础,在于监督之过失。② 法定代理人之过失及其过失与损害之间具有因果关系,均由法律推定,但法定代理人得反证推翻之(推定过失责任)。[①] 法定代理人过失之推定,系立法技术之运用,旨在减轻被害人之举证责任,使其多获赔偿之机会,盖法定代理人对未成年人之监护,系属内部关系,被害人置身其外,监督有无疏懈,实难查明,故监督是否疏懈不能证明之不利益,应归由法定代理人承担,始符合公平正义之原则。

2. "最高法院"之判决

关于未成年人及法定代理人之责任,在实务上最有争议者,不是未成年人识别能力之有无,而是法定代理人是否已善尽其监督之义务。就吾人所搜集有关之六则判决中,法定代理人举证免责成功者,仅有一件,在其余五件,均未能免责。兹为读者查阅方便,特先摘录其要点,再加分析检讨。[②]

(1) 法定代理人举证免责成功之案件

① 在前述1963年台上字第2771号判决一案,"最高法院"认为:"摔跤之处既在学校之内,且蔡生湾应上诉人之邀而为此摔跤游戏,又非法令所不许,是被上诉人蔡礼般对于蔡生湾之监督亦无疏懈之可言。"

② 1965年台上字第2750号判决谓:"……周新丰虽为周文正之父,但远居嘉义县布袋镇,对于受雇于台中市之周文正,纵加监督,亦因鞭长莫及而不免发生损害,依第187条第2项之规定,自不负赔偿责任……"

(2) 法定代理人未能举证免责之案件

① 1955年台上字第450号判决。本件上诉人之子范春生(8岁),于1954年6月29日在彰化市竹巷里,以毛尾针对案外人谢国武设置用为赌

---

① 关于法定代理人此项责任之性质,学说上甚有争论。有谓系非纯粹的过失责任;有谓系非纯粹的无过失责任;有谓系不纯粹过失责任与不纯粹结果责任之一种混合责任;有谓系中间责任(参见胡长清:《民法债编总论》,第167页注3;史尚宽:《债法总论》,第175页;郑玉波:《民法债编总论》,第178页),用语至为分歧,判断标准失诸明确,"民法"中许多基本概念之阐释,似有待努力(王伯琦:《民法总则》,第9页)。

② 尚有一则判决(1963年台上字第2771号判决),系关于法定代理人应负单独责任时之举证免责(详见本文该部分之论述),在此不列入讨论。因此综合言之,目前所可查稽有关法定代理人举证免责之案例,计有7则。

博冰棒之旋盘射击,冀图赢取冰棒。而毛尾针误中盘侧,受抵抗力反击,射向在场旁观之被上诉人张永和(6 岁)左眼眼球,此为两造不争之事实。查旋盘射击为一种有赌博性及危险性之行为,法定代理人平时对其所监护之人,宜有预为防护不使参加之教诫,俾免发生意外,否则纵对其他事务已尽相当之注意,仍不能免其监督疏懈之责。本件上诉人在原审虽据提出范春生操行证明书一纸,以证明该行为人平时操行良好,监督并未疏懈,但此不过范春生所肄业之学校就其一般情形而言,对于本件争执事项并无若何关系,原审未予采用……将其上诉判予驳回,尚难谓为违法。

② 1958 年台上字第 831 号判决。本件被上诉人之子叶森林与上诉人邹正一,均在嘉义县立华南商业职业学校就读。于 1957 年 5 月 16 日上午 9 时许,邹正一因在校内殴打同学,叶森林于旁打抱不平出而劝止,遂生口角。邹正一竟以手腕紧扼叶森林颈项咽喉,虽经在场同学喝止释手,亦以急救不及,致窒息身死,此有刑事判决可稽,且为上诉人所不争。原审以邹正一年幼丧父,且其母邹江七妹亦于 1948 年间改适他人远居新竹,不能行使负担对于未成年子女之权利义务,依第 1094 条第 1 款之规定,应由同居之祖父邹阿斗(邹阿斗于原审判决后死亡,由上诉人邹江银妹等承受诉讼)为其法定代理人,而邹正一行凶时年甫 17,虽属限制行为能力人,但其识别能力则与成年人无异,其法定代理人既无第 187 条第 2 项所定之免责事由,则被上诉人据以诉请判令上诉人等连带赔偿,即非不应准许。上诉人等徒以邹正一无过失或应免责等词指摘原判决不当,求为废弃,殊难谓有理由。

③ 1963 年台上字第 2370 号判决。按社会一般观念,如明知为有夫之妇,而与之通奸,不得谓非有以违背善良风俗之方法加损害于他人之故意,苟其夫确因此受有财产上或非财产上之损害,自得请求赔偿。……原审以上诉人王丰助(年 18 岁)为被上诉人之堂弟,同屋分房居住,竟与被上诉人之妻王郭正治通奸两次,经由刑事法院判处罪刑确定在案,并为不争之事实,是其所为,自系违背善良风俗,而被上诉人结婚未满 1 月,上诉人王丰助即与其妻通奸,其精神上受相当之损害。又上诉人与被上诉人之妻通奸时已有识别能力,上诉人王迫为王丰助之法定代理人,又无第 187 条第 2 项所定之免责事由,自应与王丰助就被上诉人之损害负连带赔偿责任……于法洵无违背……

④ 1963 年台上字第 3723 号判决。本件上诉人任立德为上诉人任

钺、贾默如之子，于1961年11月1日晚间，将被上诉人邱郑琏之子、邱张春妹之夫、邱文成之父邱焕宗刺死，经判刑12年在案，此项事实，为上诉人在原审所不争执。被上诉人起诉主张，上诉人任立德于刺死邱焕宗时，尚未满20岁（19岁），依第187条第1项之规定，上诉人应负连带赔偿之责任……上诉人任钺、贾默如，则以任立德出事时间，系在建国中学放学回家之前，其平常监督并未疏懈，出事当时，纵加以相当之监督，仍不免发生损害，依法不负连带赔偿之责任。上诉人任立德，则以刑事部分应否负杀人罪责，尚未确定等词为抗辩。按未成年人之父母（法定代理人）对于未成年之子女有保护及教养之权利义务（第1084条），故父母对于未成年子女之行为，当然负监督之责，不得以其将监护责任暂时委托于他人而主张免责。本件上诉人任钺、贾默如，对于其子即上诉人任立德所为刺死邱焕宗之行为，并未提出任何积极的曾加监督之证据，则其仅以出事时间系在中学放学回家之前，且其平时监督并未疏懈，出事当时纵加以相当之监督，仍不免发生损害等空泛之词，为主张不负赔偿责任之论据，显无足采……

⑤ 1965年台上字第17号判决。本件上诉人乃第一审共同被告杨振添之母，杨振添前在金门县税捐稽征处山外稽征站充当工友时尚未成年，先后窃取金沙稽征站盖有县印编号之屠宰税完税单59份及屠宰场使用费收据13份，连续伪造使用，向料罗、陈坑、山外等地屠户收取税金、附加劳军捐款、屠宰场使用费共计新台币（以下同）14527.6元，侵占入已，刑事法院已判处杨振添罪刑确定在案，为两造不争之事实。被上诉人主张，伊系因杨振添不法侵害而受损害之人，上诉人为其法定代理人，未尽监督之责，求为命上诉人应与杨振添连带赔偿上开金额之判决。上诉人则以其子杨振添前在山外稽征站充当工友，而该稽征站主管梁维煜竟令其办理职员事务，遂使有机会诈取款项。伊于1962年4月杨振添携回8000元时，曾加以盘诘，已尽监督之能事，自不应负连带赔偿责任等词，资为抗辩。原审依调查证据为辩论之结果，以此项屠宰税及附带征收捐费，应归被上诉人收入或系统筹开支。经杨振添非法收取，侵占入已，被上诉人即不能再向屠宰商重复征收，已为上诉人所自认。被上诉人显系因杨振添所为不法行为而受损害之人，实属无疑。上诉人既已承认于1962年4月收受杨振添携回之8000元，当时纵曾加以盘诘，但未详予追询该宗款项之来源，并向其子服务机关查对借支薪津之金额，可见其监督非无疏懈，

自与第 187 条第 2 项所定之免责事由不合。

3. 分析检讨

(1) 认定标准

就上述七项判决分析之,关于法定代理人举证免责之判断标准,可简述如下:

① 未成年人之侵害行为(摔跤)系发生在教室内,又非法所不许,法定代理人之监督,并无疏懈(1963 年台上字 2771 号判决)。

② 未成年人在外居住,受雇于他人,纵加严督,亦因鞭长莫及而不免发生损害,法定代理人(父)免负责任(1965 年台上字第 2750 号判决)。

③ 18 岁之未成年人在外居住,与有夫之妇通奸,法定代理人(父)未能举证免责(1963 年台上字第 2370 号判决)。

④ 8 岁之小孩玩射旋盘游戏,伤害他人,法定代理人(父)有预为防范并加以告诫之义务,不能以平时操行良好,而主张监督并未疏懈(1955 年台上字第 450 号判决)。

⑤ 17 岁之未成年人,在学校介入殴打事件,伤害他人,法定代理人(同居之祖父母)未能证明已尽监督之义务(1958 年台上字第 813 号判决)。

⑥ 19 岁之未成年人在校刺死同学,法定代理人既未提出任何积极的曾加监督之证据,不得以出事时系在学校,将其监护责任暂时委托于他人而主张免责,亦不得以其出事时间系在学校放学回家之前,其平时监督并未疏懈,出事当时纵加以相当之监督,仍不免发生损害等空泛之词主张免责(1963 年台上字第 3723 号判决)。

⑦ 未成年人窃取屠宰税完税单等,连续伪造使用,收取税金,法定代理人(母)对其子携回金钱,当时纵曾加以盘诘,但未详予追询该宗款项之来源,并向其子服务机关查对借支薪津之金额,可见其监督非无疏懈(1965 年台上字第 17 号判决)。

以下仅参酌上述判决,提出若干抽象标准,用供于具体案件作判断时之参考:

其一,法定代理人之监督,不仅指平常之管教,应兼指具体加害行为之防范。因而,法定代理人平时家教虽严,但对具体加害行为疏于监督者,仍不能免其责任,事后补救行为,不得作为免责事由。1965 年台上字第 17 号判决认为:法定代理人对其子携回金钱,当时若曾加盘诘,详予追询该宗款项之来源,并向其子服务机关查对借支薪津之金额,其监督即无疏懈。此项见解似有商榷余地。

其二,于判断法定代理人之监督义务时,应斟酌未成年人之年龄、在家居住或在外就业、加害行为之性质及危险性、法定代理人与未成年人之关系(父母、祖父母或其他之人)。又法定代理人经济状态亦应在斟酌之列,衣食不继、终日为生活奔波之家,父母对子女监督之义务,实难期周全也。

(2) 认定标准宽严问题

关于法定代理人是否尽其监督义务,学者有认为宜从严认定。王伯琦先生谓:“过失之推定,对于被害人为一莫大之利益,惟法定代理人免责之范围,仍极广泛。如儿童在学校或与同居儿童打斗,致受损害之情形,往往非法定代理人监督能力所及,如得免责,多失事理之平,况未成年人类多别无财产,不论其有无责任能力,纵使其应负责,被害人亦难得实际上之满足,如法定代理人更得轻易免责,殊与立法意旨悖谬。故第 187 条第 2 项之规定,仍以从严解释为宜。”[①]就上述判决观之,基本上亦有从严解释之倾向,例如 18 岁之子在外居住,与有夫之妇通奸,其父不得免责,即其适例。

从严认定原则,旨在保护被害人,有相当依据,自不待言。惟所应注意的是,传统上向有“子不教,父之过”之思想,从而不免更倾向于加重法定代理人之责任,致变为道德上之制裁。依吾人所信,法定代理人是否已尽监督义务,应斟酌前述因素客观地加以判断,以实践法律之规范目的。

(三) 内部求偿关系

1. *法律之漏洞*

未成年人不法侵害他人权益者,于行为时有识别能力者,应与法定代理人负连带赔偿责任。被害人得对于未成年人及法定代理人之一人或全体,同时或先后请求全部或一部之给付(第 273 条第 1 项)。至于连带债务人相互间,除法律另有规定或契约另有订定外,应平均分担义务(第 280 条)。关于法定代理人与未成年人间之内部求偿关系,法律并未设有

---

① 王伯琦:《民法债编总论》,第 88 页。

规定。“民法”禁止自己代理(第 106 条),故法定代理人与未成年人无法约定其分担部分,其责任究应如何分配,实有疑问。王伯琦先生认为,法律既未有特别规定,应平均分担①,此就第 280 条规定之文义而言,固亦有据,但就此项连带责任构成之形态而言,实不符合当事人利益。依《德国民法》第 840 条规定,在内部关系应由无行为能力人或限制行为能力人单独负责。台湾现行“民法”未设相当规定,立法者或系以为事涉家庭关系,不宜明文规定,以免滋生困扰。然从法律适用观点以言,内部求偿关系势须解决;对此问题应有规定而未设明文,可谓系法律漏洞(Rechtslücke),实有填补之必要。②

2. 第 188 条第 3 项之准用

关于法定代理人与未成年人连带责任之内部求偿关系,未设明文规定,系属法律漏洞,已如上述。依本文见解,此项漏洞,应类推适用第 188 条第 3 项之规定,予以填补,使法定代理人对未成年人有求偿权。至其理由,则有两点:① 第 188 条第 3 项规定:“雇用人赔偿损害时,对于为侵权行为之受雇人,有求偿权。”立法理由(ratio leges)系认为,受雇人之行为直接肇致损害,对于损害发生之原因力较重,就内部关系言,应负全责。此项法理对于未成年人不法侵害他人权益之情形,亦有适用之余地。② 须承认法定代理人有求偿权,始符合公平之原则。③设甲有未成年子女乙、丙二人,乙知书达理,勤于帮忙家事,丙则桀骜不驯,在校杀害同学,应付损害赔偿 50 万元,甲于赔偿后悲愤而死,若不承认甲对丙有求偿权,则丙对甲之遗产尚得与乙平分,违反事理,似甚显然。④

① 参见王伯琦,前揭书,第 95 页谓:“共同侵权行为人及法定代理人之责任,未有特别规定而应平均分担者,益为明显。”

② 关于“法律漏洞”(Rechtslücke)之基本理论,参见 Larenz, Methodenlehre der Rechtswissenschaft, 3. Aufl. 1975, S. 354f.; Carnaris, Festellung der Rechtslücke, 1966.

③ 史尚宽先生认为法定代理人与加害人负连带责任,其为赔偿者,适用关于连带责任之规定,得为求偿(前揭书,第 179 页),但关于如何求偿,未加说明。

④ 台大法律学研究所“民法专题研究”上课时,郑玉波教授亦肯定法定代理人之求偿权,并特别强调此一观点。特附志于此,用供参考。

三、法定代理人之单独责任

未成年人不法侵害他人权益,于行为时无识别能力者,由其法定代理人负损害赔偿责任(第187条第1项后段)。由此项规定,可推知两点:① 未成年人之行为虽具备侵权行为之客观要件(行为之违法性),但行为时无识别能力者,仍不负侵权责任(关于未成年人之衡平责任,详见后述)。② 未成年人于行为时虽无识别能力,但其行为已具备客观之责任要件时,由法定代理人单独负责;惟法定代理人如能证明其监督并未疏懈,或纵加以相当之监督,而仍不免发生损害者,不负赔偿责任(第187条第2项)。在实务上,法定代理人应单独负赔偿责任之案件,甚属罕见。

四、未成年人之单独责任

未成年人不法侵害他人时,于行为时有识别能力者与法定代理人连带负损害赔偿责任。于此情形,倘法定代理人证明其监督并未疏懈或纵加以相当之监督,而仍不免发生损害,而能免责时,有识别能力之未成年人应单独负损害赔偿责任。在实务上,未成年人单独负责之情形,亦属少见。

五、未成年人之衡平责任

(一)未成年人之衡平责任

未成年人不法侵害他人权益(即已具备客观违法性),但于行为时无识别能力时,不负侵权责任,由法定代理人单独负赔偿之责。若法定代理人能证明其监督并未疏懈,或纵加以相当之监督,而仍不免发生损害者,即可不负责任。于此情形,法律为保护被害人,特于第187条第3项规定:"……法院因被害人之声请,得斟酌行为人与被害人之经济状况,令行为人为全部或一部之损害赔偿。"学说上称之为未成年人之衡平责任。

关于未成年人之衡平责任,在学说上最有争论者,系此项责任之性质。[①] 有认为系结果责任[②];有认为系属于无过失责任之一种,但与结果责任不同,盖结果责任固亦为无过失责任,然其赔偿纯以损害之有无为准,一有损害,即不得不赔偿,而衡平责任之是否赔偿,或赔偿多寡,须由法院斟酌行为人与被害人双方经济状况定之[③];有认为衡平责任系法律特别体恤贫弱,令经济力较强之行为人,予以相当之补恤,此全属一种道德规范之法律化,与所谓无过失责任主义之法理,判属二事。[④]

此项争论多由于概念用语之歧异及着眼点之不同。依本文见解,就立法理由,第 187 条第 3 项所定未成年人之责任,系道德规范法律化(衡平责任);就归责原则言之,并不以未成年人故意过失为要件(无过失责任);就其基本特色言,在于损害赔偿之多寡系由法院斟酌决定。至于量定标准,第 187 条第 3 项虽仅规定"应斟酌行为人与被害人之经济状况",但为贯彻衡平责任之规范功能,加害行为之种类、责任能力欠缺之程度、保险金之有无、被害人与有过失等,均应斟酌,自属当然。[⑤]

(二)法定代理人之连带衡平责任

第 187 条第 3 项规定,就立法政策而言,是否妥适,不无疑问。关于此点,王伯琦先生曾作如下之说明:"第 187 条第 3 项之规定,目的在于补救法定代理人因无过失而免责之缺憾。惟无行为能力人或限制行为能力人能有独立财产者,又有几何。愈属富有之家,未成年人愈无独立之财产。立法目的,事实上仍难达到,如于法定代理人之经济状况,能一并斟酌,立法上较为妥洽。"[⑥]依王伯琦教授之见解,在立法政策上,应使法定代理人与未成年人负连带衡平责任,始称妥适。

---

① 关于未成年人衡平责任之规定,系采自《德国民法》第 829 条。在德国法上关于未成年人衡平责任(Billigkeitshaftung)之依据、功能及性质,向有争论,有认为将"衡平"与"故意过失"分开并置,作为责任原则,实为立法者破产之宣告(Bankerottenerklärung des Gesetzgebers),参见 Max Rümelm, Die Billigkeit im Recht, 1921, S. 64. 亦有认此为"富者应负责任"思想之表现(参见 Burckhadt, Zschw N44, 528),详见 Deutsch, Haftungsrecht S. 312; Larenz, Schuldrecht Ⅱ, 1977, S. 530f.

② 参见史尚宽,前揭书,第 178 页。

③ 参见郑玉波,前揭书,第 179 页。

④ 参见王伯琦,前揭书,第 89 页。

⑤ 史尚宽亦采相同见解,前揭书,第 179 页。

⑥ 王伯琦,前揭书,第 89 页。

使法定代理人亦负衡平责任,则其将处于类似雇用人之地位(第188条第2项),对于被害人之保护,较为周全,固无疑问。[①] 然而,所应注意者,雇用人责任与法定代理人责任之理论依据,尚有不同,雇用人役使他人以扩张自己之活动范围,获取利益,负衡平责任,实称合理,在立法政策上并应考虑使其径负无过失责任[②];反之,法定代理人之责任系以身份关系为基础,在这个由身份发展到契约之社会,强调个人责任之现代法制之下[③],将法定代理人之责任由推定过失责任,改为衡平责任,不免过分使道德法律化,是否符合现代法律思潮,似值研究。迄至目前为止,实务上似尚未有由未成年人负衡平责任之案例,将来恐亦难得一见,故此项讨论仅具学术价值而已。

六、结　　论

关于未成年人之侵权行为及法定代理人之责任,就各国家和地区法制比较分析之,计有四个基本类型[④]:① 由被害人承担所生之损害(1968年以前之法国法,若干南美洲国家,美国之路易斯安那州,加拿大之魁北克及捷克)。② 未成年人应负全部责任,其智能发展程度如何,在所不问(1968年以后之法国法,西班牙及葡萄牙)。③ 在英美法上,未成年人原则上不能免责,惟依其智能发展之程度,得否认其有行为之故意或有从事须具备特定主观要件侵权行为之能力。④ 未成年人因年龄过低或于行为时无识别能力,而其法定代理人又能免负责任时,应由未成年人负衡平责任,采此制度之国家有德国、奥地利、瑞士、意大利、比利时、波兰、希腊、瑞典等国。台湾地区现行"民法"第187条原则上采此立法例,实符合现代法学思潮,就立法政策言,应值赞同。目前最须研究者,系如何妥切解

---

① 参见王伯琦,前揭书,第91页谓:"第188条之立法意旨及技术,与第187条完全相同。惟第187条第3项系斟酌无行为能力人或限制行为能力人与被害人之经济状况,令无行为能力人或限制行为能力人为全部或一部之赔偿;惟此等之人,每无经济能力,被害人仍难获得事实上之满足。第188条第2项,斟酌雇用人及被害人之经济状况,令雇用人为全部或一部之赔偿,雇用人多有资力,立法意旨,得充分实现矣。"

② 参见拙著:《雇用人无过失侵权责任的建立》,载《民法学说与判例研究》(第一册),北京大学出版社2009年版,第1页。

③ 参见王伯琦:《民法总则》,第9页、第14页以下。

④ 资料文献详见 Deutsch, Haftungsrecht, S. 300f.

释适用现行规定，以实践其规范目的。

综观“最高法院”历年判决，实务上面临之基本问题有二：一为识别能力之意义；另一为法定代理人举证免责。就前者言，1963 年台上字第 2771 号判决认为，加害人系被邀而参与摔跤游戏，并无致被害人受特定伤害之认识，故无识别能力之可言。其所采之判断标准，失诸严格，过分机械，实值检讨。又关于举证免责，在七则判决中，法定代理人能证明其对于未成年人之监督并未疏懈者（或纵加以相当之监督，仍不免发生损害），计有二则。“最高法院”对法定代理人之举证免责，似倾向于采从严认定原则，对被害人之保护，较为周全，惟从严认定亦应有其限度，否则将使法定代理人之责任过分趋于道德化，致有违法律之规范目的。在过分从严认定原则之下，法定代理人为期免责，势必加强其对未成年人之监督，对未成年人之教育及身心发展，亦有妨害，实值注意。①

---

① Enneccerus/Lehmann, Schuldrecht, 15. Aufl. 1958, S. 985，对此点曾特别强调，值得参考。

未成年子女之财产、父母及第三人*

一、绪　说

目前台湾地区人口约为1700万,未成年人约为700万,约占全部人口43%。未成年人参与各种社会经济活动日益普遍,产生许多复杂之法律关系,在实务上重要者有:未成年人之侵权责任,未成年人债务不履行之责任,以及父母非为子女利益处分其财产之效力。诸此问题之处理,均涉及一个基本前提,即未成年人财产之范围。

未成年子女因继承、赠与或其他无偿取得之财产,归其所有,为特有财产,法有明文(第1087条)。其依劳力或其他有偿取得之财产,是否亦归未成年子女私有,构成责任财产,对其债务之履行负其责任,关系至巨,殊值重视。

二、未成年子女之财产

(一)因继承、赠与或其他无偿取得之财产(特有财产)

第1087条规定:"未成年子女因继承、赠与或其他无偿取得之财产,为其特有财产。"何谓继承,法有明文,无待详论(参阅第1147条以下规定)。依学者通说,赠与无论来自何人,均属特有财产。[①]所谓"其他无偿取得之财产",其主要者有:因先占而取得之动产所有权;因拾得遗失物而

---

* 本文原载《庆祝陈棋炎先生六秩华诞论文集》,1980年。

① 陈棋炎先生持不同见解,认为由父母无偿给与之财产,不是未成年子女之特有财产,以避免父母脱产,以求达到其不法企图之目的,损害第三人。参见《亲属、继承法判例判决之研究》,"台大法学丛书"(二十一),第375页、389页。

取得之报酬或所有权;人身遭受不法侵害之损害赔偿。又特有财产之变形物,例如以继承之金钱所购买之房屋,赠与物被毁损而得到之损害赔偿,仍属未成年人之特有财产,自不待言。①

(二) 因劳力、营业或其他有偿取得之财产(所谓之非特有财产)

1. 立法之意旨

按依固有法,子女原不得有私产。民律第一草案顺应近代立法思潮,有所突破,于第四篇亲属法第60条设如下之规定:“子女之财产,归亲权之父或母管理之。关于其财产上之法律行为,由行亲权之父或母为之代表。”关于本条规定之立法理由,具有历史性之意义,殊值参考,特为引述:“本条系规定亲权效力中之管理财产权。夫论子妇无私货、无私蓄、无私器之仪,似乎为人子者,不应私有财产。然近世欧美各国,推究人道,广其民曰公民,人子非父母所得而私,即人子之权利亦非父母所得而抑,虽在亲权之下,而其子或为亲属遗产之继承,或有对其子为财物之遗赠及赠与者,皆属法所不禁,此时为人子者,固不敢以财产与父母争,而为之父母者,若必尽收为己有,设使兄弟多人,异日平分父母之产,则本为一子之所独有者,而分析为众子之所共有,揆之法理,亦未为平。故各民法,多认为其子之特有财产,此亦事理之不得不然者也。惟是子未成年,初无管理财产之能力,自应以行亲权之父或母管理之。至关于其财产之法律行为,则行亲权者既为其子之法定代理人,自得一切为之代表,如子有资本,其父代为之营业,则由营业而生之利益损失,直对其父而生效果,其子虽欲不承认而不得也。”②

其后历次草案均秉此原则,在一定之范围内,承认未成年子女之私有财产。现行“民法”亦采此原则,于第1087条明定,因继承、赠与或其他无偿取得之财产为未成年子女之特有财产。由此观之,就立法者之意思而言,未成年子女之财产应限于此类特有财产,其因劳力或其他有偿而取得之财产,非归未成年子女私有。

2. 判例学说

惟应注意的是,“最高法院”判例对于第1087条规定,又再有所突破。

① 参见陈棋炎,前揭书,第375页、第390页。

② 《民法制定史料汇编》(上册),1976年,第877页。

1930年上字第67号判例谓:"子孙自以其劳力或其他法律关系所得私财,非已奉归于父母者,自可认为子孙所私有。"本判例系著于"民法"施行以前(亲属篇系于1930年12月26日公布,1931年5月5日施行),"最高法院"仍选辑为判例,明白承认未成年子女除特有财产外,尚可有其他财产。1964年台上字第1456号判例认为父母以利益第三人契约方式,将不动产赠与未成年子女者,非属父母之赠与,不构成未成年子女之特有财产,故父母以未成年子女名义为第三人提供担保设定抵押权,仍属有效。此一判例之主要目的,虽然在于缓和"最高法院"对于父母非为子女利益处分其特有财产所采之无效说,但亦间接肯定未成年子女除特有财产外,尚有其他财产。

在学说方面,意见甚为分歧。有认为未成年子女除第1087条所定之特有财产外,其他因劳力或有偿取得之财产,应归奉父母,以维持全家之共同生活①;有认为除父母家用不敷,应以之充家庭生活外,应解释为子女所私有,然仍应受父母之监督。② 陈棋炎先生明确认为此类因劳力或有偿取得之财产,应归由未成年子女私有,并称之为未成年子女之非特有财产。③

3. 创造法律进步——在方法论上之检讨

未成年子女依劳力或其他有偿取得之财产,是否归其所有,基本上是个法学方法论上之问题,因此亦应从法学方法论之观点加以分析,始能得到具有说服力之解决。如前所述,在固有法上,子女无私产,第1087条规定未成年人有特有财产,就立法者之意思而言,未成年子女之财产应仅限于此类特有财产。因此承认未成年子女得拥有其依劳力或其他有偿方法取得财产(所谓之非特有财产),实系超越法律之造法(Gesetz übersteigende Rechtsfortbildung)。

按法律之适用,在法学方法论上,可分为三个阶段。一为法律之解释,旨在探求法律之规范目的,并以可能之法律文义为其限界。二为法律漏洞之填补,旨在依法律秩序之内在价值评断,填补法律上违反计划之不

---

① 参见罗鼎:《亲属法纲要》,第213页;胡长清:《民法亲属论》,第284页;黄右昌:《民法亲属释义》,第186页。

② 参见史尚宽:《亲属法论》,第603页。

③ 参见陈棋炎,前揭书,第376页。

完整性(planwidrige Unvollständigkeit)。三为超越法律之造法,此项超越法律之造法应符严格之要件,须为适应法律交易之迫切需要,或为实现某项法律伦理原则,始能审慎为之;又此项造法活动虽超越法律(extra legem),但应尚在法之范围之内(intsa jus),不违背整个法律之基本原则。①

依吾人所信,承认未成年子女因劳力或其他有偿方法取得之财产,应归其私有,实符合超越法律造法之原则,具有促进法律进步之功能,确有正当依据。兹分四点说明之:

(1) 人格独立,系民法之基本原则,经济独立则为人格独立之基础。未成年子女参与社会经济活动,其依劳力或其他有偿方法取得之财产,倘不能归其私有,实不足维护及促进未成年人人格之独立及发展。

(2) 未成年人因劳力或其他有偿取得之财产,通常系以自己名义为之。例如未成年人甲高中毕业后,经其父乙同意,以自己名义订立契约,受雇他人,受领薪资,或存放银行,或购置机车,或订购房屋,依物权法之观点,此类财产均应归属未成年人所有。其父乙如何能取得此类财产,其法律依据何在,诚有疑问。

(3) 民律第一草案立法理由书认为以未成年人受赠之财产归其父母,势必造成"设使兄弟多人,异日平分之产,则本为一子之所独有者,而分析为众子所共有,揆之法理,亦未为平。"以未成年子女依劳力取得之财产,归其父母,再由兄弟平分,揆之法理,更难谓平!

(4) 未成年人依劳力或其他有偿取得财产,通常均基于特定之法律行为(尤其是雇佣或买卖),倘此项财产归由父母取得,未成年人之债权人自不能对之主张权利或为强制执行,实不足以保护债权人之利益及交易之安全。

三、父母非为子女利益处分其财产之效力

第1088条第2项规定,父母对于子女之特有财产,有使用、收益之权,但非为子女利益不得处分。本条项但书之解释适用,实务上颇滋疑义,其主要问题有四:① 父母非为子女利益处分其特有财产之效力。

① 参见Larenz, Methodenlehre der Rechtswissenschaft, 3. Aufl. 1975, S.401f.

② 父母处分子女依劳力或其他有偿取得之财产之效力。③ 父母以未成年子女名义为保证行为之效力。④ 父母以子女名义负担债务之效力。以下拟先逐项说明,再综合检讨之。

(一) 特有财产之处分

1. 是否为子女之利益之判断标准

父母非为子女之利益,不得处分其特有财产。处分是否为子女利益,依1960年台上字第1271号判例,系谓"父母为子女利益,有处分子女特有财产之必要时,始得处分,至于子女特有财产被处分结果,与其所获相抵,而其财产总额是否有所增加,则非所问。"准此以言,赠与、设定抵押权担保他人债务,均属非为子女利益。反之,为支付子女医药费而让与其股票,不动产贱买贵卖,设定抵押权担保未成年人本人之债务(例如购屋之贷款),均属为子女之利益而处分其特有财产。

2. 处分之意义

"民法"上"处分"一语,其最广义者,包括法律上之处分及事实上之处分(参阅第765条);其较狭义者,则指法律上之处分(参阅第84条);其最狭义者,则仅指处分行为(参阅第118条)。第1088条所谓之处分,系指法律上之处分而言,兼括债权行为(如买卖)与物权行为(如设定抵押权)在内。惟应注意的是,"最高法院"对于何谓处分行为,见解尚不一致。1964年台上字第419号判决认为此之所谓处分,非仅以减少积极财产为限,即增加消极财产亦属之,故父母以未成年子女名义承担债务,亦属处分行为。关于父母以未成年子女名义所为之保证行为,"最高法院"判决有认为亦属处分未成年人之特有财产者(1967年台上字第232号判决);亦有认为非属处分未成年人之特有财产,而不适用第1088条第2项但书规定者(1964年台上字第262号判例)。依本文见解,父母以子女名义负担债务或为保证行为,系基于父母之法定代理权所为之法律行为,而第1088条所规定者,系父母之处分权,二者性质不同,在概念上似有区别之必要。

3. 非为子女利益处分之效力

父母非为子女利益处分其特有财产者,其效力如何,系实务上最重要问题之一,"最高法院"著有甚多判决。大体言之,基本上系采无效说,但例外于特定类型之案例,则采有效说。兹分别说明之。

(1) 无效说(原则)

1953 年台上字第 126 号判例谓:"讼争土地为甫 6 岁与 14 岁之被上诉人因其祖所赠而取得,即属第 1087 条所谓未成年子女之特有财产。依同法第 1088 条第 2 项之规定,被上诉人之父,不过得在被上诉人成年之前,有使用、收益之权,至设定抵押权,则属于同条项但书之处分行为,尚须为被上诉人之利益,始得为之。从而被上诉人之父,就该土地因担保债权所为抵押权之设定,尚无足以认定有为被上诉人利益之特别情事,自为上开条项所不许。"本判例所谓"自为上开条项所不许",是否发生无效之法律效果,尚不明确。1955 年台上字第 826 号判决作有明确之表示,认为系争房屋系参加人之特有财产,其法定代理人即其母将之出卖于上诉人,既非为参加人谋利益,揆诸第 1088 条第 2 项但书之规定,即应认为无效,参加人之父纵在该项买卖契约盖章,该契约仍无解其为违背强制规定,上诉人虽已登记,而参加人自可否认其所有权之取得,上诉人即无权请求被上诉人返还房屋,更无权主张被上诉人侵害其权利,而请求赔偿损害。

对于"最高法院"所采之无效说,学者多持异议,认为不能保护相对人之利益及交易之安全。[①] 陈棋炎先生更明白表示,为避免认定特有财产之处分是否为子女利益之困难,并保障第三人交易之安全,父母对子女特有财产之处分应一律有效。惟未成年子女因该处分蒙受不利益时,得向父母请求不当得利或损害赔偿,以维持当事人间利益之公平分配。[②]

(2) 无效说之修正

值得注意的是,于 1964 年以后,特定类型案例已采取不同之见解。此类案例之基本特色是父母先以不动产赠与其子女,再以该不动产设定抵押权担保第三人之债务。于此类案例,"最高法院"认为该抵押权之设定仍属有效,其所采之方法有二:

① 参见戴炎辉:《亲属法》,1973 年 7 版,第 302 页:"就子女之特有财产为不利益之处分时,对第三人关系,应解释为仍然有效,此时,父母应否负赔偿责任? 于此虽无明文规定,但宜准用关于委任之规定(第 544 条)而采积极说。惟依判例,则以该处分为无效。"黄宗乐:《亲子法之研究》,1980 年,第 370 页。

② 参见陈棋炎,前揭书,第 421 页以下(尤其是第 427 页)。

其一,借用第三人契约否定父母之赠与财产,以排除第1088条第2项但书之适用。

采此法者有1964年台上字第1456号判例,略谓:"父母向他人购买不动产,而约定径行移转登记为其未成年人子女名义,不过为父母与该他人间,为未成年人子女利益之契约(第269条第1项之契约),在父母与未成年子女之间,既无赠与不动产之法律行为,自难谓该不动产系由于父母之赠与,故父母事后就该不动产取得代价,复以未成年子女名义,为第三人提供担保而设定抵押权者,不得借口非为子女之利益而处分,应属无效,而诉请涂销登记。"此一判决之主要目的,在于保护债权人(抵押权人),防止父母先将不动产赠与其子,再设定抵押权给他人,其后复以非为子女之利益而处分其特有财产为理由,主张该设定之抵押权无效。此项目的,甚为正确,自不待言,有疑问者,系达到此项目的之方法,其理由构成,尚有研究余地,兹分三点言之[①]:首先,在第三人利益契约,要约人(父母)所以使得第三人(未成年人)取得其利益者,必有其原因,就本案而论,应为赠与,未成年人取得之不动产应构成其特有财产,实无疑问。"最高法院"认为在父母与未成年人之间,既无赠与不动产之法律行为,自难谓不动产系由父母之赠与,根本否认为第三人利益契约之对价关系,似不可采。其次,利用第三人利益契约否认未成年人自父母受赠不动产,以排除第1088条第2项但书之适用,纯属偶然权宜之策,绝非根本解决之道。在本案倘父母径将不动产赠与其子女时,则应构成未成年人之特有财产,依"最高法院"向来之见解,所设定之抵押权应属无效,仍不足保护债权人。再次,依"最高法院"见解,此项由父母向他人购买而约定径行移转登记为未成年人子女名义之不动产,于其上所设定之抵押权,所以非为无效者,乃由于其非属未成年子女之特有财产,故不适用第1088条第2项但书之规定。然则此项"非属特有财产"之财产,父母得否处分,其非为子女利益所为之处分,何以有效?其法律依据何在?均未提出说明,依吾人所信,其亦难提出合理之说明。

其二,父母为子女利益长期经营之拟制。

采此方法者,有1964年3月25日民刑庭总会决议,略谓:"子女之财产

---

① 参见拙著:《父母非为未成年子女利益处分其财产之效力》,载《民法学说与判例研究》(第一册),北京大学出版社2009年版,第320页。

如系由父母以其子女名义购置，则应推定系提出财产为子女作长期经营，故父母以子女之名义置产后，复在该价额限度内，以子女名义承担债务，提供担保，不能概谓为无效。"1971 年台上字第 3043 号判决亦采此见解。“最高法院”采取此项见解，旨在避免父母以“脱法”之方法，诈害债权人，其政策上之目的，虽值赞同，但所谓“推定”，纯属拟制，欠缺说服力。再者，以子女名义承担债务，提供担保，对未成年人子女绝对不利，何有长期经营之可言，实际上无异承认父母对其所赠与之财产，得任意处分，不受任何限制。[①]

（二）依劳力或其他有偿取得财产（所谓之非特有财产）之处分

未成年人因劳力或其他有偿取得之财产，应归未成年人私有，前已论及。关于此类由判例及学说“超越法律造法”而承认归由未成年人取得之财产，是否应类推适用第 1088 条规定，使父母有管理、使用、收益之权，但非为子女之利益不得处分，尚有疑问。“最高法院”未著有判决（但请参阅 1964 年台上字第 1456 号判决）。史尚宽先生认为，此项财产应受父母监督。[②] 惟所谓监督，其义尚欠明了。陈棋炎先生认为：“至于特有财产以外之非特有财产，则与父母无关，完全出乎未成年子女之努力所取得者，故此类非特有财产，父母也许有权管理，但不应有使用、收益之权，甚且不应过问是否为未成年人利益，一律都不应该有处分权，始谓正当。”陈棋炎先生又认为，父母之处分行为，系属无权处分，无论对子女或对交易第三人，均属无效。不过交易第三人，则可以子女授权（即有权）或“表见代理”为理由，与之对抗，而主张父母所为之处分行为有效。惟如未成年子女，因该处分行为而受有损害时，未成年子女对其父母有不当得利或损害赔偿请求权。[③] 此项见解至为稳妥，固不待言，但父母对子女财产之管理、使用、收益及处分权因其财产来源不同而异，不无零乱之感，实务上亦有窒碍难行之处。例如未成年人子女以其无偿取得之财产从事营业，合其所得，购买房屋一栋，父母是否有使用、收益及处分之权，如何划分，实有困难。依本文见解，关于此项问题，必经

---

① 参见拙著前揭文，载《民法学说与判例研究》（第一册），北京大学出版社 2009 年版，第 320 页。

② 参见史尚宽，前揭书，第 603 页。

③ 参见陈棋炎，前揭书，第 401 页以下（尤其是第 407 页）。

由立法途径，对未成年子女财产作通盘之考虑，始能有合理妥适之解决。

（三）父母以子女名义所为之保证行为

关于父母以子女名义所为之保证行为，1964 年台上字第 2611 号判例认为有效，略谓："父母为其未成年人之法定代理人，有权代理其子女为法律许可之法律行为，保证行为法律并未禁止法定代理人为之，则法定代理人代理未成年人之子女为保证行为，自难依第 1088 条第 2 项但书之规定，认为无效。"纵其所保证者，系父母本身之债务，亦然（参阅 1970 年台上字第 1898 号判决）。陈棋炎先生对"最高法院"此项见解，持有异议，认为父母处分未成年子女之财产，为维护第三人交易安全，原则上应解释为有效，但父母代理未成年子女所为保证行为，则应解释为无效，盖保证行为不可能为未成年子女利益故也。① 惟可注意的是，"最高法院"其他判决，有采不同意见。1967 年台上字第 232 号判决认为："法定代理人代立连带保证契约，即属处分未成年人特有财产行为，父母对于子女之特有财产，非为子女之利益，本不得处分，第 1088 条第 2 项定有明文。所谓'不得处分'，其法律上之效果应属绝对不生效力，若解释为对第三人有效，不免违背法意，因此应依一般通说，认为属于无权代理，不生效力。"关于此项判决理由，值得商榷者有二：① 所谓法律行为绝对不生效力者，应指无效而言，无权代理，系效力未定，二者不可混为一谈。② 本判决认为一般通说系采无权代理说，实乏依据。②

（四）父母以子女名义负担债务

父母以未成年人名义承担债务者，其效力如何，1964 年台上字第 419 号判决采取无效说，并作有详细之说明。在本案，诉外人庄洋系被上诉人李朝宝之妻李庄秀吟之弟，积欠诉外人林永贵会款新台币（下同）6 万元，经林永贵将是项债权让与其弟即上诉人林清松后，于 1960 年 6 月 15 日

---

① 参见陈棋炎，前揭书，第 383 页（尤其是第 396 页）。

② 关于父母非为子女利益处分其特有财产，"最高法院"原则上采无效说，学者多数采有效说，其采无权代理者以史尚宽先生为代表，略谓："父母为不利子女之处分，其效力如何，依余所见，除可认为表见代理外（第 169 条），其明显的不利于子女之行为，应认为无权代理，子女成年后得追认之。"

由李朝宝以其未成年之子即被上诉人李健吉之名义承担债务，与上诉人订立借贷抵押权设定契约书，约定照银行放款利率计算，至同年 9 月 10 日清偿。“最高法院”认为：“原审以按父母对于未成年子女之特有财产非为子女之利益，不得处分，第 1088 条第 2 项定有明文，此之所谓处分行为，非仅以减少积极财产为限，即增加消极财产（如负担债务）亦应包括在内，是被上诉人李朝宝以其未成年之子李健吉名义承担庄洋之债务，应认为增加李健吉之消极财产，显非为李健吉之利益为之，此项债务之承担，依法对于被上诉人李健吉不生效力，不负清偿之责任。因认第一审驳回上诉人请求给付债款本息之判决为无不当，予以维持，于法并无不合。”惟应注意的是，依“最高法院”1964 年 3 月 25 日民刑庭总会决议及 1971 年台上字第 3034 号判决，子女之财产如系由父母以其子女名义置产后，则应推定系提出财产为子女作长期经营，故父母以子女之名义置产后，在该价额限度内，以子女名义承担债务，仍为有效。

（五）分析检讨

1. 零乱之法律状态

“最高法院”关于父母非为子女利益处分子女之特有财产，或以其子女名义为保证行为或负担债务之效力，著有甚多判决，其基本见解，可综述如下：父母非为子女利益，处分其特有财产者，原则上无效，但父母先将不动产赠与未成年子女，再就该不动产为第三人设定抵押权者，虽非为子女之利益，仍属有效。父母以子女名义为保证行为，判例认为非属处分未成年子女特有财产，不适用第 1088 条第 2 项但书规定，应属有效，但亦有判决认为，父母以子女名义为保证行为，仍属非为子女利益而处分其特有财产，为无权代理，不生效力。至于父母以子女名义承担他人债务，“最高法院”有认为系非为子女之利益而处分其特有财产，原则上应属无效，但亦有认为不超过父母所赠财产之价值者，则为有效。为期明了，特将之图示如下：

- 未成年子女之财产
  - 特有财产（第1087条）
    - 父母非为子女利益而处分
      - 原则：无效（1953年台上字第126号判例）（1955年台上字第826号判决）
      - 例外：有效（所处分者系父母赠与之财产，1961年台上字第1456号判例；1971年台上字第3043号判决）
    - 父母以子女名义为保证行为
      - 有效：（1964年台上字第2611号判决）
      - 无权代理：（1967年台上字第232号判决）
    - 父母以子女名义负担债务
      - 原则：无效（1964年台上字第419号判决）
      - 例外：有效（所承担之债务为超过父母所赠与财产之价值，1971年台上字第3043号判决）
  - 因劳力或其他有偿取得之财产（所谓之非特有财产）——父母是否有处分权，非为子女之利益之处分是否有效，似未著有判决（但请参阅1964年台上字第145号判例）

"最高法院"上述关于父母非为子女利益处分其特有财产及以未成年子女名义为保证行为或负担债务所建立之判例体系，就个别判决观之，各有其理由。父母非为子女之利益处分其财产者，无效，旨在保护未成年人之财产。父母以子女名义负担债务者，无效，亦同。父母处分其以第三人利益契约方式赠与子女之不动产者，有效，旨在保护交易安全。惟综合观之，则颇嫌零乱，欠缺价值判断之一贯性。父母以子女名义为保证行为，使未成年人以其全部财产负其责任，对未成年人不利之程度，远逾于以特定之物设定抵押权，何以后者无效，而前者有效？又父母以子女名义负担债务者无效，而为保证行为却有效？其理由何在，诚难了解。所以造成此种零乱之判例状态，法律未设明确规定，当为主要原因；而"最高法院"各庭缺少联系，于区别案例、组成类型时，未能提出实质观点，纯从形式推论，亦与有责任。

2. 陈棋炎先生之理论体系

所应注意的是，陈棋炎先生对于上述判决，作有深入之检讨，前已论及。兹综合归纳其基本见解，图示如下，以资对照：

未成年子女之财产
- 特有财产
  - 父母非为子女利益而处分,有效
  - 父母以子女名义所为之保证行为,无效
- 因劳力或其他有偿取得之财产(所谓之非特有财产),父母无处分权,但擅为处分者,仍为有效

就上图陈棋炎先生所建立之体系观之,其基本思想,在于强调维护交易安全,保护交易第三人之利益。至于父母子女之关系,应适用不当得利或侵权行为之规定,由子女向其父母主张之,以保持父母子女间之公平,并顾全未成年子女之权益。

3. 判例之变更与"民法"修改

关于父母非为子女之利益而处分其特有财产之效力,"最高法院"基本上采无效说,偏重保护未成年子女;学者多采有效说,偏重保护交易安全,均有所据,自不待言。若有取舍,当以后说为是。惟未成年人之保护及交易安全之维护,均属现代民法之基本原则,应力求兼顾。就现行法适用言,为达到此一目的,或可考虑进一步区别案例类型(Differenzierung und Typisierung),以决定其法律效果。申言之,即父母为未成年子女之利益而处分其财产者,固属有效。至于父母非为未成年子女利益而处分其财产者,则应视其为无偿行为或有偿行为而定:① 其属无偿行为者,无效,以保护未成年子女,例如赠与、为他人债务设定抵押权等是。父母以子女名义为保证行为或负担债务者亦同。② 其属有偿行为者,应属有效,以维护交易安全,例如买卖、设定抵押权以担保未成年人本身债务者等是。惟采取此说,亦非全无疑义,一则势须变更整个"最高法院"数十年建立之判例体系;二则区别有偿行为及无偿行为而异其效力,于现行法上欠缺直接依据,有待于法院之造法。

综据上述,关于父母非为未成年子女利益而处分其财产之效力,无论采取何说,均难期周全。"最高法院"数十年来所创造之判例体系趋于零乱,对于法律生活之安定,殊有妨害,根本解决之道,当在修改"民法",惟此事牵涉甚广,自非本文所能详论也。

四、未成年人之侵权行为与法定代理人之责任

（一）概说

依第187条规定：① 无行为能力人或限制行为能力人不法侵害他人权利者，以行为时有识别能力者为限，与其法定代理人连带负损害赔偿责任，行为时无识别能力者，由法定代理人负损害赔偿责任。② 前项情形，法定代理人如其监督并未疏懈，或纵加以相当之监督，而仍不免发生损害者，不负赔偿责任。③ 如不能依前两项规定受损害赔偿时，法院因被害人之声请，得斟酌行为人与被害人之经济状况，令行为人为全部或一部之损害赔偿。就此规定分析言之，责任状态有四：

（1）未成年人有识别能力时，与法定代理人连带负损害赔偿责任（第187条第1项前段）。

（2）未成年人无识别能力时，由法定代理人单独负责（第187条第1项后段）。

（3）法定代理人得举证免责，而未成年人有识别能力时，应依第184条规定，单独负责。

（4）法定代理人得举证免责，而未成年人无识别能力时，应负衡平责任（第187条第3项）。

本文于此拟讨论之问题有二：① 未成年人以何种财产负其责任；② 法定代理人对未成年人之求偿权。[①]

（二）责任财产

未成年人不法侵害他人，负损害赔偿债务者，依一般原则，应以其全部财产负其责任（责任财产）。未成年人应以其特有财产，负其责任，自不待言。其因劳力或其他有偿取得之财产，应归未成年人私有，亦构成未成年人之责任财产。学者有认为此项因劳力或其他有偿取得之财产，应归父母。依此见解，被害人将不能对此项财产执行，以获得满足，实不足

---

① 参见拙著：《未成年人及法定代理人之侵权责任》，本书第102页。

以保护债权人之利益。

(三) 法定代理人之求偿权

未成年人不法侵害他人,于行为时有识别能力者,应与其法定代理人负连带赔偿责任。被害人得对于未成年人及法定代理人之一人,或数人,或其全体,同时或先后请求全部或一部之给付(第 273 条第 1 项)。依此规定,发生一项内部求偿之疑义,即法定代理人或未成年人为损害赔偿时,对于他方连带债务人有无求偿权。关于此点,未设明文,立法者或系以为事涉家庭关系,不宜强制规定,应让诸当事人自己解决,以维持家庭之和睦。惟就法律适用观点以言,求偿问题除关系当事人权益外,并涉及第三人利益,不能不予解决。由斯观之,关于求偿问题现行"民法"应有规定而未设规定,可谓系法律之漏洞,实有填补之必要。

对此问题,"最高法院"未著判例。自理论以言,其解决途径有四:① 法定代理人对未成年人有求偿权。② 未成年人对法定代理人有求偿权。③ 由法定代理人与未成年人平均分担。④ 由先为赔偿者终局负担,不得求偿。四说之间,究以何说为可采,应从法律学方法论之立场判断之。依本文见解,法律漏洞之填补,应类推适用其他规定,期能贯彻法律适用上"相同者,应为同样处理;不相同者,应为不同处理"之基本原则。依第 188 条第 3 项规定:"雇用人赔偿时,对于为侵权行为之受雇人有求偿权。"其立法理由(ratio leges)系认为,受雇人之行为直接肇致损害,对于损害发生之原因力较重,应负全责。未成年人不法侵害他人者,亦同此情形,故应类推适用第 188 条第 3 项之规定,使法定代理人对未成年人有求偿权,未成年人应以其特有财产及其他因劳力或有偿取得之财产负其责任,自不待言。

五、未成年人之债务不履行与法定代理人之责任

(一) 概说

未成年人参与社会活动,除不法侵害他人权利,已详上述外,尚会发生无因管理(救助昏迷于途之人)、不当得利(基于不成立之赠与契约受

领机车)。惟在交易上最为重要者,当属契约关系。试举一例说明之:16岁之甲于中学毕业后,经其父乙同意,受雇于工厂3年,积蓄10万元,购置必要物品,其父并赠以机车1部,经营水电行。某次甲承包丙之水电工程,因装设电线具有缺陷肇致失火,丙之房屋部分毁损,损失15万元。于此情形,发生两项学说上甚有争执之问题:

(1)债权人丙得否向债务人(未成年人)甲请求损害赔偿?债务人应以何种财产负责任?

(2)债权人丙得否向债务人甲之法定代理人乙,请求依债务不履行之规定负损害赔偿责任?

(二)未成年人之责任

第221条规定:"债务人为无行为能力人或限制行为能力人者,其责任依第187条之规定定之。"依此规定,债务人须有识别能力始对其债务不履行负其责任。债务人无识别能力者,应负衡平责任。就上举未成年人甲经营水电行之例而言,因其具有识别能力,故应就其因不完全给付对债权人丙负损害赔偿责任。甲所有之机车为其父所赠与,依第1087条规定,应属甲之特有财产,丙可对之强制执行,固无问题。甲因其劳力或营业所取得之财产,依吾人见解,亦归其私有,故亦应对债权人丙负其责任。

(三)法定代理人之责任

未成年人应负债务不履行责任时,其法定代理人应否依第187条规定连带负损害赔偿责任,或于未成年人无识别能力时,单独负损害赔偿责任?此为民法理论上重要争论问题之一,事涉第221条规定之解释。学者采肯定说者,颇有其人,至其理由,以郑玉波先生之说明,最称详尽,其基本论点有二:① 自第221条规定之文义以言,所谓责任,并非指无行为能力人或限制行为能力人自己之责任能力问题而言,乃指此等人债务不履行之责任应如何负担而言。若谓适用该条之目的,仅在决定无行为能力人或限制行为能力人自己责任能力有无之问题,而与法定代理人责任问题无关,则尽可于第221条规定为:"债务人为无行为能力人或限制行为能力人者,以行为时有识别能力为限,就故意或过失负其责任。"如此岂不更为简单明了,何必特别绕道于第187条耶?可见其别有用意,旨在使法定代理人亦负其责任。② 自理论言之,债务不履行既系侵害债权,而为侵权行为之一种,则法律对于债权受侵害之保护,不应逊于其他权利,况无行为能力人或限制行为能力人之负担债务,多由于法定代理人之代理或经其同意而来,则法定代理人既经手于前,自应善处于后。加以无行为能力人或限制行为能力人所以酿成债务不履行之结果者,亦多由法定代理人之监督疏懈所致。故法律不能不于此范围内,课法定代理人以责任。①

依本文见解,法定代理人对未成年人债务不履行,不必负责,其理由有四:

其一,自文义而言,第221条所称"其责任",依前后文义而言,似系指无行为能力人或限制行为能力人本身之责任而言,惟此一文义解释为乃指此等人债务不履行之责任应如何分担而言,亦非全无所据。此项文义之不确定性,须再进一步依其他法律解释之方法确定之。

其二,自法律体系而言,第220条至第224条所规定者系债务不履行之归责问题,第221条介乎其间,立法意旨似在于规律无行为能力人或限制行为能力人之归责能力问题,而其所以准用第187条规定,似在以识别能力为债务不履行归责能力。然则,立法者为何不于第221条尽设规定为"债务人为无行为能力人或限制行为能力人者,以行为时有识别能力者为限,就故意或过失负其责任。"何以特别绕道于第187条?关于此项问题,或能从立法史寻得答案。

其三,自立法史而言,民律第一草案第357条规定:"Ⅰ.债务人于法令或法律行为无特别订定者,因故意或过失致不能给付时,应任其责。Ⅱ.债务人若怠于交易上必要之注意,即为有过失之债务人。Ⅲ.关于侵权行为之责任能力规定,于前二项情形适用之。"立法理由书略谓:"债务人因故意或过失致不能履行其债务者,应使任损害赔偿之责,其不履行之责任能力,应以侵权行为之责任能力为准,此本条所由设也。"②民律第二草案第308条基本上采取同一规定:"Ⅰ.债务人关于债之关系,就自己故意或过失之行为应负其责任。但别有法令或法律行为可据者,不在此限。Ⅱ.怠于为交易上必要之注意者,为有过失。Ⅲ.有关侵权行为责任

① 参见郑玉波:《民法债编总论》,第271页。

② 《民法制定史料汇编》(上册),第398页。

能力之规定，于前二项情形适用之。”[①]惟应注意的是，民律第一草案（第945条至第977条）及第二草案（第246条至第272条）关于侵权行为之责任能力，并未设有明文。迨现行“民法”，始于第187条规定：“无行为能力人或限制行为能力人不法侵害他人权利者，以行为时有识别能力为限，与其法定代理人连带负损害赔偿责任。”而于第221条规定：“债务人为无行为能力人或限制行为能力人者，其责任依第187条之规定定之。”就上述民律第二草案规定观之，本条所规律者似为债务不履行责任能力之问题。

其四，就规范目的而言，据上所述，就第221条之法律文义、法律体系及立法史而言，实倾向于肯定法定代理人无须对未成年人债务不履行负其责任。此项初步的肯定，可依法律规范目的而确定之。债之关系为特定人间之法律关系，债权人仅得向债务人请求给付，于债务不履行时，亦仅得向债务人主张其权利。如其适用第187条之规定，债务人有识别能力者，使法定代理人负连带责任，无识别能力者，由法定代理人单独负责，则诚如王伯琦教授所云，无异将债权之效力扩张及于债务人以外之法定代理人，是非特与债权之性质不洽，且亦不免过惠于债权人也。[②] 未成年人之负担债务，固多由于法定代理人之代理或经其同意而来，但此似尚不足作为法定代理人应对未成年人债务不履行负责之理由；盖法定代理制度，旨在保护未成年人，并未含有担保未成年人债务履行之思想也。申言之，与未成年人从事法律交易，尤其是订立契约之相对人，其所应信赖者，系契约相对人之给付能力，从而亦自应承担未成年人债务不履行之危险性。所应注意的是，倘未成年人因其债务不履行同时不法侵害债权人之权利者，则法定代理人应依第187条负担损害赔偿责任，自不待言。

六、结　　论

赵凤喈先生曾谓，自北伐完成后之立法事业，辄有左右为难之势，常立于新旧夹攻之间，此于亲属法尤为显著。[③] 关于未成年子女财产之规

① 《民法制定史料汇编》（下册），第141页。
② 参见王伯琦：《民法债编总论》，第157页。
③ 参见赵凤喈：《民法亲属论》，序言。

定，即其著例。以往法制认为子女不得有私财，现行法仿近代之立法例，一方面承认子女因继承、赠与或其他无偿取得之财产为其特有财产；另一方面又明定父母对于此项财产除有管理用益权外，尚得为子女之利益处分之。此项具有浓厚过渡性法律之解释适用，具有两点重大疑义：① 未成年人因劳力或其他有偿取得之财产，是否归其私有。关于此点，判例学说超越法律而造法，加以肯定，不但有助于促进未成年子女经济自主及人格独立，而且扩大其责任财产，对于保护相对人之利益及交易安全亦有裨益，固值赞同，但因欠缺直接法律依据，适用之际，难免疑虑。② 父母非为未成年子女利益而处分其特有财产之效力。关于此点，"最高法院"数十年判决，造成紊乱之法律状态，不利法律生活。

判例学说于阐释法律疑义及填补法律漏洞，虽有贡献，但关于制度根本改革，容有未逮。因此，欲图彻底解决上述问题，必须修改"民法"，至于修改要点，应提出参考者有二：

其一，扩大未成年人财产之范围，除特有财产外，其因劳力或其他有偿取得之财产，应归未成年人私有。就"民法"修改而言，第 1087 条之规定，应予删除，又第 1088 条之所谓"特有财产"中"特有"二字应予以删除，以资概括。

其二，父母对于未成年子女之财产，有管理、使用、收益之权，虽无问题，但是否有处分权（参阅《日本民法》第 824 条），尚值研究。若承认父母有处分权，则似应参酌德国民法（参阅《德国民法》第 1082 条以下规定）明定父母之处分，原则上应得亲属会议或家事法庭之允许，期能兼顾未成年子女利益及交易之安全。

数年来"民法"修改工作，卓著绩效，惟未将未成年人财产问题列为修改要点，无视于半世纪来之社会变迁，不能无憾。各界人士对于表兄妹应否禁止结婚，反复讨论，不厌其详，对于事关重大之未成年人财产问题，未能表示意见，实有轻重倒置之嫌。论者或有认为父母子女为天伦之亲，可不必锱铢必较。惟父母与子女既为独立之人格，关于其权利义务关系自应设周密合理之规定，俾能达到对内避免纠纷，对外保护第三人利益及交易安全之目的。目前亲属篇之修改，尚未定稿，倘能对未成年子女之财产问题，再为慎重考虑，妥为斟酌，造福家庭社会，当非浅鲜！

产品责任现况之检讨及其发展趋势*

一、问题之说明

劳动灾害、汽车事故及商品具有缺陷(瑕疵)是现代工业社会的主要意外灾害。关于劳动灾害,由于劳工补偿制度之建立,基本上已获得妥善之解决。关于汽车事故,大多数国家已采取强制责任保险制度,少数国家更将之纳入社会安全制度下,已有适当之对策。至于产品缺陷肇致损害,于20世纪30年代开始受到重视,自60年代以来已演变成为严重之社会问题。沙利窦迈度事件(孕妇服用安眠镇静剂造成畸形胎儿),受害者遍及全球;米糠油含有毒性之多氯联苯,肇致严重皮肤病,为害本省中南部,受害者多达千人,为其显著之例。

商品具有缺陷,肇致损害,例如猪肉含有传染病,食者中毒;马车制造不良,乘者翻车受伤,自古有之。在今日所以成为举世关切之重大问题,推究其故,计有二端:一为科学之进步;另一为消费者保护之思想。兹分别说明之。

(一) 科技之进步

由于工艺技术之进步及产销之企业化,在现代大众消费社会,商品具有五项特色:① 商品制造之技术化:商品系高度专门技艺之产物,是否具有缺陷,事先检查,固不易发现;损害发生后,制造者对缺陷之发生是否具有过失,亦难证明。② 商品功能之复杂化:商品种类繁多,构造复杂,功能不同,非有制造者之说明或指示,常不能为完全之使用。③ 商品产销之多层化:

---

* 本文原载《品质管制月刊》第16卷第8期(1980年8月),第11页。

制造者自设门市直接销售商品,日益减少。通常是经由批发、零售等多层产销过程,始达到消费者之手中。④ 商品之广告化:推销商多由制造者或进口商,利用大众传播工具,直接诉诸消费大众,引起消费者购买意愿。⑤ 商品之国际化:由于交通便捷,国际贸易发达,商品已行销全球各地。

(二) 消费者保护之思想

消费者保护,系 20 世纪 60 年代新兴之社会运动,并以消费者安全为其基本课题。[①] 美国肯尼迪总统于 1962 年 3 月 15 日向国会提出消费者保护国情咨文(Special Message to the Congress on Protecting the Consumer Interest),明白肯定"消费者安全"系消费者基本权利(The right to safety)。消费者安全所以特受注意,主要由于商品具有缺陷造成损害之事例,层出不穷,广泛而严重。例如:汽水瓶之爆破、电视机辐射线超过法定标准、食品中渗入防腐剂、伪药劣药等皆严重威胁消费者之生命健康。

商品具有缺陷,肇致损害,为现代大量消费社会之主要问题,已如上述,如何加以规律,实值研究。本文旨在以最近"最高法院"之判决为基础,分析检讨台湾地区产品责任之现况,并参酌有关立法例观察产品责任未来之发展趋势。此项研究之目的有三:① 使企业者知其责任之所在,可采取适当措施,以资因应。② 使法院了解产品责任问题之所在,可于解释适用法律之际,有意识地形成产品责任判例法。③ 促使当局行政机关重视产品缺陷之问题,能在行政上及立法上速谋对策,以保护消费者之利益。

二、产品责任之现况

(一) 基本法律关系

商品因具有瑕疵(缺陷),肇致损害,牵涉甚广,法律关系甚为复杂。为便于观察,兹以买卖为例,先行图示如下:

---

① 关于消费者保护之基本问题,请参见《消费者保护之研究报告》(郑玉波教授主持),载《研究发展丛刊》(一),第 148 页,1977 年 9 月;周宇:《消费者保护之研究》,1975 年;阿部喜三:《消费者问题入门》,昭和 47 年;正田彬:《消费者の权利》,昭和 47 年;《特集消费者保护》,ジュリスト475 号,昭和 48 年;Eike von Hippel, Verbraucherschutz, 2. Aufl. 1979; Harvey, The Law of Consumer Protection and Fair Trading, 1978.

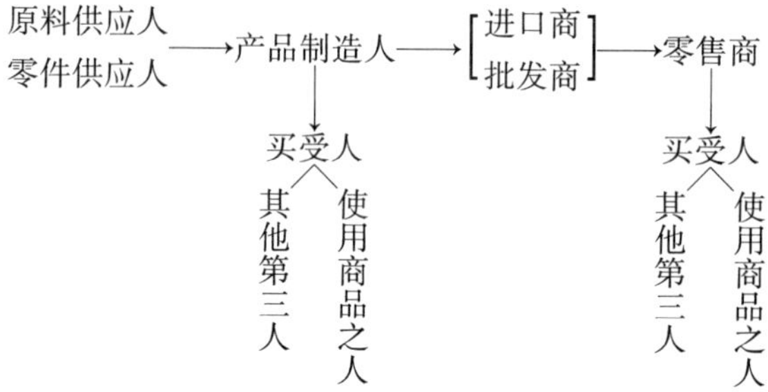

上面图示,可从两方面加以观察:

1. 就当事人言

在产销方面,有原料或零件供应人、商品制造人、进口商、批发商及零售商;在消费者方面,有买受人、使用商品之人(例如买受人之家属使用购买的汽车),及其他第三人(例如被汽车撞伤之人)。关于商品瑕疵肇致损害所发生之民事责任,在法制发展初期及实务上,虽多以商品制造人为主体而讨论,但目前已逐渐扩大其范围,泛指遭受损害之消费者(包括买受人、使用人及第三人)对于产销者(包括原料零件供应人、制造人、进口商、批发商及零售商)得依法请求损害赔偿之法律关系。在英美法上有称为 Manufacturer's Liability,但多称为 Products Liability。在德国称为 Produktenhaftung(Warenhaftung)或 Produzentenhaftung(Haftung des Warenherstellers)。在日本,则以称"制造物责任"最为普遍。其在台湾地区,有称为商品制造人责任(或商品制作人责任),有称为产品责任,有称为制品责任。[①] 概念用语虽有差异,但所讨论之内容,基本上并无差异。为配合最近开办之产品责任保险,本文特采用"产品责任",以期统一,惟为行文方便,责任主体为商品制造人时,仍称为商品制造人或商品制造人责任,敬请注意。

① 参见王祖宠:《商品制造者责任论》(上),载《法学丛刊》第 60 期(1975 年 4 月),第 20 页;拙著:《商品制造人责任》,载《民法学说与判例研究》(第一册),北京大学出版社 2009 年版,第 172 页;黄越钦:《从消费者保护法探讨商品制造人责任》,载《政治大学学报》第 39 期,第 167 页;梁满潮:《各国对于制品责任之见解》,载《台湾经济金融月刊》第 13 卷第 6 期(1977 年 6 月),第 53 页;林琼辉:《商品制造人责任研究》,文化学院 1979 年硕士论文,资料甚为丰富,可资参考;朱柏松:《日本商品制造人责任论》(一),载《法学丛刊》第 99 期(1970 年 9 月),本文内容充实,堪称佳作。

2. 就请求权之基础言

产品责任之法律关系,可别为两类:一为遭受损害之消费者与产销者(尤其是零售商及制造人)具有契约关系;另一为遭受损害之消费者与产销者不具有契约关系。当事人间具有契约关系,被害人得主张契约上之请求权。惟不论被害人与商品制造、销售过程之任何人是否具有契约关系,均得依侵权行为法之规定,请求损害赔偿,依其情形并可发生契约上请求权与侵权行为请求权竞合之问题。

(二) 1974 年台上字第 806 号判决(汽水瓶误装毒性碱液案件)之分析①

1. 事实及判决理由

关于现行法上产品责任之现况,1974 年台上字第 806 号判决一案,最称典型,可作为讨论之基础。

按有原告张钱妹起诉主张,伊于 1970 年 10 月 8 日下午,向被告邱钦海开设之欲成商店之受雇人邱刘梅英购买三馨食品有限公司产制之七星汽水,饮用一口,即发生口腔、咽喉、食道、胃肠发炎、出血,腹部烧热,便血及头昏,虽经诊治,迄未痊愈,因认邱钦海、邱刘梅英疏于注意,而将含有毒性之强碱性液体与其他合格之汽水并排于待售之货架上,出售于伊饮用,致生损害,应连带负损害赔偿之责。七星汽水系三馨食品股份有限公司之产品,竟疏于注意将含有强碱性之毒液盛装于七星汽水之玻璃瓶,加以封盖,并贴上七星汽水之标志,转配由邱钦海出售于伊饮用,致受伤害,亦应负损害赔偿之责。

在本案,第一审法院判决采取两项基本论点:① 原告既因饮用被告公司出品含有毒质之原装汽水而受伤,虽谓无过失,该被告自应负赔偿之责任;② 被告邱钦海系欲成商店之负责人,因其雇用人邱刘梅英疏于注意,将微带黄色、含有小浮游物之七星汽水(稍加注意即可判别好坏)出售于原告饮用,致使原告受伤,依第 188 条第 1 项前段之规定,自应与邱刘梅英连带负损害赔偿责任。

第二审法院一方面认为零售商并无过失不负侵权责任,另一方面则

① 本件判决似未正式公布,全文参见林荣耀:《食品企业之民事责任》,载《法学丛刊》第 83 期(1977 年 9 月),第 73 页。

认为制造人应依第188条规定负侵权责任:“欲成商店经销七星汽水,为三馨公司不争之事实。邱钦海系自陈列之货架上取下七星汽水一瓶,经邱刘梅英打开后饮用。瓶上既贴有七星汽水标签,与其他汽水同列,堪认为三馨公司出品,虽然其中所装者并非汽水,其余陈列之七星汽水则属真正汽水,亦堪认定三馨公司在制造汽水过程中,并无过失,但在包装过程中,显将装有强性碱液之汽水瓶,贴以七星汽水标签,误予出厂贩卖。对于张钱妹所受伤害,应认系三馨公司之职员出于过失行为所致。张钱妹请求三馨公司赔偿,自属有理。”

“最高法院”亦判决原告胜诉,其判决理由至为简洁,略谓:“三馨公司以产制汽水为业,于包装时竟不注意,将七星汽水标签,误贴于上述毒性之汽水瓶上,以汽水贩卖,对张钱妹所受上开损害,自应如数赔偿。”至其根据之法条,虽未明白指出,但查其文义,似系依第184条第1项前段,采过失责任主义。

2. 被害人在契约关系上之请求权

(1) 零售商(出卖人)之责任

在前开“汽水瓶误装毒性碱液”一案中,被害人与零售商虽具有买卖关系,但并未主张契约上之权利,故法院未能对此表示其见解。出卖人对买受人应负之契约上责任有二:一为物之瑕疵担保责任;另一为不完全给付之责任。兹分别说明之。

其一,物之瑕疵担保责任。

出卖人对于买受人应担保其物依第373条之规定危险移转于买受人时,无灭失或减少其价值之瑕疵,亦无减少其通常效用或契约预定效用之瑕疵。但减少之程度,无关重要者,不在此限(第354条)。出卖人应负物之瑕疵担保责任时,买受人得解除契约(解约)或请求减少价金(减价)(第359条)。于种类买卖,买受人尚得请求另行交付无瑕疵之物(第364条)。依诸此规定,出卖之汽水含有毒性碱液,具有灭失其价值之瑕疵,买受人得解除契约或请求减少价金。汽水买卖,通常系以种类指示,故买受人得不解除契约而请求另行交付无瑕疵物。出卖人就该另行交付之物,仍负担保责任。惟应注意的是,依第360条规定,买卖之物,缺少出卖人所保证之品质者,买受人得不解除契约或请求减少价金,而请求不履行之损害赔偿。出卖人故意不告知其瑕疵者,亦同。在现代交易,买卖标的物多属原装,是否具有瑕疵,难以知悉,故零售商故意不告知其瑕疵者,甚为罕见。至于零售商宣扬其出卖物特色,夸大称赞其物之优点,通常系属交易上吹嘘,尚不得据此而认为就该品质,负有担保之意思。因此,就零售商而言,第360条甚少有适用之机会。

其二,不完全给付。

债务人不依债之本旨,提出给付,违反了契约上之义务,致债权人遭受损害者,被害人得以不完全给付为理由,请求损害赔偿(参阅第227条)。不完全给付,依其类型,有为不良给付者,例如米糠油含有多氯联苯;有为违反契约上之说明、保护、通知等附随义务,例如对于药物使用方法或副作用未为说明。出卖之汽水瓶误装毒质碱液,亦属不完全给付,买受人就其身体健康所受之损害,得否向出卖人请求损害赔偿,端视出卖人是否具有可归责之事由而定。出卖人非系商品制造人者,对于买卖标的物(尤其是原装或复杂精细之物品)并无特别检查之义务。因此,若已尽通常注意义务,仍不能发现其物之瑕疵时,对其不完全给付,即无可归责之事由,无须负债务不履行之责任。①

(2) 批发商及进口商之责任

被害人与批发商或进口商具有买卖契约关系者,固有上述契约上之请求权,但通常消费者与批发商或进口商之间并无契约关系,故原则上亦无主张契约上权利之余地。

(3) 制造人之责任

因商品具有瑕疵而遭受损害之消费者,与商品制造人间通常无买卖契约关系,因而亦无从主张契约上之请求权。惟可注意的是,厂商制造商品,经由销售系统而行销各地,商品附有商标或商号,制造厂商并多作有宣传广告,一般消费者购买产品亦多基于对商标之信赖或受广告之影响。基此事实,学者有认为,商品制造人对消费者作有担保商品品质之表示,从而在当事人间成立担保契约,因此商品制造人就消费者因商品瑕疵所受之损害,应负赔偿责任。此项理论,在某种程度虽可达到保护消费者之目的,但就法律解释适用之观点以言,则不无勉强之处。盖对商品附以商标或作有广告,是否即可据此而认为制造人有担保品质之意思表示,诚有疑问。纵可认定制造人具有担保之意思,是否即以损害赔偿为内容,亦难断言。惟应注意的是,倘商品制造人于商品中附有保证书,或间接由零售

① 关于不完全给付之基本理论,参见本书所载《不完全给付之基本理论》一文,第48页。

商将该保证书交付给买受人时,则依其情形,得例外地认为商品制造人对买受人,保证负其责任。至其保证责任范围,应依解释契约之方法定之,自不待言。

3. 被害人之侵权行为损害赔偿请求权

第184条第1项规定:"因故意或过失,不法侵害他人之权利者,负损害赔偿责任。故意以悖于善良风俗之方法,加损害于他人者,亦同。"其第2项规定:"违反保护他人之法律者,推定其有过失。"此为侵权行为之一般规定,可分为三个类型:① 权利之侵害,即因故意或过失,不法侵害他人之权利。② 善良风俗之违背,即故意以违背善良风俗之方法,加损害于他人。③ 保护法规之违反,即违反以保护他人为目的之法律。[①] 就产品责任言,以"权利侵害"及"违反保护他人法规"两种侵权类型最为重要。

侵权行为之构成应具备下列一般要件:① 须有加害行为;② 侵害法律所保护之权利或利益;③ 须有损害;④ 加害行为与损害之间须有相当因果关系(通说);⑤ 行为须不法;⑥ 行为人须有责任能力(识别能力);⑦ 须有故意过失。关于诸此侵权行为基本构成要件,一般教科书论述甚详,可供参考,在此不拟详述。以下仅就关于产品责任之特殊问题,分就零售商、批发商、进口商及制造人之责任说明之。

(1) 零售商之侵权责任

在"汽水瓶误装毒性碱液"一案,初审法院认为零售商因其受雇人疏于注意,将微带黄色、含有小浮游物之七星汽水(稍加注意即可判别好坏)出售于买受人饮用,致使原告受伤,依第184条及第188条第1项之规定,应连带负损害赔偿责任。第二审法院则认为零售商并无过失,无须负责。由此可知零售商就产品缺陷所生之损害,应否负赔偿责任,端视其是否已尽交易上必要注意而定。至其注意程度,则依商品之性质、种类、制造厂商之信用及检查可能性而有不同。商品系属原装,且为信用卓著厂商出口,原则上零售商无特别注意、检查义务;反之,商品非属原装,或虽为原装,但制造厂商不明或经常因具有缺陷肇致损害者,零售商负有从事必要可能之检查义务。

---

① 关于第184条第2项之规范功能,参见拙著:《违反保护他人法律之侵权责任》,载《民法学说与判例研究》(第二册),北京大学出版社2009年版,第130页。

(2) 批发商之侵权责任

批发商对于其所批发商品因具有缺陷而肇致之损害,应否负责,亦视其是否已尽交易上注意而定。批发商明知或可得而知商品具有缺陷,仍使其流通者,违反交易安全注意义务,应构成侵权行为,对被害人应负损害赔偿责任。

(3) 进口商之侵权责任

进口商是否负侵权责任,亦视其是否已尽交易上必要注意而定。进口商无过失不必负责时,消费者仅得向制造厂商请求损害赔偿,但此涉及复杂之国际私法问题。为此,1972 年第 12 届海牙国际私法会议特研拟产品责任适用公约草案[①],以资规律。惟无论如何,被害人向厂商请求损害赔偿,终非易事。为保护消费者利益,最近欧洲共同市场所提出之产品责任法草案[②],特明定进口商应与制造者负同一责任(无过失责任),实值参考。

(4) 制造人之侵权责任

制造人就其所制造具有缺陷之商品,一方面须向进口商、批发商或零售商负责(主要是契约责任),另一方面更须就消费者所受之损害,负损害赔偿责任(主要是侵权责任)。因此,制造人责任在某种意义上,可谓是产品责任之"焦点"或终局的负责主体,在实务上最为重要。

制造人产制商品,将其流入市场成为交易或消费客体时,负有交易安全注意义务,应使产品具有消费者可期待之安全性,产品不具消费者可期待之安全性者,即具有缺陷(或瑕疵)。产品之缺陷可归为三类:① 设计上之缺陷:因设计之错误致一系列之产品,均具有缺陷。② 制造上之缺陷:产品之设计虽无错误,但在生产制造及品质管制过程中,产生具有缺陷之脱线产品。③ 制造人对商品之特殊性质及使用方法未为适当之指示、警告或说明,致消费者于使用之际遭受损害。商品制造人对于此三项

---

① 参见刘铁铮:《论商品制作人责任之准据法》,载《政大法律评论》第 10 期,第 101 页以下。

② EEC Diaft Directive relating to the Approximation of the Laws, Regulations and Administrattive Provisions of the Member States concerning Liability for defective Products(Presented by the Commission to the Council on September 1976, Bulletin of the European Communities, Supplement 11/70). 全文参见 Miller and Lovell, Products Liability(London, Butterworth 1977), p. 363;中文资料参见林琼辉,前揭文,附录一。

缺陷之发生具有过失者,均应负责。至于产品之制造确已符合当时科技工艺水准,并经适当之管制检验,但仍然具有不能预见之缺陷者,依“侵权行为法”之规定尚不构成侵权行为。被害人向商品制造人依“侵权行为法”之规定请求损害赔偿时,依举证责任之分配原则,必须证明:① 权利遭受损害;② 权利系因产品具有缺陷而遭受侵害;③ 制造人对缺陷之发生,具有故意或过失。在“汽水瓶误装毒质碱液”一案,制造人具有过失,甚为明显,尚不发生举证之困难。

惟应注意的是,依第 184 条第 2 项规定,违反保护他人之法律者,推定其有过失。此项举证责任倒置之规定,对于消费者之保护,至为有利。所谓保护他人之法律者,系指任何以保护个人或特定范围之人的利益为目的之法律。当局近年来关于食品、药物、农药及化妆品等设有特别法,其目的在于维护民众健康、保护消费者利益,故诸此特别法均属保护他人之法律。因此,例如:食品制造未符合卫生标准(“食品卫生管理法”第 9 条);药物成分与经核准者不符(“药物药商管理法”第 8 条);成品农药未标示使用方法及使用范围(“农药管理法施行法”第 24 条);制造化妆品含有法定化妆品色素以外之色素(“化妆品卫生管理条例”第 18 条),消费者因而受损害者,制造人非证明其无过失,不能免责。

(三) 产品责任保险

“产品责任”成为一种重要特殊侵权行为之后,为使责任主体能够分散危险,并保障被害人之利益及社会大众之安全,产品责任保险制度之建立,实为必要。为此,当局特于 1979 年 5 月间核准开办“产品责任保险”。由于产品责任保险与产品责任之发展具有相互影响之关系,兹依据台湾地区保险公司目前使用之产品责任保险基本条款(以下简称基本条款),及产品责任保险承保办法(以下简称办法),述其要点如下,用供参考。

(1) 承保对象分为两类,甲类:生产者、制造者、装配者、加工厂商及进口商。乙类:批发商、经销商、零售商(办法第 2 条)。

(2) 承保产品种类,暂以产品责任保险承保办法基本保险费率所列 14 种产品,并经有关检验机构检验合格之各类商品为限。凡拟承保表列以外其他产品,应逐案报经产险公会核定费率并报请“财政部”备案(办法第 3 条,并参阅基本条款第 6 条第 1 款)。

(3) 就承保范围言,被保险产品之缺陷在保险期内发生意外事故,致第三人身体受有伤害或第三人财物受有损失，依法应由被保险人负损害赔偿责任者，被保险人受请求时，保险公司依其保险单对于被保险人负赔偿之责（基本条款第1条）。

（4）被保险产品之缺陷，系指被保险产品之瑕疵或缺点，或具有不可预料之伤害或毒害性质，或因被保险人之疏忽而供应错误之产品，足以导致身体伤害或财物损失者（基本条款第2条）。

（5）关于不保事项，基本条款第5条列有12项，即：① 被保险人以契约或协议所承受之赔偿责任。但即使无该项契约或协议存在，亦应由被保险人负赔偿责任者不在此限。② 被保险人于意外事故发生前以契约或协议向依法应负赔偿责任之人抛弃追偿权，因而不能追偿之损失金额。③ 被保险产品因设计、制造程式、规格错误或使用说明不当所发生之赔偿责任。④ 被保险产品尚未离开被保险人之经营业务处所，或虽已离开其处所，但该产品尚在被保险人或其代理人或受雇人之控制或管理时，所发生之赔偿责任。⑤ 被保险产品已被发现缺陷或有缺陷之可疑，为检查、修理或替换该产品所发生之任何费用；或为收回该产品所需退还之价款及所发生之任何费用。⑥ 被保险人或其代理人或受雇人于出售或转移被保险产品之所有权于他人时，已知悉该产品已有缺陷，因而所发生之赔偿责任。⑦ 因被保险人或其代理人之重大过失、故意或违法行为所致之赔偿责任。⑧ 因被保险产品所致被保险人所有、管理或控制之财产之损失。⑨ 因被保险产品全部或一部分之缺陷而引起该产品本身全部或部分毁损或灭失。⑩ 被保险人之受雇人或与被保险人有服务契约关系之人，因执行职务致其身体受有伤害或其财物受有损失所发生之赔偿责任。⑪ 在本保险单“地区限制”栏所载地区以外所发生之赔偿责任。⑫ 直接或间接由下列原因所致之赔偿责任：战争、类似战争行为、叛乱、内战、强力霸占或被征用；罢工、暴动、民众骚扰；地震、台风、洪水及其他气象上之灾变；核子反应、核子辐射或放射性污染。

（6）基本保险金额：① 每一个人身体伤害保险金额新台币20万元。② 每一意外事故身体伤害之保险金额新台币40万元。③ 每一意外事故财产损失保险金额新台币10万元。④ 保险期内之累计保险金额新台币15万元。

上述产品责任保险自发售以来，要保者并不踊跃，且多以外销产品为主，其理由有二：一是现行产品责任保险单承保条件，过于严格；二是消费者因产品具有缺陷遭受损害时,或自甘忍受,或委曲和解,产品制造人或销售者既不负赔偿责任,自无须借产品责任保险来分散其可能负担之危险。

近年来当局为保障机车骑士之生命安全,积极劝导机车骑士佩戴安全帽。相关部门为配合此项运动,最近正推动生产机车安全帽之厂商投保"安全帽商品责任险"。根据报道,此项拟议中之"安全帽商品责任险",应于安全帽出厂时办理,保险费由厂商负责交付。驾车人于实施日期起买正字标记安全帽,凡正确戴用时驾车发生事故而致脑震荡死亡者,可获新台币10万元的保险给付。此项拟议中之商品责任险采无过失保险,给付金额虽嫌微少,但用意至佳,诚值重视。

三、产品责任现况之检讨

(一)侵权责任是产品责任之重点

据上所述,关于产品责任,被害人所能请求损害赔偿之主要法律依据有二:一为契约责任;另一为侵权责任。契约责任之优点在于法律鉴于当事人间有特别信赖关系,对于债权人(被害人)之保护,较为周到。例如,出卖人就买卖标的物之瑕疵,应负担保责任(无过失责任),于不完全给付(加害给付)之情形,债务人就其履行辅助人之故意过失,应与自己之故意过失负同一责任(参阅第224条),而归责事由不存在,并应由债务人负举证责任。其主要之缺点在于契约责任以当事人间具有契约关系为前提,因此除买受人得对出卖人(通常为零售商)依契约关系主张其权利外,其他被害人仅得依"侵权行为法"之规定请求损害赔偿。在1974年台上字第806号"汽水瓶误装毒性碱液"一案,被害人对零售商及制造人均依"侵权行为法"之规定主张其权利。由是可知,关于产品责任系以"侵权行为法"为其主要依据,从而关于产品责任之研究及改进,原则上亦应以侵权责任为其重点。

(二)举证责任之问题

现行"侵权行为法"采过失责任主义,而且被害人对于加害人之故意或过失,应负举证责任。在"汽水瓶误装毒性碱液"一案,制造人具有过失,甚为明显,尚不发生举证困难。惟在一般情形,商品之制造系属专门技术,品质管制又属企业内部组织事项,被害人置身其外,证明制造人之过失,诚为不易,纵若可能,其所耗费之时间及金钱,亦甚可观。因此举证责任将是产品责任诉讼上之基本问题。

(三) 诉讼外解决之两种模式

在英、美、德、法等国,产品责任之发展,多赖法院之判决。在日本,法院之判决亦逐渐担负积极重要任务。在台湾地区,关于产品责任之诉讼极为少见,其堪称典型者,惟1974年台上字第806号“汽水瓶误装毒性碱液”一案而已。然而产品具有缺陷肇致损害,时有所闻,其在诉讼外解决之道,计有两个基本模式:一为被害人自甘忍受;另一为和解。此两种模式不但在法社会学上深具意义,而且与产品责任之发展,具有密切之关系。兹各举实例说明如下:

1. 被害人自甘承受损害(黑松汽水爆炸案件)

1978年9月15日《自立晚报》曾有如下之报道:“(景美讯)两岁的幼童宁致远,前天在触摸一瓶黑松汽水时,瓶体突然爆炸,碎片割伤了他的脸和手。宁致远是于13日下午到台北市罗斯福路6段455巷3弄2号他外公周老先生家玩,因为吵着要吃冰,周老先生就出去买了一瓶小瓶的黑松汽水,准备给外孙饮用。此时正好有人来问路,周老先生把汽水摆在茶几上,到门口应答。才讲完话转身回客厅,宁致远已伸出双手去摸汽水瓶。‘砰’地一声,瓶体爆炸了,泡沫、碎片撒了一地。宁致远的双手被刺伤,右眼眉心部位有一道裂口,送医缝了四针,宁致远的父亲不想对汽水厂提出控告或索偿的要求,只希望厂商能加强品质管制,不要再伤害到其他的消费者。”

2. 和解(美爽爽香水瓶爆炸案)①

成功大学工业设计系四年级学生曹敏文,于1976年12月间购买美爽爽香水,因香水瓶落地爆炸伤人,特致函美爽爽公司,略谓:“本人曾购买贵公司美爽爽喷气式香水一瓶,送与友人。不想于数日前,自桌面跌落地上,发生强力爆炸,使屋内众人之一受到严重割伤,现仍在医院。经在场众人一致协商后,议决向贵公司提出强烈抗议!希于收信后3日内派

---

① 参见1977年1月3日、1月24日《中华日报》。

员来处理赔偿事宜,否则立即依法提出告诉,以保护消费者利益。请于下周二(14 日)前与本人联络。"曹敏文第一次致函美爽爽公司后,未能获致协议解决争议,特二度致函,其全文为:"关于贵公司香水爆炸一事,贵方之处理态度似有失当之处:第一,贵方人员未站在解决问题立场,仅不断责怪当事人不应将瓶碰落。第二,贵方人员,避不见面,只以电话,讨价还价。第三,约定见面时间,迟到 1 小时,使证人等疲于奔命,无法坦诚地商讨。目前,我们的要求很简单:'负担全部医药费用'(目前为止之账单附上)。由于此位同学家境确实清寒,其姐甫受伤住院,现在他又遭此意外,全家顿陷窘境,其情实在堪怜。而此数日衣食杂费,已达数千元之巨。请贵方基于人道的立场,给予补助,将不胜感激之至。于此事件,并未有责怪贵方之意,故未要求赔偿其课业所受损失、生理之痛苦及心理精神之损失。如果贵方坚持不肯负担费用,而仅以数千元之数,心存敷衍,学生等无奈,当本诸事理,坚守立场,采取以下途径,决不善罢甘休:① 将事实公诸社会,求舆论同情及制裁;② 民事控告贵公司产品造成公共危险。我等甚愿将此事以不伤害双方利益之方式解决,如贵公司同意,请在本周六以前将医药费送至'成大工业设计系办公室'或交与'许泽民'同学(现在医院 519 病房)。否则,我等今后一切行动,如有影响贵方声誉,或不利之处,将概不负责。"成功大学工业设计系代主任曾东波,曾于信后作如次之附注:"该生在校品学兼优,家境确属清寒,深希贵公司体谅实情,负担全额医药费为祷。"

曹敏文除二次致函美爽爽公司外,并向消费协会申诉,请求帮助。该协会于 1977 年 1 月 3 日在《中华日报》刊载曹函。惟据美爽爽公司致《中华日报》函,该案医药费业已于 1976 年 12 月 28 日和解,其和解书全文为:"成功大学工业设计系学生许泽民,1976 年 12 月 3 日晚于宿舍,为美爽爽香水瓶爆炸伤及左小腿与额头,经与该化妆品公司联系,该公司愿负道义上之责任,而辅助该生于省立台南医院期间全部医药费,于 1976 年 12 月 28 日上午 10 时于工业设计系办公室将该款项 9000 元整由于震溪先生代表该公司交予许泽民同学,此后该生对此事决不再予追究。恐口说无凭,立此为证。"

消费者权利遭受侵害,不愿依法律途径寻求救济,崇尚忍认美德,息事宁人,固为主要原因,然现行诉讼制度程序复杂,耗时费钱,亦使一般民众视诉讼为畏途。不良厂商未受法律制裁,更是肆无忌惮。主张权利,系为法律而努力，为社会公道而奋斗，实为现代民众之道德上义务。因此如何一方面提高民众之权利意识，一方面简化诉讼程序，便于被害人主张其权利，实为当前之重要课题。

（四）法院之任务

台湾关于产品责任之诉讼甚少，前已论及，对产品责任法之发展，甚有妨碍。吾人并非鼓励诉讼，而是期望能经由判决而促进法律之进步。妥当的判决，就个案而言，能使被害人获得合理之救济；就整体而言，法律原则之确立，更可以加强被害人在诉讼外和解之谈判力量。

关于产品责任之发展，其有赖于判例者，首为建立"交易安全义务"之理论。所谓交易安全义务，系指开启危险来源者，负有采取必要措施防止危险之法律义务。就产品责任言，基于制造商品及使其流通之事实，产销者负有防范产品具有缺陷造成损害之义务。此项注意义务包括商品设计、商品制造（例如材料之选择、品质管理）、商品使用方法之告知以及商品流入市场后对其危险性之继续观察等。如何使诸此交易安全注意义务在个别案件上，加以具体化及类型化，实为各法院所应担负之责任。

举证责任问题之克服，系法院判决促进产品责任发展之第二个重要任务。英美法院系采取 res ipsaloquitur（事实说明自己法则）。德国最高法院（BGH）最初系适当应用证据法原则（尤其是 Anscheinbeweis，表面证据），其后则更进一步确认商品制造人应负举证责任："任何人依规定之方法，使用工业产品，因该产品制造上具有缺陷，致《德国民法》第 823 条第 1 项所保护之法益遭受损害者，制造者必须阐释肇致缺陷之事实过程，并证明其对于缺陷发生并无过失。"[①]德国最高法院在其判决理由中明白指出：制造人对于制造范围有概况认识，决定并组织制造程序及品质之控制，且由于企业规模庞大，组织多层化以及工艺、化学及生物的生产过程之复杂性，责令被害人证明肇致损害缺陷之原因，实为不可能之事。无法澄清之事由，既发生在商品制造人方面，则亦属于其危险范畴（Risikosphäre）。欠缺过失不能澄清之危险，应由商品制造人负担，始合事理。

倒置举证责任在台湾地区实务上亦值采取。换言之，商品制造人必须阐释缺陷如何发生以及证明其对于防止缺陷之发生，已尽必要之注意，

---

① BGHZ 51, 91.

始能免责。从法律学方法论而言,由法院创设此项新的举证责任原则,实有正当依据,其理由有三:① 使商品制造人负举证责任,旨在实践现行法上保护消费者之基本原则。② 使商品制造人负举证责任,符合现行法之价值判断。关于法定代理人责任(第187条)、雇用人责任(第188条)及动物占有人责任(第190条),均倒置举证责任,立法意旨系认为在诸此情形,损害原因之事实(例如雇用人对受雇人之选任、督导),系属内部事项,被害人难以证明。产品缺陷肇致损害,其情形相同,使制造者负举证责任,实属合理。③ 转换举证责任,可以适当规律商品制造人责任。在具体案件,法院得斟酌商品之危险性、制造者分散损害之能力等因素,决定商品制造人是否已尽其举证责任,从而在某种程度上,可以兼顾商品制造人与被害人之利益。

四、发展趋势——无过失责任制度之建立

(一)概说

1974年台上字第806号关于"汽水瓶误装毒性碱液"一案,一审法院在其判决中曾略谓:"原告既因饮用被告公司出品含有毒质之原装汽水而受伤,虽谓无过失,该被告自应负赔偿责任。"明白表示商品制造人责任应负无过失责任。由此一果敢明确之判决可知,承办推事已认识到商品制造人侵权责任之基本问题以及保护消费者之必要性。令人感到遗憾的是,其判决理由仅有一句话,即:"原告既因饮用被告公司含有毒质之原装汽水而受伤,虽谓无过失,该被告自应负赔偿责任。"商品制造人无过失侵权责任之确立,系法制上具有突破性之重大变革,判决理由,如斯简略,自难产生坚强之说服力,倘能够从社会政策、法律理论或比较法之观点,详尽论述商品制造人应负无过失侵权责任之理由,则无论此项见解是否会为"最高法院"所采取,其将成为一个具有历史意义之文献,似无疑问。

商品制造人无过失责任制度之建立,对于消费者之保护虽称周密,但台湾地区"侵权行为法"基本上系采过失责任主义,由法院创设无过失责任,与现行法之基本原则,似有违背。再者,无过失责任制度涉及之问题,至为广泛,亦非法院就个别事件所作之个别判决所能胜任。因此,无过失责任制度之创设,应属立法之问题。

（二）立法趋势

迄至目前为止，各国家和地区多依法官造法之方式，建立产品责任制度，其中以美国法院之活动，最称积极，于 1963 年在 Greenman v. Yuba Power Products Inc. 案，明确创设无过失责任以来，已成为各州共采之原则。最近数年，特别立法渐受重视，其主要者有欧洲共同市场（欧洲经济共同体）之《产品责任法草案》（EEC Directive on Products Liability）、英国法制委员会（The Law Commission）之《产品责任研究报告》及日本制造物责任研究会提出之《制造物责任法要纲试案》。此三者性质虽有不同，有为国际立法草案，有为国内立法建议，有为学者提出之立法草案（三者并论时，简称为立法草案），但具有一个共同点，即明定采取无过失侵权责任。关于各草案之内容，限于篇幅，在此不拟细加介绍，兹仅摘其要点，归纳说明如下[①]：

（1）责任主体。立法草案关于责任主体之规定，具有两个特色：① 除制造人外，尚包括零件或原料之制造人，将其姓名、商标或其他区别特征标示于具有缺陷产品之上而表示产品属其所有之人，以及产品输入者。② 零售商不包括在内，其主要理由，系因为其难对产品施以检查，以发现缺陷，而且资力较弱，不具有承担损害、分散危险之能力。

（2）产品种类。产品范围包括一切动产，系立法草案之共同规定。

（3）缺陷。关于产品之缺陷，立法草案具有两项特色：① 明定缺陷之定义。② 推定产品之缺陷于产品流入市场时既已存在。日本《制造物责任法要纲试案》第 6 条进而规定，推定产品缺陷与损害间具有因果关系。

（4）受保护之消费者。任何因产品缺陷而遭受损害之人均受保护，系立法草案之共同规定。

（5）受保护之法益。关于受保护之法益，立法草案均设有限制，除人身伤害及死亡系共同之规定外，欧洲共同市场《产品责任法草案》明定尚包括具有缺陷产品本身以外之财物在内。

（6）损害赔偿范围。欧洲共同市场《产品责任法草案》对损害赔偿范围设有最高赔偿额，并且不包括非财产上损害在内，但英国法制委员会

---

① 参见拙著：《产品责任特别立法之比较研究》，本书第 153 页。

《产品责任研究报告》及日本《制造物责任法要纲试案》均未设限制。

(7) 免责条款。立法草案均规定,其所设保护被害人之规定,不得依当事人特约排除或限制之。

(8) 时效期间。关于时效期间,依立法草案(或侵权行为法一般规定),原则上均自被害人知悉或可得而知损害、缺陷及制造人之时起算,惟应特别注意的是,欧洲共同市场《产品责任法草案》规定:"制造人之责任,自制造人使具有缺陷之产品流入市场该年之年终起算,经过10年而消灭,但被害人已对制造人起诉者,不在此限。"此项规定特殊,是否妥适,甚有争论。

就上述立法草案之内容综合观察之,可知系建立在两个基本原则之上,第一个原则是加强保护消费者利益,其要点有四:① 责任主体除制造人外,尚包括输入者及产品供应人(于商品制造人无从确定时)。② 关于产品缺陷,推定其于产品流通之际既已存在。③ 限制或排除制造人责任之条款无效。④ 产品之种类不加限制。第二个原则是适当限制产品责任主体之责任,其要点有三:① 受保护之法益限于人身伤害、死亡或缺陷产品本身以外之物。② 损害赔偿范围设有限制(但英国、日本草案均不设限制)。③ 被害人请求权之短期时效。

(三) 立法政策之检讨

关于产品责任,应否采取无过失责任,各国家和地区讨论甚烈。① 台湾学者赞成采取无过失产品责任者,颇有其人。此次"民法"修改亦将产品责任视为重点之一,似乎隐含有修正过失责任主义之倾向。关于无过失责任之建立,牵涉甚广,其所应考虑者,计有四点:

(1) 侵权行为法之体系。台湾地区"侵权行为法"系采过失责任主义,汽车事故、工业灾害、公权力之不当行使,同属现代社会之主要肇害事由,但目前均尚采取过失责任主义,产品责任何以须为独外,应有坚强之理由。

(2) 消费者保护之必要性。何种商品具有缺陷,经常肇致损害,其严重性如何?现行法上之救济是否充分(包括法院之判决及其发展之趋向)?诉讼外和解是否公平?诸此问题均应深入调查研究,以供立法参考。

---

① 最新资料,参见Luckes, Reform der Produktenhaftung, 1978.

(3) 商品制造人及其他责任主体之负担能力。企业之组织规模是否具有承担损害能力？分散损害(例如责任保险)之制度是否存在？损害赔偿责任及昂贵之保险费是否会威胁企业(尤其是中小企业)之生存？

(4) 社会经济利益。无过失产品责任之建立,对于消费者之保护,固有助益,但亦增加企业经营之成本,为期平衡,企业势必提高商品之价额。此种情势是否增加消费者之负担,并影响产品在国际上竞争能力,亦值考虑。

综据上述四点,吾人以为目前是否须仿照前述各产品责任立法草案,采取无过失责任制度,尚待审慎研究。纵使时机成熟,有采取无过失责任之必要,亦不宜设明文规定。因为无过失产品责任系一项复杂之制度,关于责任主体、产品范围、产品缺陷之定义、存在时期及举证责任、被保护消费者之范围、受保护之法益及赔偿范围、时效期间、免责条款等均须详予规定,非民法传统立法体例所能胜任。其次产品责任系现代工艺技术之产物,随着科技发展而变迁,民法系民事基本法,应力求安定,难以随时修改,以资适应。

无过失产品责任法一般制度之建立,虽有待审慎研究,但就特定产品,例如药物、食品,于相关法令(例如“药物药商管理法”或“食品卫生管理法”)增设规定,使制造人及进口商就该特定产品缺陷所生之损害,不论有无过失,应负赔偿责任,似有尽速研拟实施之必要。其理由有三:① 药物及食品为日常生活必需物品,是否具有缺陷,消费者难以查知,肇致损害,直接影响消费者之生命、健康。② 制造此类商品之企业,一般言之,尚具规模,具承担损害、分散危险之能力。③ 无过失责任之建立与责任保险具有密切关系,盖责任保险可以分散危险,不使损害集中一人或一企业,使其由社会大众共同分担,以达损害赔偿社会化之目的。1979 年 4 月 19 日订颁之产品责任承保办法,核准各保险公司自 1979 年 5 月 1 日起开办责任保险,前已论及,纵负无过失责任,亦有适当途径,分散危险。

药物及食品事关消费者生命、健康,在各国家和地区法制上特受重视,除加强其检验及管理制度外,于民事责任方面,在其他国家或地区立法例上亦有重大之突破。应特别说明的是,德国 1976 年 8 月 24 日新修正之《药物法》(Arzneimittelgesetz),规定制造人就药物所具之缺陷,应负一定最高界限额之危险责任(无过失责任)(eine durch Höchstsummen begrenzte Gefährdungshaftung)。又为保障被害人之请求权,德国新《药物法》并规定应由药物制造人出资设立补偿基金(Entschädungsfond),制造人对个别损害案件应负最高赔偿金额为50万马克(相当台币1000万元)或30万马克之年金,对系列损害(Serie Schäden)最高赔偿金额为2亿马克或1200万马克之年金。对此最高赔偿金额,药物制造人负有投保责任险之义务。自1978年起,瑞典亦明定药物制造人就药物损害应负无过失责任,制造人并应出资保险之。此项立法趋势,实值重视。①

五、结　　论

产品具有缺陷肇致损害,系现代工业消费社会之重要问题。为保护消费者利益,健全产品检验品质管理制度,期能防范于未然,固属重要;但确立产品责任,亦不可忽视,期能一方面使被害人得到适当之救济,另一方面亦促使商品产销者(尤其是商品制造人)采取更积极之措施,以提高产品之安全性,减少损害之发生。

产品责任,可分为契约责任及侵权责任。前者以当事人具有契约关系为前提,适用机会较少,规范功能较受限制;后者不论被害人与商品产销经营者是否具有契约关系,均得主张,适用机会较多,规范功能较大,系解决产品责任之主要依据。

台湾地区"侵权行为法"系采过失责任主义,是否足以保护被害人利益,在某种程度,有赖于法院之解释适用。此时,应注意者有二:一为建立商品产销经营者之交易安全注意义务之理论;另一为合理解决举证责任之问题,期能逐渐形成进步、合乎社会需要之产品责任判例法。

产品责任由过失责任演变为无过失责任,系各国家和地区法制之共同趋势。目前美国各州殆均已采行无过失责任制度,欧洲共同市场亦拟有草案,势将付诸实施。台湾于何时可采此制度,事关重大,固应斟酌现行侵权行为法之体系,消费者保护之必要性,商品产销经营者之负担能力,以及社会经济利益等因素,审慎决定之。惟药物与食品等商品,直接影响消费者之生命健康,有关主管机关应尽速研拟修订法律加强药物食品之管理制度,并研究考虑,使制造人或进口商负无过失责任,并以责任保险或赔偿基金配合之,以保障消费者之利益。

① 参见 Eike von Hippel, S. 58f.

产品责任特别立法之比较研究*

一、概　　说

（一）法制面临之共同课题

在现代工业消费社会，商品大量产制，行销各地，对于提高人民生活水准，贡献至巨。但在其他方面，或由于设计之错误，或由于制造过程中品质管理之疏懈，或由于制造人对商品功能及使用方法未为适当的说明，致商品具有缺陷，造成损害之事例，亦层出不穷。汽水瓶之爆破，电视机辐射线超过法定标准，食品中渗入防腐剂，药物中含有不利人体之因素，伤害人体健康，时有所闻，损害巨大，受害者众。沙利窦迈度（Thailomide）事件，即其著例。积极采取必要措施，确保商品安全，防范于先，固属重要，在损害发生后，适当保护被害人权益，亦不容忽视。如何建立合理赔偿制度，实为各国家和地区法制所面临之共同课题。①

因商品缺陷遭受损害之被害人，其所能主张损害赔偿之法律基础有二：一为契约责任；二为侵权责任。契约责任，须以当事人有契约关系为前提，例如，买受人对零售商得依契约关系主张其权利。惟不论被害人与商品制造销售过程之任何人是否具有契约关系，均得依侵权行为之规定，请求损害赔偿。契约责任之优点在于法律因鉴于当事人间具有特别信赖

---

* 本文原载《法学丛刊》第 90 期（1978 年 6 月），第 1 页。题目原为《商品制造人无过失侵权责任特别立法之比较研究》。

① 最近资料，参见 Schmidt/Salzer, Produkthaftung im franzoesischen, belgischen, deutschen, schweizerischen, englischen, kanadischen, us-amerikanischen Recht sowie in rechtspolitischer Sicht, 1975；王祖宠：《商品制造者责任论》（上）、（中）、（下），载《法学丛刊》第 60 期第 18 页，第 61 期第 94 页，第 62 期第 105 页。

关系,对于债权人(被害人)之保护较为周到。例如各国家和地区法律多规定出卖人就买卖标的物之缺陷应负担保责任;其主要之缺点在于当事人间须有契约关系,而免责条款之广泛使用,亦剥夺或减少了被害人请求损害赔偿之机会。

侵权责任之优点,在于被害人得向制造人或其他就肇致损害原因事实应负责之人,主张其权利,不必受契约关系之限制。就各国家和地区法制发展趋势言,多认为侵权行为法最适合于规律商品制造人责任。然而,侵权责任亦具有一项重要之缺点,即在采过失责任主义之国家和地区,被害人对商品制造人之过失,须负举证责任,不易获得赔偿。因此如何克服被害人举证责任之困难,乃成为各国法院之任务。在英国,Donoghue v. Stevenson(1992)一案[①],创设了商品制造人应负过失侵权行为(Negligence)之理论,法院并广泛利用 res ipsa loquitor(事实说明自己)之证据法则,减轻被害人之举证责任。在美国,Macpherson v. Buick Motor Co. (1916)一案,创设了商品制造人过失侵权责任[②],Greenman v. Yuba Power Products Inc. (1963)一案[③]进一步确立商品制造人应负无过失侵权责任,成为美国绝大多数州所共采之基本制度。德国最高法院(BGH)在1968年11月26日一项重要判决,采取"举证责任倒置"(Umkehr der Beweis-

---

① 〔1932〕A. C. 562. H. L. 关于此一英国侵权行为法上最有名判决之评论,参见 Weir, A Casebook on Tort, 1974, p. 15; Hepple & Mattews, Tort(Cases and Materials), 1974, p. 328.

② 参见 217 N. Y. 322, 111 N. E. 1050(1916). 本案之事实至为简单,被告系汽车制造人,原告从零售商处购买被告制造之汽车,行驶之际,汽车突告翻覆,原告被抛出车外,遭受伤害。肇祸原因,系由于车轮破裂。该车轮虽系他人所供应,惟被告若为合理之检查,亦可发现其所具之缺点。Cardozo 法官检讨 Thomas v. Winchester 以来之案件,发现有扩张该案所确立原则之趋势,因而创设了下述之一般原则:"任何商品,依其本质足以危害人之生命、健康者,均属危险物品,制造人可知悉买受人以外之第三人会不经试验使用该物品时,则不论当事人间有无契约关系,制造人对该商品的制造负有注意义务。制造人未尽注意者,就所生之损害,应负赔偿责任。"判例学说上称之为过失责任(Negligence)。

③ 参见 59 Cal 2d 57; 377p. 2d. 897; 27 Cal. Reptr. 697(1963). 在本案,原告见到零售商推销展示某种由被告制造的名叫 Shopsmith 兼具锯子、钻等多种功能的器具。原告之妻知悉原告需要该种器具,特购买一件,作为圣诞礼物。原告使用其妻所购 Shopsmith 锯木之际,木头突然从装置之机器中飞出,击中前额,肇致严重损害。加州最高法院推事 Taynor 在其判决文明白表示,制造者将其商品置于市场,知悉其将未被检查其是否具有缺陷而使用,就此项具有缺陷商品对人身所肇致之损害,应负无过失责任。又此项责任系属侵权行为性质,故不受契约法适用要件及范围的限制。

last)之方法,使商品制造人负推定过失之责任。[①]

(二)现实情况

在台湾,关于商品制造人责任,未设特别规定,原则上应适用侵权行为之一般规定。最近,“最高法院”著有重要判决[②],实值注意。按有原告张钱妹起诉主张,伊于1970年10月8日下午向被告邱钦海开设欲成商店之受雇人邱刘梅英购买三馨食品有限公司产制之七星汽水,饮用一口,即发生口腔、咽喉、食道、胃肠发炎出血,腹部烧热,便血及头昏。虽经诊治,迄未痊愈,因认邱钦海、邱刘梅英疏于注意,而将含有毒质之强碱性液体,与其他合格之汽水并排于待售之货架上,出售于伊饮用,致生损害,应连带负损害赔偿之责。七星汽水系三馨食品股份有限公司之产品,竟疏于注意,将含有强碱性之毒液盛装于七星汽水之玻璃瓶,加以封盖,并贴上七星汽水之标志,转配由邱钦海出售于伊饮用,致受伤害,亦应负损害赔偿之责。

在本案第一审法院判决,采取两项基本论点:① 原告既因饮用被告公司出品含有毒质之原装汽水而受伤,虽谓无过失,该被告自应负赔偿之责任。② 被告邱钦海系欲成商店之负责人,因其受雇人邱刘梅英疏于注意,将微带黄色、含有小浮游物之七星汽水(稍加注意即可判别好坏)出售于原告饮用,致使原告受伤,依第188条第1项前段之规定,自应与邱刘梅英连带负损害赔偿责任。[③]

第二审法院一方面认为零售商并无过失,不负侵权责任,一方面则使制造人依第188条规定,负侵权责任:“欲成商店经销七星汽水,为三馨公司不争之事实。邱钦海系自陈列之货架上取下七星汽水一瓶,经邱刘梅英打开后饮用。瓶上既贴有七星汽水标签,与其他汽水同列,堪认为三馨

---

① 参见BGHZ 51.91.在本案,原告A经营养鸡场,为预防鸡瘟,特请兽医H注射。兽医H所使用之注射液系于不久前从被告W药厂购得。注射后数日,发生鸡瘟,4000只以上之鸡必须屠杀,损失惨重。经查损害发生之原因,系由于注射液中含有细菌,至于注射液何以会含有细菌,未能完全澄清。德国最高法院认为应适用侵权行为法,并认为制造人应负举证责任:“任何人依规定之方法,使用工业产品,因该产品制造上具有缺陷,致民法第823条第1项所保护之法益遭受损害者,制造者必须阐释肇致缺陷之事实过程,并证明其对于缺陷之发生并无过失。”

② 本件判决并未正式公布,参见林荣耀:《食品企业之民事责任》,载《法学丛刊》第83期,第73页。

③ 参见林荣耀,前揭文,第72页。

公司出品，虽然其中所装者并非汽水，其余陈列之七星汽水则属真正汽水，亦堪认定三馨公司在制造汽水过程上，并无过失，但在包装过程中，显将装有强性碱液之汽水瓶，贴以七星汽水标签误予出厂贩卖。对于张钱妹所受伤害，应认系三馨公司之职员出于过失行为所致，张钱妹请求三馨公司赔偿，自属有理。”①

“最高法院”亦判决原告胜诉，其判决理由至为简洁：“三馨公司以产制汽水为业，于包装时竟不注意，将七星汽水标签，误贴于上述毒质之汽水瓶上，以汽水贩卖，对张钱妹所受上开损害，自应如数赔偿。”至其根据之法条，虽未明白指出，但查其文义，似系依第184条第1项前段，采过失责任主义。②

（三）无过失侵权责任制度之建立

据前所述，在“汽水瓶误装毒质碱液”一案，“最高法院”认为，商品制造人应依一般原则，负过失侵权责任，可谓系台湾实务界目前所采之基本见解。然由于第一审法院曾明白表示“虽谓无过失，该被告公司自应负赔偿之责任”，充分显示，关于商品制造人责任在侵权行为法之归责原则，在实务上已有不同之看法。

在学者方面，一般多认为为保护消费者利益，应使商品制造人负无过失侵权责任。③ 迄至目前，各国家和地区多依法院造法之方式，建立商品制造人责任制度已详前述。但最近数年，特别立法渐受重视。其主要者有欧洲共同市场《产品责任法草案》(EEC Directive)④，英国法制委员会(The Law Commission)之研究报告⑤及日本制造物责任研究会所提出之《制造物责任法要纲试案》。⑥ 此三者性质虽有不同，有为国际立法，有为国内立法，有为学者提出之草案(三者并论时称为立法草案)，但均明定

---

① 林荣耀，前揭文，第73页。

② 1974年台上字第806号判决，参见林荣耀，前揭文，第73页。

③ 参见王祖宠：《商品制造者责任论》(下)，载《法学丛刊》第62期，第109页；林荣耀，前揭文，第78页。

④ 参见 The Law Commission, No. 82, “Liability for Defective Products” (Cmnd. 6831. HMSO. 1977), pp. 76-93.

⑤ 参见 Law Commission, No. 82, “Liability for Defective Products” (Cmnd. 6831. HMSO. 1977).

⑥ 参见《制造物责任法要纲试案》全文及说明，参阅ッコリスト，No. 597 (1975. 10. 1) (特集·制造物责任立法)，第16页。

商品制造人应负无过失侵权责任,在立法政策上,殊具研究价值。

二、欧洲共同市场产品责任法草案

(一) 立法背景及目的

欧洲共同市场(欧洲经济共同体),最近对于产品责任,至为重视。其主要原因系由于会员国关于商品制造人责任规定不一:有采无过失责任主义者(法国及卢森堡);有在某程度上采过失推定主义者(德国、比利时、爱尔兰及英国);有仍采过失责任主义者(荷兰及意大利)。各国法制之歧异,造成三个缺点:① 不足保护消费者利益(特别是在采过失责任之国家)。② 妨害竞争秩序。在采无过失责任主义国家,厂商所负之责任较重,产品成本随之增加;反之,在采过失责任主义国家,厂商所负责任较轻,成本较低。前者之竞争能力劣于后者,显失公平。③ 影响商品流通。由于各国法制不一,进口商输入商品,消费者购买商品,产品责任成为考虑因素之一,对于商品自由流通,产生不利之影响,与设立共同市场之目的,不尽符合。

会员国关于商品制造人责任法制歧异所产生之缺点,已如上述。为此,欧洲共同市场特于1973年设专家委员会,研究制定统一法律之可能性。专家委员会于1976年完成立法草案,经由委员会(Commission)于1976年9月9日正式向议会(Council)提出《产品责任法草案》,其全文为:Proposal for a Council Directive relating to the Approximation of the Laws, Regulations and Administrative Provisions of the Member States concerning Liability for Defective Products(以下简称本法或本法草案)。本法草案正在欧洲共同市场议会(Council)审议。审议通过后,再由部长会议决定是否依《罗马条约》第100条之规定,颁布指令(Directive),使其生效。本法何时实施,虽未可确知,惟一旦实施,对商品制造人责任法制之发展,将有重大贡献;对台湾地区与欧洲共同市场之贸易,亦必产生相当程度之影响。

(二) 内容概述

1. 适用范围

本法仅适用于侵权行为,对于契约关系未设规定。其主要理由有二:

① 各国关于契约规定,差别甚大,牵涉甚广,专为产品责任此一特殊问题,统一各国契约法,实属不易。② 侵权行为之成立,不以当事人间具有契约关系为要件,最适于规律产品责任。若被害人得依侵权行为法之规定请求救济,其基本利益已足维护。惟应注意者,本法对因核子意外事故所造成之损害不适用之(第13条),盖各国对此已设有特别规定,采取无过失责任主义,于本法再设规定,并无必要。

2. 归责原则

本法系采无过失责任主义,其第1条第1项规定:"商品制造人对于因其产品所具有之缺陷所生之损害,应负责任,其是否明知或可得而知该缺陷,在所不问。"

产品缺陷之产生,有由于设计之错误,有由于制造过程中品质管制之失误,有由于欠缺适当之指示、说明或警告。在诸此缺陷类型,制造者应负无过失责任,尚无争论。有疑义者,系商品之制造虽已符合当时科学技术水准,但其后仍然发现具有缺陷时,制造者对于此种所谓之"发展上之缺陷"或"发展上之危险"(Development Risk)应否负责。本法认为加强保护消费者利益,制造人对于此类缺陷仍应负无过失责任,特于第2条第2项规定:"制造人使其商品流通之时,即使依当时科学技术发展,并不认为商品具有缺陷者,制造人仍应负责。"

3. 责任主体及连带责任

依本法第2条规定,就商品缺陷所生损害,应负无过失责任之主体,计有:① 成品制造人;② 原料或零件制造人;③ 任何将其姓名、商标或其具有区别特征标示于商品以表示其为制造者之人。

关于责任主体,本法尚设有两项规定:① 依第2条第2项规定:"商品制造人无从确认时,该商品之供应者视为制造人,但其能于适当期间内将该商品之制造人或对其供应商品之人告知受害人者,不在此限。"② 依第2条第3项规定:"任何以转卖或类似目的,将商品输入欧洲经济共同体者,视为制造人。"此两项规定,对于保护消费者利益,至有助益,在立法政策上,实值重视。

依本法第3条规定,两人或数人对同一损害须负责任时,应负连带责任。关于连带债务人之内部求偿关系,本法未设规定,应依各会员国国内法解决之。

4. 产品范围

本法对于 Product 虽未作有解释，但依立法理由书之说明，仅指动产而言，不包括不动产在内。惟动产用于修建房屋或装置于建筑物之内者，制造人对于该动产缺陷所生之损害，亦应依本法规定负责。所谓 Product，除工业产品外，尚包括手工艺品及农产品在内，加工与否，在所不问。

5. 缺陷与举证责任

所谓“缺陷”(defect)，依本法第 4 条规定：“产品不能提供对人身或财产所得期待之安全时，视为具有缺陷。”产品是否具有可期待之安全性，应于具体案件，由法院根据客观标准决定之。

产品之缺陷必须于制造人使产品流通(put into circulation)之际，即已存在。关于“put into circulation”，本法未作解释，依立法理由书之说明，系指使商品进入销售过程而言。产品之流通，必须是基于制造人之意思，从而商品之流通违反制造人之意思者，例如尚未出厂之汽车被盗使用，制造人就汽车缺陷所生之损害并不负责。

依一般举证责任分配原则，被害人对于商品之缺陷应负举证责任。由于产品制造属于专门技术，销售过程趋于多层化，要被害人证明商品于流通之际即具有缺陷，实属不易。为此，本法特于第 5 条设倒置举证责任之规定：“制造人能证明，其未使商品流入市场时，未具有缺陷者，不负责任。”此项规定，对于保护被害人利益，至为有益。

6. 受保护之消费者

关于受本法保护之消费者，本法未设规定，但从第 1 条规定可以推知，任何因商品缺陷蒙受损害之人，均包括在内，除买受人之外，兼及商品使用人及其他第三人。

7. 受保护之法益及赔偿范围

依本法第 6 条之规定，本法所保护之法益限于：① 死亡或人身伤害；② 具有缺陷之商品以外之财产。至于具有缺陷商品本身所遭受之损害及纯经济之损失，均不包括在内。其次，关于财产损害，又设有两种限制：① 该项财产之取得通常系供个人使用及消费之用。② 该项财产之取得或使用非为请求权人贸易、商业或职业之目的。对受保护利益加以限制，立法目的在于合理规律制造者之责任，不使其负担难以预计之损害赔偿责任。

从第 6 条之反面解释，受害人就其人身或财产所受之财产上损害(例如医疗费、物品之修缮费),虽得请求损害赔偿,但关于非财产上损害(例如精神之痛苦)等,则不在请求赔偿之列。

依上所述,被害人对其人身或财产上所受财产上之损害,虽得请求赔偿,但本法对于赔偿范围内之最高赔偿额亦设有限制。依第7条规定,因同类商品所具之同一缺陷所生之人身损害,制造人之责任限于2500万欧洲货币单位(European units of account,简称E. U. A.)。关于财产上损害,本法所定制造人责任:① 动产每件最高1.5万欧洲货币计算单位。② 不动产每件最高50万欧洲货币计算单位。所谓欧洲货币单位,系欧洲共同市场所使用之货币。各国通货与欧洲货币计算单位之换算等值,依赔偿额最后确定之前一日换算率决定。依欧洲货币计算单位而定之赔偿金额,得视欧洲经济共同体内经济及货币之变动,依一定程序而调整之(参阅本法第7条第4项)。

8. 时效期间

基于侵权行为而生之损害赔偿请求权,各国都设有时效规定,惟其期间长短不一。本法于第8条设统一规定,明定时效期间为3年,自受害人知悉或可得而知悉损害、缺陷及制造人之时起算。各会员国国内法关于此项期间所设时效中断或中止之规定,不受本法之影响。

然而,最值注意者,系本法第9条规定:"制造人之责任,自制造人使具有缺陷之商品流入市场该年之年终起算,经过10年而消灭,但受害人已对制造人起诉者,不在此限。"本条规定之立法理由有二:① 商品有因使用期间过久而耗损,其情形与商品缺陷常不易区辨。② 商品之制造虽已尽当时科技所能注意之能事,其后科技进步,发现商品具有缺陷时,不论期间长远,仍令制造者负无过失责任,未免苛酷。由是观之,本条规定旨在缓和商品制造人关于发展上缺陷所负之无过失责任。这种规定,甚具创意,然是否足以保护消费者利益,颇有争论,在立法政策上是否值得采取,殊有研究之价值。

9. 免责条款

厂商利用其在经济上优越之地位,滥用契约自由,单方面订定条款,免除或限制其依法所应负之责任,影响消费者权益至巨。为此本法特于第10条规定:"本法所定之责任不得排除或限制。"此为强制规定,任何条款或约定违反之者,均属无效。

10. 其他救济方法

本法系规定商品制造人之侵权责任。被害人依其本国法律基于其他法律关系(尤其是契约),主张其权利者,不受本法之影响。又本法系采无过失责任主义,被害人于证明制造人具有过失时,亦得依其本国法请求损害赔偿,不受本法之影响(参阅第11条规定)。惟本法立法者认为,本法之规定对于消费者之保护,甚称周到,实际上将会取代其他救济方法。

三、英国法制委员会之建议

(一) 现行法制概述

现行英国法上之商品制造人侵权责任,系确立于 Donoghue v. Stevenson 一案。在本案,Donoghue 偕其友人至苏格兰 Paisley 地方一家咖啡馆,由其友人为其购买一瓶姜汁啤酒(giner beer)。侍者为其倒酒时,因酒瓶系不透明,并未发现异样,放心饮用。其后当其朋友再为其添酒之际,突然浮出腐败蜗牛躯体。Donoglue 睹之,思及刚才的饮用之不洁物,深受惊吓,健康蒙受损害,乃向饮料制造人(Stevenson)请求损害赔偿。

本案上诉至贵族院(House of Lords),结果以3:2多数票,判决原告胜诉,确立 Negligence(过失侵权行为),系一种独立的侵权类型,对英国侵权行为法之发生,产生重大影响。关于商品制造人责任,法官 Lord Aktin 提出下列基本原则:商品制造人出售商品,意欲使其商品以出厂时之状态,并无中间检查之合理可能性,到达最后消费者,并知悉在准备及制造商品过程中欠缺注意将使消费者之生命或财产遭受侵害者,对于消费者负有采取合理注意之义务。①

依据此项判决,制造人对消费者所负之责任,系侵权责任,不受契约关系的限制,从而被害人与制造人之间,纵使没有契约关系,被害人就其所受的损害,亦得请求损害赔偿。

---

① 关于商品缺陷肇致损害所生之民事责任,在英美法上多称为 Products Liability,但亦有称为 Manufacturer's Liability. 在德国分别称为 Produktenhaftung(Warenhaftung),或 Produzentenhaftung(Haftung des Warenherstellers). 在日本,则以称"制造物责任"最为普遍。其在台湾地区,有称为商品制造人责任(或商品制作人责任);有称为产品责任;有称为制造者责任,概念用语虽有歧异,重点或有不同,但所讨论之内容,基本上并无差异。

自 1932 年 Donoghue v. Stevenson 一案确立商品制造人责任之后，数十年来英国法院著有甚多判决，其基本原则可综合归纳为四项[①]：① 须产品之缺陷对消费者之生命或财物造成损害。② 产品之缺陷，于产品离开制造人之占有时，即已存在。③ 制造人不能合理期待消费者于损害发生前，得发现并改正产品的缺陷。④ 产品缺陷之存在，系由于制造人欠缺合理注意。

（二）法制委员会建议案之内容

在过失责任主义下，关于缺陷存在及制造者之过失，被害人应负举证责任。纯粹经济上损失，尚不在赔偿范围之列。此种法律状态是否足以保护消费者利益，甚受重视。为此，司法大臣 Lord Chancellor 特于 1971 年 11 月 2 日要求法制委员会（The Law Commission）检讨现行法制，并提出改进建议。法制委员会于 1975 年提出具有缺陷产品之责任（Liability for Defective Products）之研究报告（Working Paper No. 64），公开征询专家学者及社会人士的意见。1977 年法制委员会参考各界人士提出之意见，正式发表第 82 号报告（The Law Commission, No. 82）。

英国法制委员会第 82 号报告所提出关于英国商品制造人责任改进建议，其要点可归为八项。[②] ① 英国及苏格兰现行法上关于商品缺陷所肇致损害，被害人的权利及救济方法，并不充分，未足保护消费者利益。② 为保护被害人，原则上应使商品制造人在侵权行为法上负无过失责任。③ 责任主体，除制造人（使商品在营业过程中流通之人）外，尚应包括以自己之商标或名义推销商品之人。④ 所谓缺陷，系指商品不符合合理安全之标准，并推定其于流通之际，即具有缺陷。⑤ 无过失责任所适用之客体，原则上应包括所有动产。⑥ 制造人及其他责任主体，得提出被害人自甘冒险及与有过失之抗辩。⑦ 对人身伤害及死亡之赔偿额，应依侵权行为法一般原则计算，不宜设最高金额之限制。⑧ 关于商品制造

---

① 参见 The Law Commission, Working Paper, No. 64. "Liability for Defective Products". 1975. p. 18.

② 英国法制委员会关于产品责任之报告，仅提出建议事项，未具体提出立法草案修文。又英国法制委员会分为两个机构，一为 The Law Commission，其主管地域为英格兰及威尔士；另一为 The Scottish Law Commission（苏格兰法制委员会）。本文所述，仅限于 The Law Commission 所提出之部分，对若干事项，苏格兰法制委员会（The Scottish Law Commission）意见不同，在此不予列出。

人无过失责任之建议,对财物或纯经济上损失(pure economic loss)不适用之。

四、日本制造物责任法要纲试案

(一)现行法制概述

在日本,商品制造人责任(在日本称为制造者责任或制造物责任),系1960年初期从美国输入的新概念,在此之前,因商品缺陷遭受损害之人,多依契约法规定向出卖人请求赔偿,被害人或其律师甚少想到对制造者主张权利。自商品制造者责任观念被引进之后,消费者开始认识到应向制造者请求赔偿。

据调查统计,日本厂商涉及制造物责任纠纷者虽尚不多,但确有日渐增加之趋势。惟大多数案件均在法庭外和解,有关判例甚少,其中被害人与制造者无契约关系,依侵权行为法之规定,请求救济者,计有6件。被告包括建筑商、药商、鸡蛋食品制造商及3家汽车制造厂。其中3件之被告被认为具有过失,应依《日本民法》第709条规定负损害赔偿责任。①

日本法院在实务上关于商品制造人责任,虽然仍采取保守主义,适用侵权行为法上过失责任原则,但日本学者却致力于建立新的理论体系,除广泛介绍英、美、德、法等国法制外,并提出各种新的学说。兹择其重要者,说明如下②:

1. 无过失侵权责任

此说认为《日本民法》第709条采过失责任,系宣示一般原则,并未否定在必要时得创设立法时不可预知之"特殊类型之侵权行为责任"。目

① 参见Zentaro Kitagawa(北川善太郎),The Japanses Experience With Products Liability, A Parallel Development or Unique, A Paper prepared for The First World Congress on Products Liability Law, Jan. 19-21. 1977, London, England. 第一次产品责任世界大会在英国伦敦举行之际,笔者适在剑桥大学研究,承北川教授(日本代表团团长)邀请以观察员身份参加大会,备受礼遇,谨在此对北川教授表示谢意。

② 参见加藤一郎:《制造物责任》,"注释民法"(19),有斐阁,昭和40年,第131页;有泉亨:《生产物责任论序说》,"市民社会と私法",东京大学出版会,昭和38年;北川善太郎:《担保责任》,"新民法演习"(4),有斐阁,昭和43年,第104页;石田穰:《制造物责任》,"民法讲义"(6),有斐阁,昭和50年,第315页以下;有泉亨监修:《医疗事故·制造物责任》,"现代损害赔偿法讲座"(4),日本评论社,昭和49年,第235页以下。

前保险制度发达,制造者分散危险,并无困难,为保护消费者利益,应使制造者负无过失侵权责任。

2. 默示品质担保责任

此说认为制造者就其商品之品质,除明示保证外,依一般情形,尚负有默示保证,消费者因商品之缺陷,遭受损害者,制造人应负违反品质保证债务不履行责任,与通常债务不履行之情形同,制造人应证明其过失之不存在。

3. 违反附随义务责任

此为京都大学北川善太郎教授所提出之理论。此说认为制造人或基于品质之保证,或依其广告及宣传,引起了被害人之信赖,因而在制造者与被害人之间产生了类如契约之信赖关系,基于诚实信用原则,制造者对于消费者之安全负有注意及维护义务。当其违反此项义务,致消费者遭受损害者,应负损害赔偿责任。制造者对其过失之不存在,应负举证责任。

4. 准用《日本民法》第717条土地工作物责任

依《日本民法》第717条规定,因土地上工作物之设置或保存有缺陷,致他人发生损害者,该工作物之占有人对被害人负损害赔偿之责,但占有人为防止损害之发生,已尽必要之注意者,该损害应由所有人赔偿之。有学者认为,他人对于商品(制造物)安全性之信赖,不亚于对土地工作物之信赖,制造者违反他人对制造物安全性之信赖,因制造物之缺陷而遭受伤害时,应准用本法第717条规定使其负担类如无过失之责任。

5. 制造者责任之类型化

此说认为关于制造者制造物责任,原则上应适用侵权行为法,并分别三个类型解决之:① 意思责任之制造物责任:此项类型之制造物责任,系以制造者之故意过失(具体过失)为成立要件,适用于个人一次生产制造物之情形。② 客观责任之瑕疵担保责任:在此类型,制造者应就其不相当行为(抽象过失)负责,适用于个人企业及中小企业。③ 结果责任之制造物责任:在此类型,制造人应负无过失责任,不得证明其已尽一般注意义务而免责,适用于食品、药物等具有特别危险性产品之企业及其他具有转嫁损害能力之大企业。

上述五说,虽均言之成理,但在理论上,亦不免具有疑义,或欠缺实体法上之基础,或出于拟制当事人之意思,或因基本上仍采过失责任主义不足保护消费者利益,似尚未形成一个被普遍接受之通说。

（二）制造物责任法要纲试案的内容

依上所述，关于制造者责任，日本法院判决尚属保守，采过失责任主义；学说理论甚为分歧。在此情形下，日本学者我妻荣、四宫和夫等人特于昭和47年（1972年），得到松本财团及河上财团之援助，设立制造物责任研究会，探讨立法之可能性，而于昭和50年（1975年），提出《制造物责任法要纲试案》。[①]《制造物责任法要纲试案》（以下简称本法）共设3章14条，内容堪称详密，择要说明如下：

1. 归责原则

本法最主要之特色，系采制造者无过失责任侵权主义。其第3条规定：制造者对于因制造物缺陷对在生命、身体或财产上遭受损害之自然人应负损害赔偿责任。

2. 责任主体与连带责任

依本法第2条第2项规定，应负无过失责任之制造者，包括：① 以制造物之生产为业者；② 在制造物上附以商标、其他标章、商号或其他表示自己之名称为业而使之流通者；③ 以制造物之输入为业者。依本法第4条规定，就同一制造物之同一缺陷而生之损害赔偿者有数人时，各人就损害之金额负连带责任。除制造者外，下列各款之一，亦应负责：① 制造物贩卖业者、租赁业者，但其能够证明并无使制造物产生缺陷，以及依照制造物之形状及其营业设施规模等判断，不可能期待其对缺陷有所知悉者，不在此限。② 使制造物产生缺陷之运送业者或仓库业者。③ 使制造物产生缺陷或忽视得依检查而发现之缺陷之修理业者（第10条第1项）。上述诸人对于既存缺陷所生损害已向被害人赔偿后，向制造人求偿时，得准用本章第3条、第4条、第5条之规定。此项求偿权从赔偿损害时，已逾10年者，因时效而消灭（第10条第2项）。

3. 制造物之范围

本法所称之制造物，系指被置于流通过程中之一切物品而言。其是

---

① 英美法上商品制造人责任法制发展之主要问题，系在克服1842年 Winterbotton v. Wright 一案所创之 privity of contract（契约关系）之理论（制造人对其商品所生之损害，对契约关系外之第三人，不负赔偿责任）。1931年有名之美国法官 Cardozo（卡多佐）曾谓："The assault on the citadel of privity is proceeding in these days apace!"（对 privity 理论城堡之攻击，目前正在加速进行）（Ultramares Corp. v. Touche 255 N. Y. 170, 180, 174, N. E. 441, 4550）.

否为完成品或自然产物,均非所问(第2条第1项)。

4. 缺陷与举证责任

本法所称之缺陷,系指制造物在通常可得预见使用之际,对生命、身体或财产产生不相当危险之制造物缺陷(第2条第3项)。惟应注意者,为保护消费者利益,本法设有两项推定:其一,缺陷存在之推定。第5条规定:"① 虽然对制造物作适当之使用,但仍因其使用而发生损害时,假若该损害依其性质在适当使用下,通常不会发生者,推定该制造物具有缺陷。② 损害于发生时存在于制造物之缺陷,在相当使用期间内,推定于制造物脱离制造人之手时,既已存在。"其二,因果关系之推定。第6条规定:"制造物具有缺陷,发生与该缺陷所可能发生之同一损害时,推定该损害系由该制造物之缺陷所生。"

5. 被保护之消费者

受本法保护之人,为自然人,至其与制造者之间是否具有契约关系,在所不问(参阅第3条)。

6. 受保护之法益及赔偿范围

依本法第3条规定,受本法保护之法益,为生命、身体及财产。关于赔偿范围,本法未特设规定,应依《日本民法》之规定定之(参阅第11条)。

7. 时效期间

依本法第9条规定,基于本法所生之损害赔偿请求权,自被害人或其法定代理人知悉损害及加害人时起3年内不行使者,因时效而消灭。自损害发生时起,已逾20年者亦同。此项损害赔偿请求权消灭时效之期间,与《日本民法》第724条所规定者相同。

8. 免责条款

本法第8条规定:对于生命或身体之损害,限制第3条损害赔偿请求权之特约无效。

9. 损害赔偿措施以及保障事业

本法于第三章就损害赔偿措施及保障事业,设有特别规定(参阅本法第12条至第14条)。其基本思想在于明定政府及制造者,应采取制造物责任保险契约、制造物责任保证契约或寄存等措施,建立损害赔偿制度,使被害人能够确实获得损害赔偿。

五、比 较 分 析

(一) 基本问题之比较

关于欧洲共同市场商品制造人责任法草案、英国法制委员会商品制造人责任报告及日本制造物责任法要纲试案之立法背景及基本内容,已详述如上。兹为便于观察,先列表加以比较,而后再略为说明。

欧洲共同市场、英国及日本产品责任法草案内容概况

项目 国别	归责原则	责任主体	产品种类	缺陷与举证责任	受保护之消费者	受保护之法益	损害赔偿范围	免责条款	时效
欧洲共同市场	无过失侵权责任。	(一)制造人。 (二)零件或原料之制造人。 (三)将其姓名、商标或其他区别性特征标示于具有缺陷商品之上,表示商品属其所有者。 (四)商品输入者。 (五)商品制造人无从确定时,该商品之供应人视为制造人。	(一)所有之动产(包括自然产物)。 (二)不包括肇致核子事故之产品。	(一)所谓缺陷系指产品欠缺任何人所得期待之安全标准。 (二)制造人须证明其商品流入市场时并未具有缺陷(缺陷存在之推定)。	任何因商品缺陷而遭受损害之人。	(一)人身伤害及死亡。 (二)缺陷商品本身以外之财产。	(一)设最高额限制。 (二)不包括非财产损害赔偿。	本法所设之规定,不得排除或限制之。	(一)3年(自受害人知悉或可得而知悉损害、缺陷及制造人之起算)。 (二)10年(自商品流入市场该年之年终起算)。
英国	同上。	(一)同上。 (二)同上。 (三)同上。 (四)同上。	(一)同上。 (二)同上。	(一)同上。 (二)同上。	同上。	(一)同上。 (二)未设规定。	(一)未设规定。 (二)未设规定。	未设规定。	未设规定。依侵权行为一般规定为3年。
日本	同上。	(一)同上。 (二)同上。 (三)同上。 (四)同上。 (五)未设规定。 (六)制造物之贩卖业者、租赁业者、运送业者、仓库业者、修理业者。(其责任内容请参阅"试案"第10条)。	(一)同上。 (二)未设规定。	(一)所谓缺陷系指产品在通常可得预见使用之际对生命、身体或财产所生之不相当危险性。 (二)同上(原则上)。 (三)推定商品缺陷与损害具有因果关系。	同上。	(一)同上。 (二)未设规定。	(一)未设规定。 (二)未设规定。	关于侵害生命或身体所生之责任,不得限制之。	自被害人或其法定代理人知悉损害及加害人时3年;自损害发生时20年。

（二）说明

1. 商品制造人无过失侵权责任之制度化

依上表所示，可知关于商品制造人无过失侵权责任，非仅系变更归责原则而已，对于责任主体、产品种类、缺陷之概念及举证责任、受保护之法益、赔偿范围、制造人之抗辩事由、免责条款及时效期间等，尚须详设规定，始能建立完整之制度。

2. 基本规定之异同

责任主体　各国立法草案关于责任主体之规定，具有两个特色：① 除制造人外，尚包括零件或原料之制造人，将其姓名、商标或其他区别特征标示于具有缺陷产品之上，表示产品属其所有之人及商品输入者。② 零售商不包括在内（但请注意日本制造物责任法要纲试案第10条规定），其主要理由系由于其对产品难以检查、发现缺陷，而且资力软弱，不具有承担损害、分散危险之能力。

商品种类　商品之范围，包括一切动产（包括自然产物），系各国立法草案之共同规定。

缺陷　关于产品缺陷，各国立法草案具有两项特色：① 规定缺陷之概念。② 推定产品之缺陷，于商品流入市场时既已存在。日本制造物责任法要纲试案第6条更进一步规定，推定产品缺陷与损害具有因果关系。

受保护之消费者　任何因产品缺陷而遭受损害之人，均受保护，系各国立法草案之共同规定。

受保护之法益　关于受保护之法益，各国立法草案均设有限制，关于人身伤害及死亡系共同之规定外，欧洲共同市场产品责任法草案尚规定包括缺陷商品本身以外之财产在内。

损害赔偿范围　欧洲共同市场产品责任法草案对损害赔偿范围设有最高赔偿额限制，且不包括非财产损害赔偿，但英国法制委员会报告及日本制造物责任法要纲试案，均未设限制。

免责条款　各国立法草案均规定其所设保护被害人之规定，不得依当事人特约加以排除或限制。

时效期间　关于时效期间，依各国立法草案（或侵权行为法一般规定），多自受害人知悉或可得知悉损害、缺陷及制造人之时起算。惟应特别注意的是，欧洲共同市场产品责任法草案规定，“制造人之责任，自制造人使具有缺陷之产品流入市场该年之年终起算，经过10年而消灭，但受害人已对制造人起诉者，不在此限。”此项规定，至为特殊，是否妥适，甚有争论。

3. 两个基本原则之调和

各国立法草案之内容，系建立在两个基本原则之上。第一个原则是加强保护消费者利益，其要点有四：① 责任主体除制造人外，尚包括产品输入者及产品供应人（于商品制造人无从确定时）。② 关于产品缺陷，推定其于产品流通之际既已存在。③ 明白规定限制或排除制造人责任之条款无效。④ 产品之种类不加限制。第二个原则是适当限制商品制造人责任，其要点有三：① 受保护之法益限于人身伤害、死亡或缺陷产品本身以外之财物。② 损害赔偿范围设有限制（但英、日草案均不设限制）。③ 被害人请求权之短期时效。

4. 共同之发展趋势

就各国立法草案之基本内容综合比较观察之，基本上多属相同，可谓系商品制造人侵权责任之共同发展趋势。

六、结　　论

产品责任之发展，系由过失责任趋向于无过失侵权责任。对过失责任主义城堡之攻击，正在各国或地区加速进行（The assault on the citadel of negligence liability is proceeding apace in every country）。[①] 其在台湾地区，目前虽尚采过失责任，但为保护消费者利益，势将逐渐修正过失责任主义，终至于建立商品制造人无过失侵权责任制度。[②] 欧洲共同市场产品责任法草案、英国法制委员会之建议报告及日本商品制造物责任法要纲试案，均规定商品制造人应负无过失侵权责任，明确指出法制之发展趋势，其规定内容至为详尽，具有共通性，在立法政策上，殊具参考价值，实值重视。

---

① 参见拙著：《侵权行为法之危机及其发展趋势》，载《民法学说与判例研究》（第二册），北京大学出版社2009年版，第104页。

② 英文原文及立法理由说明，参见 The Law Commission, No. 82. “Liability for Defective Products”（Cmnd. 6831, HMSO. 1977）, pp. 76-93. 关于日本制造物责任法要纲试案之汉译，请参见刘得宽：《民事判决三则研究》，载《政大法律评论》第10期，第156页。

七、附录:欧洲共同市场产品责任法草案(中文译稿)

第一条: 商品制造人对于因其商品所具有之缺陷所生之损害,应负责任,其是否明知或可得而知该缺陷,在所不问。

制造人使其商品流通之时,即使依当时科学技术发展,并不认为商品具有缺陷者,制造人仍应负责。

第二条: 本法所称制造人者,指成品制造人,原料或零件制造人,或任何将其姓名、商标或其他具有区别性特征标示于商品之上,以表示其为制造人者。

商品之制造人无从确认时,该商品之供应者视为制造人,但其能于适当期间内将该商品之制造人或对其供应该商品之人告知受害人者,不在此限。

任何以转卖或类似之目的,将商品输入欧洲经济共同体者,视为制造人。

第三条: 两人或数人对同一损害须负责任时,应负连带责任。

第四条: 产品不能提供对人身或财产所得期待之安全时,视为具有缺陷。

第五条: 制造人能证明,其未使商品流入市场,或商品流入市场时未具有缺陷者,不负责任。

第六条: 本法第一条所称之损害,系指:① 死亡或人身伤害。② 对缺陷商品以外财产之损害或毁坏,但该项财产须为:

a. 其取得通常系供个人使用及消费。

b. 其取得或使用非为请求权人贸易、商业或职业之目的。

第七条: 关于因同类商品所具同一缺陷所生之人身损害,本法所定制造人之责任限于2500万欧洲货币计算单位(EUA)。关于财产损害,本法所定制造人责任:

(1) 动产每件最高15000欧洲货币计算单位。

(2) 不动产每件最高5万欧洲货币计算单位。

欧洲货币计算单位依1975年12月18日委员会决议(3289/75/ECSC)定之。各国通货与欧洲货币计算单位之换算等值,依赔偿额最后确定之前一日换算率决定之。议会(Council)得依委员会(Commission)之提议,每隔 3 年检讨一次,并于必要时得斟酌经济共同体内经济及货币之变动,修正本条所定欧洲货币计算单位之金额。

第八条: 本法所定请求损害赔偿程序,其时效期间为 3 年。此项期间以受害人知悉或可得知悉损害、缺陷及制造人之时起算。各会员国国内法关于此项期间所设中断或中止之规定,不受本法之影响。

第九条: 制造人之责任,自制造人使具有缺陷之商品流入市场该年之年终起算,经过 10 年而消灭,但受害人已对制造人起诉者,不在此限。

第十条: 本法所定之责任不得排除或限制。

第十一条: 基于本法所定以外之事由,因具有缺陷商品所生伤害(injury)或有损害(damage)请求权,不受本法之影响。

第十二条: 本法对因核子意外事故所造成损害不适用之。

第十三条: 各会员国应于 18 个月内颁布遵行本法所必要之规定,并即通知委员会。

第十四条: 各会员国应将其在本法范围内后来所制定国内法之主要规定通知委员会。

第十五条: 本法系以会员国为对象而发布。

侵害占有之侵权责任与损害赔偿*

一、问题之说明

对于物为现实之支配,是为占有。占有为事实抑为权利,为罗马法以来所聚讼。各国立法例亦不尽同。有认为权利者,如《日本民法》是;有认系事实者,如《德国民法》是。惟无论以之为一种事实或明认为权利,各国法律对于占有均赋予一定效果,予以保护,使占有者得享受从占有所生之利益。台湾地区现行"民法"上占有之性质如何,尚有争论,通说认为非属权利,仅系一种单纯之事实状态。[①]关于占有之保护,以占有人之物上请求权最称重要(参阅第962条)。占有既受法律之保护,亦属一种利益,故无法律上原因而侵夺他人之占有者,应构成不当得利。例如:甲基于租赁契约将房屋交付于乙,其后发现租赁契约不成立或无效时,甲得依不当得利之规定向乙请求返还房屋之占有。[②]

惟应注意的是,侵害他人占有,常会肇致各种损害。例如:甲向乙借用搬运货物之小货车,为丙所盗用,甲被迫租用他车;A租屋给B,租期届满,B拒不交屋,A迫B迁出,B住宿旅馆。于诸此情形,占有人就其所受之损害,原则上仅能依侵权行为法之规定,请求损害赔偿。于此即发生两个基本问题:① 占有人请求损害赔偿之依据何在(Anspruchsgrundlage)?② 占有人就何种损害得请求损害赔偿(ersatzfähiger Schaden)?关于前一问题,学者见解甚为分歧;关于后一问题,论述尚少,均有进一步试加分析

---

* 本文原载《军法专刊》第26卷第5期(1980年5月),第9页。

① 参见梅仲协:《民法要义》,第450页;史尚宽:《物权法论》,第480页;郑玉波:《民法物权》,第17页;姚瑞光:《民法物权论》,第383页。

② 关于占有之为不当得利客体,德国学者Kurz, Der Besitz als möglicher Gegenstand der Eingriffskondition一书(1969),论述最详,可供参考。

检讨之必要。[①]

二、请求权之基础

(一) 概说

侵害他人占有,被害人如何依"侵权行为法"之规定,请求损害赔偿,涉及第 184 条所规定侵权行为法之基本结构,须先加说明,否则无以了解学者争论之所在及法律解释适用之关键难题。

第 184 条规定:"Ⅰ. 因故意或过失,不法侵害他人之权利者,负损害赔偿责任。故意以背于善良风俗之方法加损害于他人者,亦同。Ⅱ. 违反保护他人之法律者,推定其有过失。"第 184 条第 1 项前段及后段规定"权利侵害"及"背于善良风俗侵害权益"两种不同之侵权行为类型,甚为显然,无待详论。有疑问的是,第 184 条第 2 项之规范功能。关于此点,计有二说:① 举证责任倒置说,认为该项仅系规定举证责任之问题。申言之,即不法侵害他人权利,同时违反保护他人之法律时,推定加害人有过失。[②] 倘若被侵害者系权利以外之利益时,除被害人能证明加害人系出于故意悖于善良风俗之方法者外,纵属违反保护他人之法律,被害人亦不得依第 184 条第 2 项规定,请求损害赔偿。② 独立侵权行为类型说,认为违反保护他人之法律侵害他人者,应构成侵权行为,其过失并由法律推定之。[③] 因此与第 184 条第 1 项前段适用上得发生竞合。例如:夜行车马不燃灯火,撞伤路人时,一方面侵害被害人之权利(人格权),一方面违反保护他人之法律("违警罚法"第 62 条第 3 款),故被害人得同时或选择主张第 184 条第 1 项前段或第 2 项规定,作为损害赔偿之依据。惟主张第 184 条第 1 项时,对加害人之故意或过失,应负举证责任;主张第 184 条第 2 项时,对加害人之故意或过失虽不负举证责任,但对其违反保护他

---

① 最近德国学者关于占有得否为侵权行为之客体,论者甚多,其主要者有:Oppermann, Schadensersatz aus unerlaubte Handlung wegen Verletzung des Besitzes, Diss. Göttingen, 1958; Medicus, Besitzschutz durch Anspruch auf Schadensersatz, AcP 165, 115; Schick, Besitzschutz nach §823 BGB? Diss. Tübingen, 1917; Wieser, Der Schadensersatzanspruch der Besitzer aus §823 BGB, JuS, 1970, 557f.

② 参见王伯琦:《民法债编总论》,第 75 页。

③ 参见梅仲协,前揭书,第 141 页;郑玉波,前揭书,第 154 页。

人之法律,则负有证明之义务。

如上所述,关于第184条第2项之性质,有举证责任倒置说及独立侵权行为类型说两种不同之理论。依本文见解,自法制发展史、比较法、侵权行为法之体系结构及保护被害人之观点而言,应以独立侵权行为类型说较为可采。[①] 在此种侵权行为体系下,侵害他人之占有,是否构成侵权行为之基本问题,在于究应适用第184条第1项前段,抑或第184条第2项。此又涉及占有在何种情形之下,得认为具有权利之性质,以及侵害他人之占有是否违反保护他人之法律。

(二)判例学说

关于不法侵害他人占有之侵权责任问题,"最高法院"是否著有判例,尚难查稽,其见解如何,不得而知。就学说而言,则有四种见解,兹分别说明之。

1. 占有不能为侵权行为之客体

胡长清先生认为,占有不能为侵权行为之客体。其理由为,就"民法解释",占有乃一种事实,而非权利,与《日本民法》不同,自不能与日本学者采取同一见解。[②]

2. 占有得为侵权行为之客体

陈克生先生认为,占有亦得被侵害以成侵权行为,"民法"虽特就占有另设有第960条至第962条之保护规定,但应解为与侵权行为之规定不相妨害,如成立侵权行为,自更得依侵权行为之规定,以受保护。[③]

3. 占有得为侵权行为之客体(适用第184条第1项前段)

史尚宽先生认为,占有得为侵权行为之客体,并认为占有系属权利,应适用第184条第1项前段,略谓:"占有为事实,是否为权利,不无争论,'民法'特设有保护规定,可认为财产权之一。其侵害为侵权行为,殆无疑义。"[④]

王伯琦先生基本上亦采同样见解,理由构成较为周详,以占有为一种

---

① 参见拙著:《违反保护他人法律之侵权责任》,载《民法学说与判例研究》(第二册),北京大学出版社2009年版,第130页。

② 参见胡长清:《民法债编总论》,第128页(注4)。

③ 参见胡长清,前揭书,第128页(注4)。

④ 史尚宽:《债法总论》,第130页。

事实状态,并非权利。但占有人于占有物上行使权利,推定其适法有此权利(第943条)。故除前手占有人外,占有人立于权利人之地位,侵害占有者,与侵害权利无异,亦得成立侵权行为。[①]

4. 占有得为侵权行为之客体(适用第184条第2项)

梅仲协先生认为第184条第1项前段所称之权利,系兼指人格权与财产权二者而言,至于财产权,并应以物权及其他绝对权如著作权或商标权为限。占有非属上述权利之一种,故在侵权行为上之保护,应适用第184条第2项。关于保护占有之规定,系属"保护他人之法律"。[②] 郑玉波先生亦认为占有之侵害,亦得成立侵权行为,盖民法上之占有虽非权利,但亦为法律所保护之事实状态也。[③]

(三) 分析检讨

1. 确定请求权基础之必要性

据上所述,占有能否为侵权行为之客体,有肯定及否定二说。通说采肯定说,应值赞同。陈克生先生认为占有被侵害得受"侵权行为法"之保护,但未说明具体之请求权基础(Anspruchsgrundlage),适用上易滋疑义。史尚宽先生认为:"占有之侵害,无论解释为权利与否,在'民法'俱可构成侵权行为。解释为权利固不待论,即解为一种事实,其侵害为违反保护他人之规定,侵权行为之违法性,即已具备。占有为一种权益,因保护法律规定之违反,侵害占有之权益,亦足构成侵权行为。侵害为故意时,亦得合于第184条第1项后段之规定。"史尚宽先生此项论点,无非在于强调侵害占有得构成侵权行为而已,究应如何适用法律,仍须确定,盖第184条第1项前段与第184条第2项之构成要件及举证责任,不尽相同,关系当事人权益至巨,应严予区别也。[④]

2. 第184条第1项前段之适用(权利分割)

第184条第1项前段规定:"因故意或过失,不法侵害他人之权利者,

① 参见王伯琦,前揭书,第73页。

② 参见梅仲协,前揭书,第141页。

③ 参见郑玉波:《民法债编总论》,第154页。

④ 依第184条第1项后段规定,故意以背于善良风俗之方法加损害于他人者,亦应负损害赔偿责任。其所保护之客体,虽包括一切权益(权利及权利外之利益),但适用机会较少,暂不详论。

负损害赔偿责任。”因此,占有受侵害,而欲依第 184 条第 1 项前段请求损害赔偿者,须主张其受侵害之“占有”系第 184 条第 1 项前段所称之“权利”。

依史尚宽先生之见解,占有本为事实,但因受法律之保护,故为财产权,因而有第 184 条第 1 项前段之适用。惟所应注意的是,占有既本为事实,何以因受法律之保护,即成为财产权?若采此论点,则任何利益因受法律之保护,均将成为权利,则权利与利益之区别,将失其准据,失其意义矣。此一因受法律保护而成为财产权之占有,其性质如何,与占有权有何不同,仍值推敲。又窃盗者对赃物之占有,系属恶意无权占有,得否认为系一种具有排他性之权利,亦有疑问。总而言之,史尚宽先生一方面以占有本为事实,他方面又以占有本身因受法律之保护,故为财产权。其理论依据何在,似尚有研究余地。

王伯琦先生之理论,依吾人之解释,似包括两个基本论点:① 占有人于占有物上行使权利时,乃立于权利人之地位,故侵害占有者,与侵害权利无异。② 占有人于占有物上行使之权利,为法律所推定(第 943 条)。后一论点,系属权利推定问题,与占有是否具有权利之性质,并无关联,可暂置不论。前一论点,具有实质意义,基本上可资赞同,但仍有补充说明之必要。

占有他人之物,有基于法律上之原因而为占有者,谓之有权占有,例如因典权、地上权(物权关系)、租赁、使用借贷(债权关系)而占有其物。若无法律上之原因而占有他人之物,则为无权占有,例如盗贼占有赃物以及其他不法原因占有他人之物。有权占有之人,依其权原,得对占有物为特定范围之使用收益,此种基于特定权原所生使用收益之权能,与占有结合之时,强化了占有之地位,使占有人处于类似物权人之地位,具有权利之性质,而受侵权行为法之保护。① 第 184 条第 1 项前段所称之权利,不是停滞不变,类型固定。随着社会经济之变迁,民法意识之发展,特定利益得逐渐强化成为权利,配偶间共同圆满生活之权利及期待权之承认,为其著例。现行“民法”虽仅认占有为一种事实,但为保护占有人之利益,

---

① 此为最近德国学者之有力学说。参见 Medicus, AcP 165, 111. S. 115f.; Medicus, Bürgerliches Recht, 1978, Rdnr. 607(S. 227); Esser, Schuldrecht Ⅱ, 1969, S. 404; Gerhardt, Mobiliarsachenrecht, 1976. S. 28f. 不同意见参见 Koziol, Österreichisches Haftpflichtrecht, Bd. Ⅱ, Besonderer Teil, 1975, S. 22f.

应使具有基础权原之占有“权利化”或物权化(verdinglicht),以促进法律之进步。

3. 违反保护他人之法律(第184条第2项)

如前所述,梅仲协及郑玉波二位先生均认为,关于占有保护之规定(第962条),系属第184条第2项所称保护他人之法律,故侵害他人占有者,被害人得依第184条第2项规定请求损害赔偿。德国通说亦采同样见解,认为《德国民法》第858条关于占有保护之规定[①],亦属《德国民法》第822条第2项所称保护他人之法律(Schutzgesetz)。[②] 惟应注意的是,最近德国学者Medicus教授提出相反之见解,否认《德国民法》关于保护占有之规定,系属保护他人之法律。其理由有二:① 占有保护之规定,旨在维护一般法律平和(allgemeinen Rechtsfrieden),非在乎保护个别占有之状态。② 若承认民法关于占有保护之规定,系侵权行为法上保护他人之法律,则无权占有亦将受到保护,盗赃占有人对侵害其占有者(甚至包括物之所有人),亦得请求损害赔偿,显非妥适。[③] Medicus教授此项见解,深具说服力,受到广泛之重视,已成为德国有力之学说。[④]

按第184条第2项所称保护他人之法律,系指任何以保护个人或特定范围之人为目的之公私法规而言,但专以保护社会公益或社会秩序为目的之法律,则不包括在内。违反保护他人法律之构成侵权行为,须具备两个要件:① 被害人须属于该法律所欲保护之人之范围(persönlicher Schutzbereich)。② 请求赔偿之损害,其发生须系法律所欲防止者(sachlicher Schutzbereich)。[⑤] 关于占有保护之规定,一为自力防御权,即占有人对于侵夺或妨害其占有之行为,得以己力防御之。占有物被侵夺者,如系不动产,占有人得于侵夺后,即时排除加害人而取回之;如系动产,占有人得就地或追踪向加害人取回之(第960条)。另一为物上请求权,即占有

---

① 《德国民法》第858条第1项规定:“未经占有人之同意而侵夺或妨害占有者,其行为应属违法。”又依《德国民法》第861条及第862条规定,占有,因暴力而被侵夺者,占有人得向有瑕疵之占有人请求恢复其占有物。占有因暴力而被妨害者,得对加害人请求除去其妨害。

② 参见BGHZ 20, 169。

③ 参见Medicus, AcP 165, 115(118f).

④ 参见Larenz, Schuldrecht Ⅱ, 1977, S. 535; Gerhardt, S. 29; Röding, Erfüllung des Tatbestandes des §823 Abs. 1 BGB durch Schutzgesetzverstoß, 1973, S. 11-18.

⑤ 参见拙著:《违法保护他人法律之侵权责任》,载《民法学说与判例研究》(第二册),北京大学出版社2009年版,第130页。

人,其占有被侵夺者,得请求返还其占有物;占有被妨害者,得请求除去其妨害;占有有被妨害之虞者,得请求防止其妨害(第962条)。诸此规定旨在保护法律平和,虽无疑问,但亦兼具有保护个别占有之目的,似不容否认,解释上应仍得认为系属保护他人之法律。[①] 无权占有人原则上亦在保护之列,惟其得请求赔偿之损害者(ersatzfähiger Schaden),应受限制。关于此点,即于下文讨论之。

三、损害赔偿

(一)得请求赔偿之损害

占有得成为侵权行为之客体,已如上述。被害人得请求赔偿之损害,计有使用收益之损害(Nutzungsschaden)、支出费用之损害(Verwendungsschaden)及责任损害(Haftungsschaden)。兹分别说明之。

1. 使用收益之损害

占有人依其占有权原,对占有物得为约定或法定范围之使用收益。侵害他人占有致被害人不能为此项使用收益者,应负赔偿责任。例如,甲向乙借用搬运货物之小货车,为丙盗用,甲被迫租用他车者,就其所受租金或其他因不能使用货车之损害,得向丙请求赔偿。在德国最高法院BGH JZ. 1964, 613判决一案,有原告A医生租赁B所有房屋底楼,开设诊所。被告C承租B之地下室,因改建工程,日夜加班,引起喧嚣振动,致原告业务深受影响,收入减少。德国最高法院(BGH)认为被告侵害原告之占有,对其使用收益之减少,应负赔偿责任。[②] 此项判决可供参考。

有疑问的是,无权占有人就其占有被侵害而受“使用收益”之损害,得否请求赔偿。依本文见解,无权占有人虽亦受“民法”关于占有规定之保护,对于侵夺其占有者,得请求返还占有物;对于妨害其占有者,得请求除去之;有妨害其占有之虞者,得请求防止之;但在积极方面,无权占有人对于占有物并无使用收益之权能(参阅第952条以下规定)。换言之,物

---

① 参见Wieser, JuS 1970, 557ff.

② 关于此一判决之评释,参见Wieser, JuS 1970, 557f.

之使用收益，在法律上并不归属于无权占有人，无权占有人自无主张之余地。[①] 例如在上举甲向乙借用搬运货物之小货车，为丙盗用之例，设丙使用该车于数周后，复为甲或乙非依诉之方法取回，或被其他第三人侵夺者，丙纵因此而不能使用收益，受有损害，亦不得请求赔偿。又承租人于租赁契约届满后，拒不交屋，而被出租人赶出屋外时，就其住宿旅馆所支出之费用，亦非属得请求赔偿之损害。

2. 支出费用之损害

善意占有人就改良占有物所支出之有益费用，于其占有物现存之增加价值限度内，得向恢复请求人请求偿还（第955条）。第三人侵害占有，致占有物之价值减损，占有人不能向恢复请求人请求偿还者，就其所支出费用，得向加害人请求赔偿。例如善意之甲自乙处购买丙所有而被乙所盗之汽车，甲整修已毁损之车身，支出2万元，其后该车为丁盗用，驾驶不慎，肇致车祸，致车身毁损。甲自丁处取回汽车后，丙向其请求恢复其物时，甲就其不能向丙请求偿还之支出费用，得向丁请求赔偿之。[②]

3. 责任损害

所谓责任损害，系指占有人因其占有被他人侵害，致对恢复请求人须负损害赔偿之责任而言。例如甲偷乙之机车，其后该车复为丙盗用而损毁。于此情形，依第956条规定，甲对于乙应负损害赔偿之责。甲就此种责任损害，得向丙请求赔偿。申言之，甲得请求丙对乙给付，以免除其责任。甲已向乙为损害赔偿时，则得对丙主张之。[③]

（二）不得请求赔偿之损害

依第768条规定，以所有之意思，5年间和平公然占有他人之动产者，取得其所有权。又依第771条规定，占有人自行中止占有，或变为不以所有之意思而占有，或其占有为他人侵夺者，其所有权之取得时效中断。但依第949条或第962条之规定，恢复其占有者，不在此限。设有非善意之甲自乙购买丙所有之电视机，占有达5年时，即取得其所有权。倘

---

① 参见 Medicus, AcP 165, 120; Wieser, JuS 1970, 557f. 不同意见参见 Dulckeit, Die Verdinglichung obligatorischer Rechte, 1951, S. 17f.

② 参见 Medicus, AcP 165, 123f.; Wieser, JuS. 1970, 558.

③ 参见 Hellwig, Anspruch und Klagrecht, 1960, S. 194f.; Medicus, AcP 165, 123; Wieser, JuS 1970, 553.

该电视机于时效期间届满前数日,为惯窃丁所盗,被警破获,物归原主乙时,则甲之取得时效中断,不能取得电视机之所有权。于此情形,占有人就此种因他人侵害其占有,致时效取得中断所受之损害(学说上称之为时效取得损害 Ersatzungsschaden),得否请求赔偿,尚有争论。①

依本文见解,取得时效中断之不利益,非属得请求赔偿之损害,法律为维护永续事实上之状态及社会生活秩序而创设时效制度;但时效取得系以自主占有他人之物为前提,如系属无权占有,本为法律所不容,占有人负有返还占有物之义务,时效完成前期待之地位,在法律上实无保护之必要。

(三)占有人与所有人之损害赔偿请求权

占有受不法侵害而遭受损害者,除占有人外,亦可能包括物之所有人。例如甲租用乙所有之汽车,为丙所盗,拆成零件出售。于此情形,甲就其占有被侵害而生之使用收益损害,得向丙请求赔偿,已详上述。关于汽车本身毁损之损害(学说上称为实体损害 Substanzschaden),则仅汽车所有人乙得向丙主张之。于此情形,丙误以甲为汽车之所有人而为损害赔偿时,得否主张免责,不无疑问。《德国民法》第 851 条规定:“因动产之夺取或毁损而负损害赔偿义务之人,已向夺取或毁损时占有该物之人为赔偿,纵令另有第三人为该物之所有人,或就该物享有其他权利,仍因其给付而免除责任,但明知该第三人之权利,或因重大过失而不知之者,不在此限。”台湾现行“民法”虽未设类似规定,但占有人于占有物上行使之权利,推定其适法有此权利(第 943 条),故占有人以所有人之地位,受领损害赔偿时,无过失之赔偿义务人,应可免责。物之所有人得依不当得利之规定向受领赔偿之占有人请求返还其所受之利益。

四、结　　论

现行法上之占有,论其性质,本为事实,但又受法律之保护。侵害他

---

① 德国有力学说原认为时效取得损害(Ersatzungsschaden)系属应赔偿之损害(参见 Esser, Schuldrecht Ⅱ, S. 404),但最近倾向于采否定说,参见 Medicus, AcP 165, 123; Wieser, JuS 1970, 558. 日本学者加藤一郎,亦采同样见解:“本权のない占有者の场合には,使用收益を害されたことによる损害の赔偿は请求しえないと思われる”(《不法行为》增补版,“法律学全集”22-Ⅱ,昭和 52 年,第 110 页)。

人占有者,应负侵权责任,自结果以言,虽无疑问,但其理论依据何在,学者争议甚多,尚无定论。于有权占有,占有人依其权原基础对占有物得为使用收益,实处于类似所有权人或其他物权人之地位,应认为具有权利之性质(德国学者称之为占有之物权化),故其占有被不法侵害,系属权利被侵害。又"民法"关于保护占有之规定,除维护一般法律平和及社会秩序外,实亦兼具保护占有人之目的,故应解为系属保护他人之法律。因此,侵害他人占有者,依其情形,应依第 184 条第 1 项前段或第 2 项负损害赔偿责任。被害人得请求赔偿者,计有使用收益之损害(限于有权占有人)、支出费用之损害及责任损害。至于时效取得之损害,则不在得请求赔偿范围之内。

不法侵害他人之物之损害赔偿方法

一、问题之说明

甲驾车不慎违规超速,撞毁(毁灭)乙刚购置之新车,于此情形,乙得依侵权行为之规定向甲请求损害赔偿,并依第213条第1项之规定请求赔以同类型之新车,以恢复损害发生前之原状。关于此点,判例学说见解一致,无待详论。

在上举之例,倘乙之新车仅遭毁损,依据估计,该车因毁损所减少之价额为5万元,但恢复该车于损害发生前原状之费用,则须6万元。于此情形,依第196条规定:"不法毁损他人之物者,应向被害人赔偿其物因毁损所减少之价额。"乙得向甲请求赔偿5万元,法有明文,自无疑问。值得研究的是下列三个问题:

(1) 乙得否向甲请求恢复原状?

(2) 乙得否向甲请求恢复原状所需之费用6万元?

(3) 乙已自为恢复原状时,得否向甲请求所支出之费用?

上述三项问题之解决,涉及第196条规定之规范意义,以及其与第213条第1项规定之适用关系。最近发现若干"最高法院"判决,其见解与学者通说颇有不同,深具启示性,殊值重视,特撰本文,试加分析,以供参考。

二、第196条规定与被害人之恢复原状请求权

(一)学说

1. 通说

不法毁损他人之物者,被害人得否依第213条之规定请求恢复原状,其关键问题在于第196条之解释。学者多采相同见解,其基本论点有二:① 物之侵害,可分两种情形:一为毁灭(灭失),一为毁损。前者,依一般损害赔偿之规定,以恢复原状为原则;后者,则应适用第196条之规定,是为损害赔偿之特例,被害人(债权人)仅能请求其物因毁损所减少之价额,加害人(债务人)只需赔偿其物因毁损所减少之价额,不必为之修补或依其他方法恢复原状。[①] ② 所谓赔偿其物因毁损所减少之价额,如属一部毁损,固以赔偿其毁损部分之价额为已足,有虽毁损一部而致丧失其物经济上之价值者,应赔偿其物之交易价值。[②]

学者通说认为,第196条规定系损害赔偿之特例,已如上述。至其立法理由,史尚宽先生认为:"盖在物之毁损,与其使贯彻恢复原状,不如使被害人径请求减少之价额,较为方便。"[③]王伯琦先生则提出所有权保护之理论,说明第196条之立法意旨,略谓:损害赔偿之方法,以恢复原状为原则,以金钱赔偿为例外(参阅第213条);但第196条规定,不法毁损他人之物者,亦向被害人赔偿其物因毁损所减少之价格。故物受毁损者,在被害人方面,只得请求金钱赔偿,不得请求恢复原状。其物已丧失全部经济价值者,固得请求全部价格之赔偿,其丧失一部经济价值者,亦只得请求毁损所减少之价格,不得令加害人取得毁损物之所有权(参照第228条),而请求全部之价格赔偿,或恢复其物之原状。盖以物之效用,惟在其经济价值,以金钱赔偿其价格,于被害人可得满足,于加害人亦较为便利也。在加害人方面,亦应赔偿其减少之价格,不得为全部之价格赔偿或恢

---

① 参见史尚宽:《债法总论》,第213页;王伯琦:《民法债编总论》,第105页;郑玉波:《民法债编总论》,第201页。

② 参见胡长清:《民法债篇总论》,第190页。

③ 史尚宽,前揭书,第213页。

复原状,而请求让与其物之所有权。如其不然,反将使所有权失其保障矣。从而第196条规定,应仅指物之毁损而言,至于灭失,则仍应以恢复原状为原则,否则将导致同一结果。如侵夺或毁灭他人之物者,如其不必恢复原状,而得以金钱赔偿,则他人之物权反将失其保障。①

2. 不同意见

梅仲协先生基本上亦采通说之见解,认为依第196条规定,对物为侵权行为之损害赔偿请求权,似应以金钱赔偿为限。惟一方面又认为,按第213条之规定,负损害赔偿责任者,原则上应恢复他方损害发生前之原状,惟于不能恢复原状或恢复显有困难者,始准其以金钱赔偿其损害。而物之被毁损,与被毁灭者不同,被毁灭固不能恢复原状,而被毁损则尽有恢复之可能。第196条之规定似有未妥,其例亦罕见,其立法之用意若何,因无起草理由可以稽考,殊难悬揣也。②

惟应注意的是,梅仲协先生系从立法论上,批评第196条之规定,但其他学者则试图对该条重新解释,使被害人仍得依第213条之规定,请求恢复原状。依孙森焱先生之意见,第196条规定应解为训示规定,并不排除第213条规定之适用,被害人当得选择行使之。③ 又黄茂荣先生亦认为,被害人对于恢复原状及依第196条规定请求金钱赔偿,亦有选择权。④

(二)判决

1. 被害人仅能请求以金钱赔偿其物减少之价额

在1977年台上字第2187号判决一案,上诉人永大公司兴建大厦,施工挖土,抽出地下水,而未作安全措施,且使激烈震动,致花浮等6人之建筑物遭受损坏,地楼墙壁楼梯均有严重龟裂现象,请求损害赔偿。"最高法院"(民事第二庭)认为:"第按民法所称损害赔偿之恢复原状,及其不能恢复原状或恢复显有重大困难时,应以金钱赔偿其损害,与不法毁损他人之物者,赔偿其物因毁损所减少之价额,二者在性质上并不尽同,而其范畴亦异,后者为赔偿之特例。本件花浮等6人既系请求永大公司等3

---

① 参见王伯琦,前揭书,第105页。

② 参见梅仲协:《民法要义》,第149页。

③ 参见孙森焱:《民法债编总论》,第248页。

④ 参见黄茂荣:《民事法判解评释》(一),第267页、第271页,其理由构成在法学方法上殊具参考价值,务请参阅。

人连带赔偿伊等所有建筑物因毁损所减少之价额(见一审卷第 4 页、第 23 页、第 52 页,原审卷第 38 页、第 47 页、第 107 页),原审只就其修补费之多寡为斟酌,并据以判断花浮等 6 人之请求是否正当,即有未合。"

在 1979 年台上字第 2577 号判决一案,被上诉人吴芳邦所驾驶被上诉人森田汽车货运行之货车相撞,被上诉人森田汽车货运行之货车几近全毁,请求支出修理费 230 245 元。"最高法院"(民事第三庭)认为:"第查不法毁损他人之物者,应向被害人赔偿其物因毁损所减少之价额,为第 196 条所明定,此为赔偿方法之特例,原判决既认定森田汽车货运行之货车已近全毁,则就该车当时之年份、厂商及车型,不难调查其因毁损所减少之价额,以为赔偿之依据。"

2. 被害人得请求恢复原状

在 1969 年台上字第 989 号判决一案,被上诉人主张上诉人于 1965 年五六月间,拆除房屋,兴建戏院,施工期中,因未注意邻地防护工作,致伊所有房屋砖墙下沉,地面龟裂,虽经上诉人委由大地公司修补,仍属无济于事,求为命上诉人再予修复及赔偿房屋贬值之损害赔偿。"最高法院"认为:"损害赔偿之方法以恢复原状为原则,不能恢复原状或恢复原状显有重大困难者,以金钱赔偿其损害。原审既斟酌前往现场复勘之情形,认仅房屋与围墙连接处尚未修复,命上诉人予以修复,是已达恢复原状之目的,竟又命赔偿贬价之损害,被害人岂非受有双重利益?虽第 196 条定有不法毁损他人之物者,应向被害人赔偿其物因毁损所减少之价额之规定,但此系被害人不请求恢复原状,而径行请求以金钱赔偿其损害时,始有其适用,被上诉人既已请求恢复原状,能否再请求因毁损其物所减少之价额,已非无审究余地。况其对于有何贬值情形,亦未说明其根据,遽命赔偿贬值损害,于法自有未合。"

(三)本文之见解

综据上述,关于不法毁损他人之物之损害赔偿,学者通说认为,依第 196 条之规定,被害人仅能请求其物因毁损而减少之价额。"最高法院"判决见解不一。依吾人所信,第 196 条之规定,并不排除被害人之恢复请求权,1969 年台上字第 989 号判决亦采此见解,可资赞同。至其理由,上开判决并未详述,学者有认为得将第 196 条之规定,解为系"训示规定",理由构成尚嫌简略,欠缺实质说服力。依吾人见解,在法学方法论上可资采取之方法,系对第 196 条之规定作限制解释,认为本条系为被害人利益而设之特例。易言之,即被害人于其物遭受他人不法毁损者,得径依本条规定向加害人请求赔偿其物减少之价额,但其依一般原则请求恢复原状之权利不受影响。其主要理由,计有四点:

1. 损害赔偿之基本思想

损害赔偿之基本思想在于填补被害人所受之损害,恢复原状应为最适当之方法。惟民律第一草案系采金钱赔偿主义,于第 385 条规定:“赔偿损害须以金钱为之。但法令或法律行为有特别订定者,不在此限。”① 为配合此项原则,第 967 条并规定:“因侵权行为毁损他人之物者,须向被害人赔偿其物之减价额。”②民律第二草案废弃金钱赔偿主义,改采“恢复原状”主义,于该草案第 301 条规定:“负损害赔偿责任者,如别无法令或法律行为可据,应使他造恢复损害发生前之原状”,但仍然保留“因侵权行为毁损他人之物者,应向被害人赔偿其物因毁损所减少之价额”之规定(第 270 条)。③ 现行“民法”仿民律第二草案之立法例,亦采恢复原状主义(第 213 条),并设有第 196 条之规定(相当于民律第一草案第 967 条,民律第二草案第 270 条)。依民律第一草案所采之金钱赔偿主义,不法毁损他人之物,应向被害人赔偿其物因毁损所减少之价额,自有所据,惟现行“民法”既已改采恢复原状主义,则第 196 条规定之存在,即有疑问。在解释上应认为本条规定并不排除被害人请求恢复原状之权利,期能贯彻恢复原状之基本原则。

---

① 《民法制定史料汇编》(上册),1976 年,第 409 页;民律第一草案第 385 条之立法理由书谓:“赔偿损害不问其原因为债务不履行,或为侵权行为,若法令或法律行为无特别订定者,以金钱赔偿之,于实际上方为便利。虽许多立法例,亦有以恢复原形(赔偿实物)为原则,以金钱赔偿为例外者,然于实际上不便,本案不采用之。”

② 《民法制定史料汇编》(上册),第 663 页。又民律第一草案关于物之损害赔偿,除第 967 条外,尚有 5 条规定。第 962 条规定:“依侵权行为侵夺他人之物者,须将其物归还被害人。”第 963 条规定:“依侵权行为侵夺之物,其负归还义务人,于因天灾及其他不可抗力,不能归还时,仍任其责,但义务人证明其物不被侵夺,亦不能归还之事实者,不在此限。前项规定,于应归还之物,因天灾及其他不可抗力而毁损者,准用之。”第 964 条规定:“加害人赔偿侵夺物之价格者,被害人得自算定价格标准之时起,请求支付赔偿额之利息。”第 965 条规定:“加害人于其侵夺之物已出费用者,得向被害人请求偿还其费用。物之占有人,对于所有人请求偿还费用权之规定,于前项情形准用之。”第 966 条规定:“依侵权行为侵夺之动产,其负赔偿损害义务人,若向侵夺时占有其物人既已赔偿,虽第三人为侵夺其物之所有人,或为其他之物权人时,义务人亦免赔偿之义务。但明知第三人于侵夺物有所有权,或其他物权,或因重大过失而不知者,不在此限。”

③ 参见《民法制定史料汇编》(下册),第 140 页、第 136 页。

2. 被害人之保护

学者通说认为,依第 196 条之规定,不法毁损他人之物者,仅须赔偿其物因毁损而减少之价额。此项见解实不足保护被害人之利益。物因毁损而减少之价额与恢复原状所需之费用,未尽相符,于通常情形,恢复原状之费用多高于物之减少价额,因此依通说之见解,被害人所得请求赔偿之价额,将不足以恢复其物之原状。揆诸法理,显有不当。遭他人不法侵害之物,尚可使用时,被害人仅能请求减少之价额,或无大碍;倘其物非经修缮不能使用时,被害人仍不能请求恢复原状,殊失事理之平。

3. 区别物之毁灭(灭失)与毁损之理论依据

依学者通说,不法毁灭(灭失)他人之物时,被害人得请求恢复原状,但于毁损之情形,被害人依第 196 条规定,则仅得请求减少之价额。此项区别,实乏依据。就通常交易观念而言,应采相反见解,即于灭失之情形,应赔以其物之价格(交易价格),而于毁损之情形,应恢复其物之原状,始称合理。如前所述,王伯琦先生曾提出以下论点,作为通说之理论依据,即:"在加害人方面,亦应赔偿其减少之价格,不得为全部价格赔偿或恢复原状,而请求让与其物之所有权,如其不然,反将使所有权失其保障矣。从而第 196 条之规定,应仅指物之毁损而言,至于灭失,则仍应以恢复原状为原则,事则将导致同一结果,如侵夺或毁灭他人之物者,如其不必恢复原状而得以金钱赔偿之,则他人之物权,反将失其保障。"[①]王伯琦先生强调物之所有权之保障,应值赞同,自不待言。惟依吾人所信,恢复原状通常系对于毁损之物加以修缮,例如对于毁损他人日常穿着之衣服,负赔偿责任者,只须将衣服缝缀妥贴,可以照常穿着,即为已尽赔偿之能事[②],应不发生侵害被害人所有权之情事。在例外须予以金钱赔偿时,加害人请求让与被毁损之物之所有权,仍基于防止被害人因损害赔偿而有不当得利之思想,似难谓因此而使其所有权失其保障。又依本文对第 196 条规定所作之限制解释,请求恢复原状是为被害人之权利,被害人是否请求,自有权衡,更无使所有权失其保障之虞。

4. 比较法上之观察

《德国民法》第 249 条规定:"负损害赔偿义务者,应恢复其发生赔偿

① 王伯琦,前揭书,第 105 页。

② 参见梅仲协,前揭书,第 162 页。

义务之事情未发生前存在之状态。对身体之伤害或物之毁损,应为损害赔偿者,债权人得请求代替恢复原状之必要金额。”本条所谓物之毁损(Beschädigung),系指物之部分毁损而言,倘物已全部毁灭(灭失,Totalschaden),则应适用《德国民法》第251条第1项规定,即恢复原状不能或不能对债权人充分赔偿者,赔偿义务人应以金钱赔偿之。①

《瑞士债务法》第43条规定:“所生损害之赔偿方法及范围,由法院斟酌责任之情况及程度定之。”瑞士法院所定之赔偿方法,或为恢复原状,或为金钱赔偿。于物被不法毁损之情形,被害人除请求恢复原状外,通常亦得请求恢复原状所需之费用,而被害人对此项赔偿金钱,原则上得自由支配使用,不受任何限制。②

《日本民法》第417条规定:“损害赔偿除另有意思表示外,应以金钱定其数额。”此项金钱赔偿之基本原则于物之毁损灭失亦有适用余地。依日本之学说与判例,于物遭灭失之情形,通常应赔偿其物之交换价值;此项交换价值亦包括物之通常使用收益之价值。于物遭毁损之情形,应赔偿修理费用、修理期间物之使用收益之丧失,以及修理期间租赁他物替代原物之费用。③

就上述德国、瑞士、日本之立法例及实务观之,关于物之毁损,被害人得请求恢复原状(或恢复原状所需之费用),可谓是文明社会之共通原则,具有普遍之适用性。

三、被害人请求恢复原状所需之费用或因恢复原状所支出之费用

(一)学说

被害人得请求恢复原状时,得否不请求实际恢复损害发生前之原状,

① 参见 Esser/Schmidt, Schuldrecht Ⅱ, Allgemeiner Teil, Teilband 2, 5. Aufl. 1977, S. 130ff., 149ff. 194ff.; Larenz, Schuldrecht Ⅰ, Allgemeiner Teil, 11. Aufl. 1976, S. 375ff.; Lange, Schadensersatz, 1979, S. 138f.

② 参见 Peter/von Tuhr, Schweizerisches Obligationsrecht, 1978, S. 114f.

③ 参见前田达明:《不法行为法》,“现代法律学讲座·民法”Ⅵ2、14,青林书院新社,昭和55年,第347页以下;几代通:《不法行为》,“现代法学全集”20-Ⅱ,筑摩书房,昭和54年,第275页以下。

而请求恢复原状所需之金额以代实际恢复原状？又设被害人已自为恢复原状时，得否请求其所支出之费用？曾世雄先生首先注意到这个在理论上颇饶趣味，而在实务上极为重要之问题①，在问题之提出上（Problemstellung），实具启示性。

关于恢复原状所已支出费用之请求，曾世雄先生采取肯定说，例如甲不慎毁坏某乙玻璃杯一只，某甲得购买一品质相同之玻璃杯交付某乙以为赔偿；某乙亦得自行购买，以其收据请求某甲偿还。诸此均属实际恢复原状，其费用终应由某甲负担者，固无问题。②

关于就因恢复原状所需费用之请求，曾世雄先生认为不无研究价值。例如，在上举甲不慎毁坏乙玻璃杯之情形，乙是否得以自行购买为理由而径行向甲请求购买一品质相同之玻璃杯所需费用？曾世雄先生认为，此种情形以损害赔偿权利人对于损害事故发生，并无利益时更具讨论价值，而举例以明之：租赁房屋原约定仅供居住用，承租人违反约定于住宅内附设工厂，因而致房屋遭受损害。契约到期后，出租人一方面将该房屋出租他人以为仓库，盖其过大不适于住宅用也，另一方面请求原承租人赔偿恢复原状所需费用。其特别注意者，乃出租人根本不可能为恢复原状而修缮房屋，盖其房屋已出租为仓库，无此修缮之必要。余意以为，赔偿权利人能否以自行恢复为由，请求恢复原状所需之费用，应就个别案件，视赔偿权利人对损害事故之利益存否，依诚实信用原则定之。第二例中，出租人对损害事故之发生，并无利益，既无利益可言，纵恢复原状亦不得请求，其自不得请求恢复原状所需之费用者，自不待言。但毁坏玻璃杯之第一例中，某乙纵不为实际购买玻璃杯，其对于损害事故之利益仍然存在，因此，某乙请求给付恢复原状所需之费用者，某甲应不得拒绝，否则即违反诚实信用之原则矣。③

孙森焱先生亦简略提到恢复原状所需费用之问题，认为以修缮费用计算损害而请求赔偿者，应认为修缮费用为物因毁损所减少之最低价额，为第 196 条规定所许，自无须践行第 214 条所定催告之程序。④

---

① 参见曾世雄：《损害赔偿法原理》，1969 年初版，第 87 页。
② 参见曾世雄，前揭书，第 87 页。
③ 参见曾世雄，前揭书，第 87 页、第 88 页。
④ 参见孙森焱，前揭书，第 248 页。

(二)判决

1. 被害人得请求恢复原状所需之费用

在1977年台上字第2713号判决一案,被害人雇用之司机撞毁洽泰裕公司之自用小客车。“最高法院”(民事第五庭)认为:关于洽泰裕公司请求赔偿修理费部分,依第214条应先定期催告上诉人修理,逾期不为修理时,始得请求以金钱赔偿。兹该公司并未说明其曾经定期催告,而径凭估价单,请求以金钱赔偿,亦有未合。

2. 被害人得请求因恢复原状所支出之费用

在1978年台上字第2694号判决一案,被上诉人驾驶大货车疏于注意与前车保持适当距离及控制适宜之速度,致自后撞上上诉人所有之计程车。关于上诉人就其支出该计程车修缮费用,“最高法院”(民事第二庭)认为:“上诉人既不能证明按时代车行之估价修理,仍不能恢复原状,衡情应以该行于车祸发生当初估定之修缮费43 760元为实际所需费用额,命上诉人连带负责赔偿。”

在1978年台上字第3910号判决一案,被上诉人主张上诉人柯国良系上诉人洪朝清即源昌货运行雇用之司机,驾驶该货运行所有卡车,疏于注意撞及被上诉人联翁公司之货车。民事第二庭认为:“查联翁公司之货车被撞后,经该公司雇车拖回嘉义重修,换配零件及整修各部分,共支出188 075元,业据提出发票影本5本、估价单8纸为证,而负损害赔偿责任者,应恢复他人损害前之原状,货车被撞损坏原状之恢复,应系指恢复其通常效用而言,与该车损坏前之价值无关,纵货车损坏前非为全新,而于重修时,以新机件换配,但亦因非如此换修,无以达其损害前之通常效用,且换配之机件已附著于货车而为其一部分,不再为有价之个体,报废年限届至,即同成为废品,故不得按货车之新旧程度折算修理费。第一审按货车之折旧率3/4,计算修理费为47 071元,而认为其余修理费141 054元非为车祸所生之损害,尚有未合。”

在1979年台上字第319号判决一案,被上诉人怡泰通运股份有限公司主张上诉人潘金助系上诉人新建亨交通有限公司雇用之司机,驾驶该公司之货车,因方向盘失灵,致其货车闯入来车车道,撞损伊之游览车。经伊修理支出修理费及材料费共新台币402 600元。民事第一庭判决认为:“原审斟酌上诉人已自认其车因方向盘失灵撞损被上诉人之车属实,及证人林乃翁、詹昭平证称，被上诉人之车损坏，用去修理费及材料费共402 600元，因将第一审所为……判决予以维持……，于法并无违背。上诉论旨任意指摘原审依法采证认事之职权行使为不当，求将原判决关于其败诉部分废弃，难谓有理由。”

（三）本文之见解

1. 概说

关于物遭他人不法毁损时，被害人仍得依第213条规定，请求恢复原状，已如上述。因此随即发生两项问题：① 被害人得否请求恢复原状所需之费用？② 被害人得否请求因恢复原状所支出之费用？此项问题，对于人身遭受侵害之损害赔偿，亦属重要。例如某甲遭乙伤害面容，得否请求治疗、美容（恢复原状）之费用？可谓是损害赔偿法上一项基本问题。

《德国民法》第249条后段规定：“对身体之伤害或物之毁损，应为赔偿者，债权人得请求恢复原状之必要金额。”台湾现行“民法”未设相当规定，被害人请求恢复原状所需费用（或已支出之费用），其法律基础何在，诚有研究之必要。

2. 被害人请求恢复原状所需费用之法律基础

首先应检讨者，系被害人得否依第214条之规定，请求恢复原状所需之费用。1977年台上字第2713号判决认为：“关于洽泰裕公司请求赔偿修理费部分，依第214条应定期催告上诉人修理，逾期不为修理时，始得请求以金钱赔偿。”此判决似采肯定说。问题之关键在于第214条所谓之金钱赔偿是否指恢复原状所需之费用而言。

按第214条之规定系仿《德国民法》第250条之规定：“债权人对于赔偿义务人，得指定恢复原状之相当期间，并表明其期间经过后得拒绝恢复原状之意旨。不于适当时期恢复原状者，债权人得于其期间经过后，请求以金钱赔偿之，但此时不得再为恢复原状之请求。”关于《德国民法》第250条所谓之“以金钱赔偿”（Ersatz in Geld），德国以前通说认为系指价额赔偿（Wertersatz），其主要理由为：关于人身或物之侵害，被害人得请求恢复原状所需之费用，《德国民法》第249条后段已设有规定。惟最近学者认为该条所谓之“以金钱赔偿之”，系指恢复原状之费用（Herstellungskosten)而言,已成为有力之理论。[1] 就第214条所谓之金钱赔偿而言,因为并无相当《德国民法》第249条后段之规定,则在解释上自应认为系指恢复原状所需之费用而言,始符合现行"民法"所采恢复原状主义之基本原则。1977年台上字第2713号判决亦采此见解,应值赞同。

惟应注意的是,学者有认为以修复费用计算损害而请求赔偿者,应认为修缮费用系物因毁损所减少之最低价额,依第196条规定,毋须践行第214条所定催告之程序,前已提及。此项见解旨在免除被害人之催告程序,有利于被害人,虽无疑问,但"恢复原状所需费用"与"其物因毁损所减少之价额",系属不同之损害赔偿方法,不能混为一谈。[2] 再者,以修缮费用为物因毁损所减少之最低价额,与民法恢复原状之基本原则似有违背。严格言之,应以物因毁损所减少之价额为修缮费用(恢复原状)之最低价额,始符合第196条所蕴含"便于赔偿,易于计算"之规范目的。

最后应予说明的是,负损害赔偿义务人欲依第213条规定恢复损害发生前之原状,被害人得否拒绝,而主张愿请求恢复原状所需之费用?前述曾世雄先生所提出之见解,应系指此种情形而言。就现行"民法"而言,损害赔偿之方法以恢复原状为原则,以金钱赔偿为例外,恢复原状是被害人之义务,也是被害人之"权利",对于加害人亦具有利害关系。因此,原则上被害人不能舍恢复原状而径请求恢复原状所需之费用。例如:乙毁损甲之衣服,乙愿意(自己或雇人)缝缀以恢复原状时,甲不得拒绝而请求恢复原状所需费用。惟恢复原状对于被害人失其意义者,则例外得请求恢复原状所需之费用。例如:甲有古屋一栋,半侧遭乙毁损。依其情形,纵为部分整修,亦难恢复旧观,徒增不调和之感觉。倘甲决定拆除重建,应得拒绝乙对毁损部分之恢复原状,而径请求恢复原状所需之费用。于诸此情形,负赔偿责任义务人若坚持恢复原状,则诚如曾世雄先生所言,与诚实信用原则,显有抵触也。

又被害人请求恢复原状所需费用时,应受第215条规定之限制,系属

---

① 参见RGZ71, 212, 214; BGHZ27, 181, 185; Frotz JZ 1963, 391; Medicus, Bürgerliches Recht, 8. Aufl. 1978, Rdnr. 818; Hezmann Lange, Schadensersatz, 1979, S. 151.

② 参见史尚宽,前揭书,第213页谓:"在德民为恢复原状费用之预付请求,学者认为既非金钱赔偿请求权,亦非原状恢复请求权,而可认为变相之恢复原状请求权……在台湾地区则赔偿减少价额请求权,应认为金钱赔偿请求权,盖恢复原状所需之费用与减少之价额,不必相同。"此可供参考。

当然。申言之,即不能恢复原状或恢复显有重大困难者,仅能请求以金钱赔偿其损害。例如,甲不法毁损乙之汽车,减少之价额为 2 万元,但恢复原状须费 6 万元时,应属恢复原状显有重大困难,被害人不能请求 6 万元,仅能请求 2 万元,自不待言。

3. 被害人请求因恢复原状所支出费用之法律基础

被害人于其物遭受他人不法之侵害时,先自为恢复原状,再向加害人请求所支出之费用,在实务上颇为常见。"最高法院"判决有采肯定说者,学者亦谓此属实际恢复原状,其费用终应由加害人负担,应无问题,惟关于被害人请求权基础(Anspruchsgrundlage),均未说明。

如前所述,依《德国民法》第 249 条后段之规定,对身体之伤害或物之毁损,应为损害赔偿者,债权人得请求代替恢复原状之必要金额。依此规定,被害人得请求因恢复原状所支出之费用,应属当然。台湾现行"民法"未设相当规定,因此得否因有恢复原状之明文,即可当然认为被害人得请求为恢复原状而支出之费用,在理论上仍有疑问。

此项问题在《奥地利民法》上曾引起重大争论。按《奥地利民法》(AGBG)关于损害赔偿之方法亦采恢复原状主义(《奥地利民法》第 1323 条),对于被害人得否请求因恢复原状所支出之费用,奥地利民法学者 Ehrenzweig 教授认为,被害人因急迫需要,或因适当监督之必要,得自为恢复原状,而由加害人负担其费用。[①] Wolff 教授认为 Ehrenzweig 教授之见解过于狭隘。依 Wolff 教授之见解,被害人恒得自为恢复原状,并应适用无因管理之规定,以决定当事人间之权利义务关系。奥地利最高法院(OGH)在一项重要之判决,曾明白表示被害人对于恢复原状或请求恢复原状所需之费用有选择权。[②] 最近,维也纳大学教授 Koziel 在其所著《奥地利责任义务法》(Österreichisches Haftpflichtrecht)一书中,曾对此问题再加检讨,一方面认为 Ehrenzweig 教授之见解欠缺说明力,一方面则表示赞同 Wolff 教授之见解,即加害人负有恢复原状之义务,而由被害人自行为之者,当事人间之法律关系应依无因管理之规定决定之。[③]

就台湾现行"民法"而言,被害人得请求恢复原状所需之费用,自不

---

① 参见 Ehrenzweig, System des Österreichischen Allgemeinen Privatrechts Ⅱ, 1(1928), S. 65.

② 参见 Wolff in Klang, Kommentar zum Allgemeinen Bürgerlichen Gesetzbuch, Ⅵ, S. 121.

③ 参见 Koziel, Österreichisches Haftpflichtrecht, Bd. I, Allgemeiner Teil, 1973, S. 132f.

发生上述《奥地利民法》上之争论。其所应检讨的是,被害人请求恢复原状所需费用与被害人请求因恢复原状所支出费用,究具有何种关系。关于此点,"最高法院"并未作明确之说明,惟据上开1977年台上字第2713号判决观之,被害人请求恢复原状所需费用者,须践行第214条所定之催告程序,但于其他判决被害人请求因恢复原状所已支出之费用时,则似不以已践行催告程序为必要。在学说方面,曾世雄先生认为被害人仅于其对损害事故具有利益时,始得请求恢复原状所需之费用,惟对被害人请求因恢复原状所支出之费用,则全面肯定之,未设任何限制。

自法律逻辑及当事人之利益言,本文认为被害人依法得请求恢复原状所需之费用者,即得请求因恢复原状所支出之费用。据上所述,依第214条规定,被害人须于践行催告程序后,始得请求恢复原状之费用,因此被害人请求因恢复原状所支出之费用者,亦应以此为要件。惟对此原则,应设例外,即被害人依其情形有自为恢复原状之必要,不能责望其催告负损害赔偿义务人恢复原状者,虽未为催告仍得请求因恢复原状所支出之费用,以维护被害人之利益。

四、结　　论

物之损害赔偿,在实务上极为重要。近年来车祸频繁,诉讼案例剧增,尤值重视。问题之关键在于第196条规定之解释适用。学者通说认为本条为恢复原状主义之特例。易言之,即于物遭毁灭(灭失)之情形,被害人虽得依一般原则请求恢复原状,惟于物受毁损之情形,被害人仅得请求金钱赔偿其物因毁损而减少之价额,不得请求恢复原状。此项见解与损害赔偿之基本目的不符,尚有商榷余地。其次,区别物之灭失与毁损而异其赔偿方法,不但缺乏依据,抑且不足保护被害人之利益。为此,本文认为应对第196条规定之规范意义,再作检讨,认为其系为便利被害人请求损害赔偿之特别规定,立法目的在于优遇被害人,故被害人于其物遭受他人不法侵害时,得径请求减少之价额,但恢复原状之请求权不因此而受影响。"最高法院"亦采此见解,实值赞同。所应注意的是,其尚更进一步认为,被害人不但得请求恢复原状所需之费用,而且于其自为恢复原状时,亦得请求所支出之费用。"最高法院"赋予被害人广泛之救济方法,其法律基础(Anspruchsgrundlage)虽值研究,但有助于保护被害人利益，则属无疑，在此意义上，可谓具有促进法律进步功能（richterliche Rechtsfortbildung），使现行损害赔偿制度更具合理性，更符合社会需要。

"最高法院"判决承认，被害人就其物遭受毁损仍得请求恢复原状（或恢复原状所需费用），使现行损害赔偿制度趋于复杂，亦值重视。其根本问题在于第196条之规定不符填补损害之基本目的。为此，吾人认为倘能将第196条规定修正为："物遭他人不法毁损者，被害人得请求恢复原状所须之费用"，则恢复原状主义可得贯彻，被害人利益获有保障，所有争议问题即可迎刃而解。又关于人身侵害，亦应增设相同规定，始称妥适，更不待言。

法律之解释适用，一方面须以实体法之规定为其依据，另一方面又须兼顾社会需要及实际目的（praktische Zielsetzung），判例学说处此情况，颇有左右为难之势。拘泥法律文义（例如以第196条规定为损害赔偿之特例），于法虽有所据，但未能实践法律之实际目的（被害人损害之填补）；反之，若偏重实际目的（例如被害人得不需催告加害人恢复原状，径即请求恢复原状所需费用），则脱离实体法之规定（例如第214条）愈远，自由造法之性质愈浓，难免影响法律适用之安定性。准此以言，学说判决关于物之损害赔偿方法之争论，实在就是关于如何调和第196条和第213条以下关于损害赔偿规定之争论。在此意义上，可谓系法学方法论上之问题。本文旨在分析整理判决，致力于将其纳入现行"民法"上之损害赔偿制度，期能兼顾法律规定及当事人利益。

劳灾补偿与侵权行为损害赔偿*

一、问题之说明

劳工执行职务遭遇意外伤害(或罹患职业病),系18世纪工业革命以来之重要社会问题。在工业革命之前,劳动灾害(Industrial accidents, Arbeitsunfälle)虽亦有之,但多属个别案件,劳工或食宿于雇主,或视同雇主之家人,通常均能获得必要之照顾。在工厂制度兴起之后,机器成为主要之生产工具,劳工群聚一起,意外事故剧增,损害严重,加以雇主与劳工之关系已转变成为"一方提供劳务,他方支付报酬"之纯粹契约关系,雇主既不当然负有照顾劳工之义务,因此,如何解决劳动灾害救济问题,乃成为现代法律之重要课题。①

综观200年来之劳动灾害救济制度之发展,约可分为两个阶段。第一个阶段是从18世纪工业革命到19世纪80年代。在此时期,盛行个人自由主义,关于劳动灾害,完全让由以过失责任主义为基础之侵权行为法处理之。第二个阶段是由19世纪80年代迄至今日。在此时期,社会责任思想发达,工会主义抬头,为加强保护劳工利益,因而创设各种模式之劳工补偿制度(Workmen's Compensation)。②

关于劳动灾害之救济,台湾地区亦采双轨制,除"侵权行为法"外,"劳工保险条例"并设有明文。对此制度,应检讨者有三(参阅下面图示):

(1) 劳工执行职务遭受意外伤亡时,在何种情形得依"侵权行为法"

---

* 本文原载《法学丛刊》第99期(1980年9月),第11页。

① 参见John Fleming, Tort Liability for Work Injury, Chapter 9, Vol. XV(Labour Law), International Encyclopedia of Comparative Law, 1975.

② 关于劳灾补偿制度,参见Accidents at Work and Occupational Dieases: Social Insurance, Chapter 8, Vol. XV(Labour Law), International Encyclopedia of Comparative Law, 1975.

规定请求损害赔偿?

(2)“劳工保险条例”关于劳灾补偿给付之规定。

(3)侵权行为损害赔偿及劳保给付请求权之关系如何?劳工得否取得双份利益(double recovery)?保险人(劳工保险局)于保险给付之范围,是否取得被害人对加害人之损害赔偿请求权?

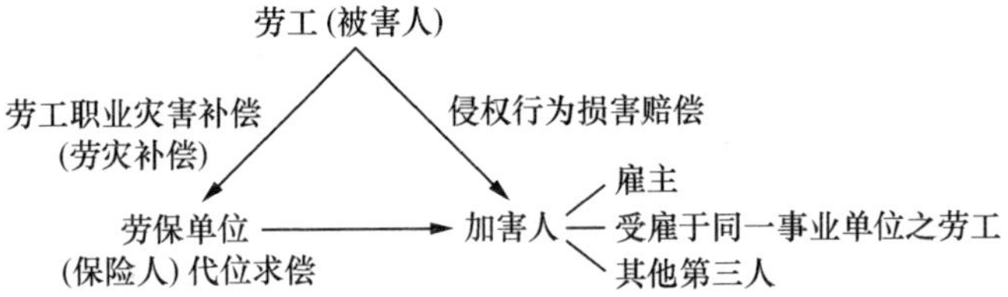

此三项问题(尤其是第三项),不但在法理上饶有趣味,而且关系当事人(劳工、雇主或其他加害人、劳工保险局)之利益至巨,实有研究价值。

二、侵权行为法上之损害赔偿

(一)概说

18世纪和19世纪系现代侵权行为法形成确立之时期。因受个人自由主义思想之影响,法国、奥地利、德国、瑞士等国均采过失责任主义,故劳工执行职务遭受意外伤害者,须证明雇主或其他加害人具有过失,始得请求损害赔偿。[①] 在若干国家,关于劳工之侵权行为损害赔偿请求权尚受其他限制。英国侵权法上共同雇用(common employment)与有过失(contributory negligence)及自甘冒险(voluntary assumption of risk)之理论,即其著例。[②] 其后,此项侵权行为法之限制,虽渐告废除,并增设特别法

① 参见拙著:《侵权行为法之危机及其发展趋势》,载《民法学说与判例研究》(第二册),北京大学出版社2009年版,第104页。

② 英国侵权行为法上共同雇用(common employment)理论,系谓同一雇主之劳工,因其他同事之过失而遭受伤害者,不得向雇主请求损害赔偿。所谓与有过失(或译为助成过失)原则(contributory negligence),系指被害人对过失之发生与有过失者,不得请求损害赔偿。所谓自甘冒险原则,系指劳工明知从事之工作具有危险性而仍继续受雇者,就因此所受之损害,不得请求损害赔偿。共同雇用原则于1948年废止,与有过失原则于1945年废止。请参见Winfield and Jolowicz on Tort,10th Edition(by W. V. H. Rogers), 1975, pp.106, 117, 614; Salmond on The Law of Torts, 7th Edition(by R. FV. Heuston,)1977, pp.444-447, 496-501.

以加强保护劳工利益,但过失责任之基本原则,始终维持未变。

(二)损害赔偿请求权之成立

现行"民法"关于劳动灾害,未设特别规定,应适用侵权行为之一般原则。就加害人而言,有为雇主;有为受雇于同一雇主之同事(fellow-worker);有为其他第三人,虽均以过失责任为基本原则,但构成要件略有不同,兹分别述之。

1. 雇主之侵权责任

第184条第1项前段规定:"因故意或过失不法侵害他人之权利者,负损害赔偿责任。"例如雇主装置机器之际,不慎掉落,伤及在旁协助之劳工,即应依本条规定,负损害赔偿责任。惟此类直接由雇主之行为肇致损害之事例,究属少见。雇主之侵害行为主要在于其所提供设施具有瑕疵(例如锅炉年久失修爆破),尤其是未能建立合理必要之企业管理及安全体制。兹以1960年台上字第406号判决为例说明之。

本件上诉人在嘉义市中庄里开设天然玩具爆竹厂,制造爆竹及五色球掼炮等玩具,对于工厂安全设备及技术管理素不注意,委由毫无经验之雇员林清标(上诉人之妻舅)处理。1958年8月26日午后2时许,天将降雨,经林清标发动工厂工人将已经烈日曝晒易生爆炸之五色球掼炮半成品抢搬至附近砖造浴室,致互相冲撞引起全部爆炸,使受雇于该厂之幼童工人等5人惨遭炸毙。各法院均认为此种损害之发生系由上诉人(雇主)过失所致,应依第184条第1项前段规定负侵权行为损害赔偿责任。

劳工依第184条第1项前段规定请求损害赔偿时,对雇主之过失应负举证责任。惟依第184条第2项规定:"违反保护他人之法律者,推定其有过失。"关于本条之规范功能,有认为仅系举证责任之倒置者;有认为系独立侵权行为之类型者,学者见解尚不一致。[①] 惟不论采取何说,被害人均无须证明加害人之过失,自属有利。所谓保护他人之法律,系指以保护个人或特定范围之人为目的之公私法规,劳工法规亦属之。其主要者,有劳工保险条例、劳工安全卫生法,尤其是工厂法。"最高法院"著有判决,可资参考。

---

① 参见拙著:《违反保护他人法律之侵权责任》,载《民法学说与判例研究》(第二册),北京大学出版社2009年版,第130页。

在1967年台上字第540号判决,被上诉人系1952年2月11日出生,在上诉人工厂充童工,被派担任台机之危险工作,又每日加班,于1966年1月16日晚8时30分加夜班时,右手拇指被机器压裂骨碎,于同月30日,在马偕医院施右拇指头部截断术。现因拇指残缺,请求上诉人赔偿10年之减少劳动能力费及精神慰藉金。上诉人虽谓被上诉人压断拇指,系自己不小心,上诉人并无过失,不负赔偿责任等语,但"最高法院"认为:"童工不得从事有危险性之工作,每日工作时间不得超过8小时,不得在午后8时至翌晨6时之时间内工作,'工厂法'第7条第7款、第11条、第12条分别有明文规定。被上诉人在夜间8时30分加班之际,被机器压断拇指,依第184条第2项规定,推定上诉人有过失。被上诉人右拇指断缺,永不可续,精神上自属痛苦,其请求赔偿慰藉金2万元,第一审斟酌情形,核减5000元,原审予以维持,并无不合。"

2. 雇主与受雇人之连带侵权责任

一个事业单位雇用劳工多不止一人,达数千百人者,亦属常见。倘其中一人于执行职务之际不法侵害其他受雇于同一雇主之同事者,依第188条规定,其责任如下:① 雇用人与受雇人应连带负损害赔偿责任。② 惟雇用人证明其选任受雇人及监督其职务之执行已尽相当之注意,或纵加以相当之注意而仍不免发生损害者,不负赔偿责任。于此情形,法院因被害人之声请,得斟酌雇用人与被害人之经济状况,令雇用人为全部或一部之损害赔偿。③ 雇用人于赔偿损害时,对于为侵权行为之受雇人有求偿权。关于第188条规定之适用,可以1959年台上字第257号判决说明之。本件被上诉人之父彭文辉,生前系充上诉人大山煤矿公司(以下简称大山公司)拣煤工人。在1957年4月4日下午2时许,由坑路步行出坑时,因上诉人大山公司雇用之钩车夫,亦即上诉人林茂盛所钩上行之轻车(即空车)六部脱钩,沿轨道滑下,致将彭文辉撞伤身死。经原审法院依据专家报告认定上诉人林茂盛就其担任钩车职务具有过失,上诉人大山公司亦不足以证明其选任及监督已尽相当之注意,故就受雇人因执行职务不法侵害他人权利所生之损害,应负连带赔偿之责任。

3. 第三人之侵权责任

劳工于执行职务时,因第三人侵权行为而遭受损害者,其例亦多,尤以上下班途中遭遇车祸,最为常见。在 1979 年台上字第 42 号判决一案[①],原审共同被告系上诉人公司雇用之司机,在云林县大埤乡乔英纺织工厂前公路上与诉外人李应承驾驶之大卡车相撞,致坐在其驾驶室内之陈润来(劳工)重伤不治死亡。上诉人就被上诉人(死者之父)所受之损害,应负连带赔偿责任。

(三) 损害赔偿范围

1. 得请求之损害赔偿

(1) 人身伤亡

① 伤害。包括两个部分:一是财产上损害。身体健康遭受侵害者,得请求恢复原状(治疗)或金钱赔偿(偿还支出之医药费)(第 213 条以下)。被害人就因此丧失或减少劳动能力或增加生活上之需要,亦得向加害人请求损害赔偿。就此项损害赔偿,法院得因当事人之声请,定为支付定期金,但须命加害人提出担保(第 193 条)。二是非财产上损害。被害人于身体或健康遭受不法侵害时,就非财产上之损害,亦得请求赔偿相当之金额(慰抚金)(第 195 条)。[②]

② 死亡。劳工被不法侵害致死者,加害人对于支出殡葬费之人,应负赔偿责任。被害人对于第三人负有法定扶养义务者,加害人对于该第三人亦应负损害赔偿之责(第 192 条)。被害人之父、母、子、女及配偶,虽非财产上之损害,亦得请求赔偿相当之金额(慰抚金)(第 194 条)。

(2) 物之侵害

物品遭受他人不法侵害者,设其物已灭失者(如上班途中,其机车被卡车撞毁),得请求恢复原状(赔以同种类同价值之机车)或金钱赔偿。倘其物受有毁损者,则得请求赔偿其物因毁损而减少之价额(第 196 条)。

2. 过失相抵

损害之发生或扩大,被害人与有过失者,法院得减轻赔偿金额,或免除之。重大之损害原因为债务人所不及知,而被害人不预促其注意或怠于避免或减少损害者,为与有过失(第 217 条)。关于过失相抵之适用,

---

① 在本案,被害人陈润来是否于执行职务时(例如上下班)遭受意外伤亡,不得确知,本文系以其为执行职务而死亡为前提而讨论之。

② 参见拙著:《慰抚金》,载《民法学说与判例研究》(第二册),北京大学出版社 2009 年版,第 176 页。

1959年台上字第257号判决,可供参考。在本案,上诉人林茂盛担任钩车职务具有过失,而雇主大山公司,用人未加选择,随意调用普通工人林茂盛任行车钩车职务,未免疏忽,未尽监督之能事,应负连带损害赔偿责任。惟依调查报告"此灾变发生罹灾工人彭文辉徒步行到斜坑头,已有看见开车卷升中,尚未停步闪避,致遭惨祸,故自己亦有疏忽",故应适用第217条之规定减轻加害人之赔偿金额。[①]

3. 损益相抵

被害人因发生损害之原因事实受有损害,同时受有利益时,究应如何处理,基本上可分三类处理之。[②]

(1) 所受之利益与加害之原因事实具有因果关系者(通说),应由损害额中扣除之,例如被害人住院医疗期间所减少支出食宿费用,学说判例称之为损益相抵(Vorteilsausgleichung)。[③]

(2) 所受之利益系第三人之赠与或基于被害人之努力(超过第217条减少损害之程度),不得由损害中扣除,应归由被害人取得之。

(3) 所受之利益系第三人基于特定法律关系所给付者,不得由损害额中扣除之,但第三人于其所为给付之范围内,取得被害人对加害人之请求权。例如未成年子女被他人不法侵害,父亲为其支出医药费者,加害人之赔偿责任不因之而减免,被害人(未成年子女)之请求权不受影响,但应移转于其父主张之。[④]

劳工执行职务遭受意外事故而取得之劳保给付,不适用损益相抵原则,系判例、学者之一致见解[⑤],故劳保给付不得由损害额中扣除,以减少加害人之赔偿责任。有疑问的是,被害人得否取得劳保给付与损害赔偿双份利益。此项问题不是单凭法律逻辑即可决定,含有各种社会政策之考虑,因此拟于说明"劳工保险条例"上劳灾补偿制度后,再行论述。

---

① 关于与有过失之基本理论,参见黄金明:《与有过失之研究》,台大1972年硕士论文。

② 参见 Larenz, Schuldrecht, Bd. I, 11 Aufl. 1976, S. 416.

③ 关于损益相抵,最近德国学者讨论甚多,参见 Cantzler, Die Vorteilsausgleichung beim Schadensersatzsanspruch, AcP 156, 29ff.; Thiele, Gedanken zur Vorteilsausgleichung AcP 167, 193ff.; Lange, Die Vorteilsausgleichung, JuS 1978, 659ff.

④ 关于此项问题之讨论,请参见 Larenz, Schulerecht Ⅰ, S. 421; Selb, Schadensersatz und Regressmethoden, 1963, S. 71ff.

⑤ 参见1979年台上字第42号判决;史尚宽:《债法总论》,第302页。

三、劳灾补偿

(一) 概说

18世纪工业革命之后,劳工执行职务遭受意外灾害者,原仅能依侵权行为法之规定,向加害人请求损害赔偿,前已论及。不合侵权行为要件者,劳工固无请求权,惟纵具备侵权行为要件,主张权利实际上亦有困难,其理由有二:① 侵权行为法系采过失责任主义,被害人证明加害人(尤其是雇主)之过失,殊非易事。② 劳工靠出卖劳力谋生,欠缺提起诉讼之时间、精神及能力。19世纪中叶之后,社会主义思想发达,工会运动兴起,各国政府为保护劳工,以谋社会安定,乃积极设法解决。大体言之,系分两方面进行:一为改进侵权行为法;二为创设劳灾补偿制度。其中以德、英两国法制之发展最具创设性及模式性,为世界上大多数国家所仿效。兹分别简述如下:

德国于1872年制定《国家责任法》(Reichhaftpflichtgesetz),于第2条明定经营矿山、采石场及工厂者,对其所雇用之监督及领班人员(Aufsichts-und Leitungspersonal)之过失,致劳工遭受损害者,在一定金额内,应负损害赔偿责任,至雇主本身有无过失,在所不问。本法实施之后,随即发现劳工尚须证明监督或领班人员之过失,并负担雇主无支付能力之危险,仍不足保护其利益。因此有建议应修改法律,使雇主负推定过失责任或危险责任(Gefährdungshaftung),并规定强制责任保险,以资配合。然而当时执政之宰相俾斯麦认为要彻底保护劳工之利益,必须实施广泛之伤害保险制度。因此,德国政府于1884年7月6日制定《劳工伤害保险法》(Unfallversicherungesetz),是为社会保险之先驱。1911年德国政府又将上述《劳工伤害保险法》与1883年制定之《疾病保险法》(Krankenversicherungsgesetz)及1899年之《残废老年保险法》(Invaliditäts-und Alterversicherungsgesetz)合并,统一颁行《国家保险条例》(Reichversicherungsordung,简称RVO)。德国劳工伤害保险制度实行迄今将近100年,对德国社会安定、经济发展,著有重大贡献。[①]

英国政府于1880年制定《雇主责任法》(Employer's Liability Act),并多次修改《工厂法》(Factories Act),加重雇主维护机器安全之义务。惟最具突破性之立法,系1897年颁行之《劳工补偿法》(The Workmen's Compensation Act),采取雇主无过失责任制度。惟本法仅适用于若干具有危险性之企业,例如铁路、工厂、矿场、采石场、机械工程或超过30公尺之建筑。1906年,英国政府修改《劳工补偿法》,扩大其适用范围及于大多数基于劳务或学徒契约而工作之人,其后虽复数度修正,但直到1948年,仍维持其基本体制不变。1942年Beveridge于其所提出关于社会保险改革建议报告书中,认为劳工补偿制度对劳工虽有助益,但亦有甚多缺点。例如:诉讼之必要性,强制保险(除矿业外)之欠缺,未采年金制,行政费用高昂,以及整个体制未能保障遭受伤害之劳工能够迅速恢复其生产及谋生能力。为此,Beveridge认为应改为社会保险较为妥适。英国政府采其建议,于1946年制定《社会保险(劳动灾害)法》[National Insurance (Industrial Injuries) Act, 1946],其后数度修改,实行迄今。[②]

(二) 现行制度

1. 制度之建立

台湾现行劳工立法系于1929年以后陆续制定。当时关于劳灾补偿系一般采取两种基本模式,一为责任型(Liability Model),一为保险型(Insurance Model)。前者系规定雇主应对劳工负无过失损害赔偿责任,并以第三人责任保险配合之;后者系采取社会保险,由独立之机关主其事,保险费由雇主负担之。[③] 立法者基本上决定顺应时代潮流及社会需要,采取"保险型",但在建立劳保制度以前,则又暂采"责任型"。基于此项政策上之考虑,1929年制定(1931年实施)之"工厂法"第445条乃设如下

---

① 关于德国劳动灾害补偿制度,请参见 Gitter, Schadensausgleich im Arbeitsunfallrecht, 1969; Kötz, Deliktsrecht, 1976, S. 245f.; Sieg, Haftungsersetzung durch Versicherungsschutz, ZHR113(1950),95.

② 参见 Munkman, Employer's Liability at Common Law, 8th Edition, 1975; Drake, Labour Law, 2nd Edition, 1973, p.418.; Royal Commission on Civil Liability and Compensationfor Personal Injury, Report, Vol. I, 1978(Cmnd. 7054-1), pp. 27-35.

③ 参见 Fleming, Collateral Benefits, Chapter, 11, Vol. XI. Torts, International Encyclopedis of Comparative Law, p. 24.

之规定:"'劳工保险法'施行前,工人因执行职务而致伤害或死亡者,工厂应给予医药补助费或抚恤费。"本条规定于现行"劳工保险条例"实行后,改为:"凡依法未能参加劳工保险之工人,因执行职务而致伤病、残废或死亡者,工厂应参照'劳工保险条例'有关规定,给与补助费或抚恤费。"①

1950年3月1日实施"劳工保险办法"。1953年3月1日起办理渔民保险,1958年制定"劳工保险条例",1960年实施,其后于1968年、1974年、1979年三次修正,体制日益充备,其中以职业灾害补偿制度之建立,最值重视。

依"劳工保险条例"(以下简称"劳保条例")之规定,劳工保险分为两类:一为普通事故保险,另一为职业灾害保险("劳保条例"第2条)。所谓职业灾害系被保险人因执行职务而致受伤害或职业病而言。1979年修正前之"劳保条例",职业灾害之保险费,系由雇主(80%)与劳工(20%)共同负担,但于修正之后,职业灾害保险,全部改由雇主负担("劳保条例"第15条第1项第1款)。此项职业灾害保险费率,按保险人当月之月投保薪资,依职业灾害保险费率之规定办理,职业灾害保险费率表,由主管机关拟订,报请"行政院"核定,并至少每3年调整一次("劳保条例"第13条)。

2. 劳灾给付之要件

劳保职业灾害补偿给付请求权之发生,须被保险人执行职务遭遇意外伤害负伤不能工作,罹患职业病不能工作,残废或死亡(参阅"劳保条例"第33、34、54、64条)。其基本要件,可分四项简略言之:

(1) 须为被保险人

劳工因执行职务而致伤病、残废、死亡,得请求职灾补偿者,须为依法加入劳工保险之被保险人。凡依法未能加入劳工保险者,则依"工厂法"第45条规定,工厂应参照"劳保条例"有关规定,给予补助费或抚恤费。劳工依法应加入劳工保险,而雇主未为办理加入劳工保险者,依"劳保条例"第72条第1项规定:"投保单位不依本条例之规定办理保险手续者,按雇用之日起,至参加保险之日止应负担之保险费金额,处以一倍罚款。

---

① 参见桂裕:《从法律观点论劳工保险二三事》,载《法令月刊》第31卷第5期(1980年5月),第3页。

劳工因此所受之损失，并应由投保单位依本条例规定之给付标准赔偿之。”惟应注意的是，最近“最高法院”更从侵权行为法之观点，肯定雇主之责任。1975 年台上字第 2263 号判决理由要旨略谓：“第查第 28 条所谓‘因执行职务所加于他人之损害’，并不以因积极执行职务行为而生之损害为限，如依法律规定，董监事负执行该职务之义务，而怠于执行时所加于他人之损害，亦包括在内。又公司之职员，合于‘劳工保险条例’第 8 条规定时，该公司应为之负责办理加入劳工保险手续，如有违背，应受罚款处分（‘劳工保险条例’第 12 条、第 83 条）。从而被上诉人如有义务为黄维乾办理加入劳保手续而怠于办理，致生损害于上诉人时，依上说明，尚难谓不应负责。”此项判决具有深远之社会意义，实值赞同。[①]

（2）执行职务

“执行职务”系劳工职业灾害赔偿之核心概念，为避免解释适用滋生疑义，“劳保条例”第 34 条第 2 项规定：“前项因执行职务而致伤病之审查准则，由主管机关定之。”此项审查准则系于 1968 年制定（1971 年修正），对下列 16 项事故，在何种情形，得认为系属执行职务而发生，设有详细规定：① 就上下班所发生之事故；② 作业时间前后之事故；③ 作业中断之事故；④ 从事自己担任作业以外之工作中事故；⑤ 休息中之事故；⑥ 公差途中之事故；⑦ 运动场所中之事故；⑧ 因第三人之行为所发生之事故；⑨ 因动产所发生之事故；⑩ 因天灾事变之事故；⑪ 事业场所附设消防员，于救火作业中所受之事故；⑫ 矿场救护队员所遭遇之事故；⑬ 利用各该事业附设宿舍中所发生之事故；⑭ 参加事业主举办之康乐活动、宴会、慰劳会中所发生之事故；⑮ 违反法令或事业主禁令之行为所发生之事故；⑯ 因执行职务发生之疾病事故。关于此项审查准则之适用，兹举一例说明：设有某公司于年终招待员工作环岛旅行，途经横贯公路时，因游览车之司机驾驶不慎，发生车祸，肇致伤亡，依审查准则第 14 条之规定，“参加康乐活动、宴会、慰劳会，乃为劳工之私人行为，原则上不得视为执行职务。”惟设该公司员工途中住宿该公司招待所时，因房屋年久失修倒塌而伤亡者，依同条但书规定：“但因设施之缺陷所生者，应以执行论”，则得请求职业灾害补偿。

---

① 参见拙著：《雇主未为受雇人办理加入劳工保险之民事责任》，载《民法学说与判例研究》（第二册），北京大学出版社 2009 年版，第 167 页。

(3) 遭遇意外伤害、罹患职业病、残废或死亡

保险人请求伤害给付者,须因遭遇意外灾害,因负伤不能工作,以致未能取得报酬,正在治疗中,或因罹患职业病不能工作。关于职业病种类,“劳保条例”设有规定(第34条)。请领残废给付者,则须符合残废给付标准(该条例第53条以下)。

(4) 执行职务与伤害之发生须有相当关系

关于此点,劳工保险因执行职务而致伤害审查准则第16条设有如下规定:“劳工执行职务,因劳动当场促发疾病而该项疾病与劳动有相当因果关系者,视为职业伤害。”并附有二则释例:① 值夜班当夜,因脑溢血死亡时,由于值夜班工作,并非引起发病原因之剧烈工作,故不得视为执行职务之灾害。但于搬运重量物品工作中,因发病之脑溢血死亡时,其工作应视为特别剧烈之劳务,故应视为因执行职务之灾害。因执行职务而致伤害或疾病,在治疗中自杀时,招致自杀之心神丧失状态,系起因于执行职务之伤害疾病时,应视为执行职务而死亡。② 为继续接洽业务,将地点移至餐厅而于饮酒中因心脏麻痹死亡时,不得视为因执行职务而死亡。

3. 给付之种类及内容

职业灾害保险分为伤病、医疗、残废及死亡四种给付(“劳保条例”第2条)。

(1) 伤病给付。被保险人因执行职务而致伤害或职业病不能工作,以致未能取得原有薪资,正在治疗中者,自不能工作之第4日起,发给职业伤害补偿或职业病补偿费(“劳保条例”第34条)。职业伤害补偿费及职业病补偿费,均按被保险人平均月投保薪资70%发给,每半个月给付1次,如经过1年尚未痊愈者,其职业伤害或职业病补偿费减为平均月投保薪资之半数,但以1年为限(“劳保条例”第36条)。被保险人已领足本条例第36条规定之保险给付,期满仍未痊愈,经保险人自设或特约医院诊断为永久不能复原者,得视伤害情形,申请继续治疗或依本条例有关规定,请领残废给付(“劳保条例”第38条)。

(2) 医疗给付。医疗给付分门诊及住院诊疗(“劳保条例”第39条)。门诊给付范围规定如下:① 诊疗(包括检验及会诊)。② 药剂或治疗材料之给与。③ 处置、手术或治疗(“劳保条例”第41条)。住院诊疗给付范围规定如下:① 诊察(包括检验及会诊)。② 药剂或治疗材料之给与。③ 处置、手术或治疗。④ 膳食费用30日内之全数及超过30日之

半数。⑤ 劳保病房之供应,以公保病房为准(“劳保条例”第 43 条)。

(3) 残废给付。被保险人因职业伤害或罹患职业病,于治疗终止后,如身体遗存障害,适合残废给付标准表规定之项目,并经保险人自设或特约医院诊断为永久残废者,除按其平均月投保薪资依同表规定之残废等级及给付标准,一次请领残废补偿费,并增给 50%。被保险人领取职业伤害给付期满,尚未痊愈,如身体遗存障害适合残废给付标准表规定之项目,并经指定医院诊断审定为永久不能复原者,得比照办理(“劳保条例”第 54 条,并请参阅该条例第 55 条)。

(4) 死亡给付。被保险人因职业伤害或罹患职业病而致死亡者,不论加入保险年数,除按其平均月投保薪资一次发给丧葬费 5 个月外,遗有祖父母、父母、配偶、子女、孙子女或兄弟、姐妹者,并给与遗属津贴 40 个月(“劳保条例”第 64 条),遗属津贴之顺序如左:配偶及子女,父母,祖父母,孙子女,兄弟姐妹(“劳保条例”第 65 条)。

四、劳灾补偿与侵权行为损害赔偿之关系

(一) 异同之比较

劳工执行职务遭受意外事故,依其情形,一方面得依“侵权行为法”之规定向加害人请求损害赔偿,另一方面得依“劳保条例”之规定,请求保险给付,已如上述。侵权行为损害赔偿与劳保给付,在基本思想、构成要件及给付内容方面,均有不同,分别述之如下:

1. 基本思想

侵权行为之损害赔偿系以分配的正义为其指导原则,其基本思想在于填补损害,使被害人能够恢复损害发生前之原状;反之,劳灾补偿系以维护劳动者之生存权为其基本哲学,旨在保障劳工最低必要之生活。

2. 成立要件

侵权行为之成立,须以加害人具有过失为要件,被害人对损害之发生或扩大与有过失者,法院得减免其得请求之损害赔偿。反之,于劳灾补偿,意外事故之发生,雇主或其他加害人是否具有过失,在所不问。纵被害人对意外事故之发生具有过失(甚至重大过失),亦可请领全部劳保给

付,过失相抵无适用之余地。①

3. 给付内容

侵权行为损害赔偿之基本思想在于填补被害人之损害,故其得请求者,除人身损害外,尚兼及物之损害,损害赔偿之范围则包括所受损害及所失利益。生命、身体或健康遭受侵害者,虽非财产上之损害,亦得请求赔偿相当之金额(慰抚金)。反之,于劳灾补偿,则仅限于人身伤害,其给付金额且有限制。一般言之,侵权行为损害赔偿之数额多高于劳灾补偿。依照劳保局 1978 年统计资料,1977 年全年残废件数共为 4183 件(包括普通及职业灾害残废),其给付金额合计 132 535 223 元,平均每人残废给付金额仅 31 600 余元。又根据 1978 年统计资料,关于职业灾害死亡给付之遗属津贴,平均为 12.4 万余元(职业病死亡平均为 11.9 万余元),显属偏低。其主要理由之一,系雇主为了减轻负担,多将投保工资尽量压低,以多报少。残废及死亡给付金额如此偏低,是否足以维持劳工个人或其家属之最低生活,实有疑问。②

(二)基本解决类型

侵权行为之损害赔偿与劳灾补偿之差异,已如上述。关于二者之关系,各国家和地区规定不同,深受劳灾补偿制度之结构、给付水准、工会运动、社会哲学及经济发展程度之影响。归纳言之,计有四个基本类型:① 以劳灾补偿取代侵权责任;② 选择;③ 兼得;④ 补充。以下分别述之:

1. 以劳灾补偿取代侵权责任

所谓以劳灾补偿取代侵权责任者③(relieving the tortfeasor),系指遭受意外伤害之劳工,仅能请求劳灾补偿,而不能依侵权行为之规定,向加

① "劳保条例"第 23 条规定:"被保险人或其受益人或其他利害关系人为领取保险给付,故意造成保险事故者,保险人除给与丧葬津贴外,不负发给其他保险给付之责任。"依"行政法院"1970 年判字第 364 号判决:"原告因请领其夫劳工保险之死亡给付,被告官署以被保险人之死亡原因系'缢死',依照'劳工保险条例'第 31 条规定,不得享有保险给付之权利,并无不合。"

② 以上统计资料,参见陈云中:《现行社会保险建立年金制刍议》,载《社会科学论丛》(台湾大学法学院发行)(第 28 辑),1980 年,第 71 页。

③ 以下论述参考 Fleming, Tort Liability for Work Injury, Chapter 9, Vol. XV(Labour Law), International Encyclopedia of Comparative Law; Colleteral Benifits, Chapter 11, Vol X I, Torts, International Encyclopedia of Comparative Law.

害人请求损害赔偿。惟侵权责任之排除,不是绝对的,而是相对的。易言之,即侵权行为责任之排除,仅适用于特定人(雇主或受雇于同一雇主之人)、特定事故类型(意外事故、职业病或上下班交通事故)、特定损害(通常限于人身损害)及特定意外事故发生原因(通常限于轻过失)。采此制度之国家有德国、法国、瑞士、南非、挪威等国。

以劳灾补偿取代侵权责任之制度,甚具特色,其中德国立法例最称典型,特略为介绍。①

按德国劳灾补偿制度系于《国家保险条例》(Reichversicherungsordung)设其规定,称为法定伤害保险(Gesetzliche Unfallversicherung,简称GUV),目前系由53个雇主同业公会(Berufsgenossenschaft)承办,具有公法人之资格,受国家之监督。其资金系由加入公会之各企业按其支付工资数额之一定百分比及该企业之危险率(Gefahrtarif)分担之。此项伤害保险系建立在"由保险保护取代侵权责任"之思想上(Haftungsersetzung durch Versicherungschutz)。

依《德国国家保险条例》第636条规定,因劳动灾害而受损害者,仅得请领伤害保险给付,不得向雇主依侵权行为法之规定请求损害赔偿。此项对雇主责任优遇原则(Prinzip der Haftungsprivileg),对其他受雇人亦有适用余地。易言之,即劳动灾害系由受雇于同一企业之其他受雇人于执行职务之际所肇致者,被害人亦仅能请领伤害保险给付,而不得向加害人请求损害赔偿。

伤害保险之保险人于为保险给付后,对于加害人之求偿权,因加害人而不同:① 对雇主或其他受雇人,以其对伤害之发生有故意或重大过失者为限,保险人有求偿权,惟得依其衡量放弃之。② 对其他第三人,倘其对伤害之发生依一般侵权行为之规定,应负损害赔偿责任时,保险人即有求偿权。

在此种"以保险保护取代侵权责任"之制度下,劳工得到之保险给付,通常低于侵权行为法所得请求之损害赔偿,尤其是关于非财产上损害之慰抚金,被害人不得请求,最属不利。因此发生一项疑问:此项制度存

---

① 参见Gitter, Schadensausgleich im Arbeitsunfallrecht, 1969; Kötz, Deliktsrecht, S. 245f.; Bley, Soziales Recht, 1975, S. 127f.

在之依据何在?[①] 依学者之研究,其理由有三:① 雇主出资在财政上支持伤害保险制度。② 被害人依侵权行为法不能请求损害赔偿;或虽能请求,但因过失相抵仅能获得微少之赔偿时,被害人仍得请领伤害保险给付,因此,不得以其所得请领之保险给付较少,作为批评现行制度之理由。③ 此项制度可以减少诉讼,避免劳资争议,符合促进劳资和谐之社会政策。[②] 德国宪法法院在 1972 年 11 月 7 日一项重要判决中,曾明白表示此项对雇主及其他受雇人责任优遇之规定,尚不违反基本法(Grundgesetz),其主要理由系目前德国法院计算保险给付,系采所谓的"抽象损害计算原则"(Grundsatz der abstrakten Schadensberechnung),劳工实际所得之数额,较诸侵权行为损害赔偿,并无显著减少。[③]

2. 选择

选择者(election),系指被害人仅得于侵权行为损害赔偿与劳灾补偿之间,选择其一。此项制度表面上似属妥当,实则对于劳工甚为不利。盖侵权行为损害赔偿数额虽较多,但须经过漫长之诉讼;劳灾补偿数额虽较少,但确实可靠。劳工遭受伤害,急需救助以渡难关,故常被迫舍弃前者,而选择后者也。其次,选择权行使之期间、撤回等问题,在实务上亦滋困难。由是可知,选择主义诚非良制。英国及其他英联邦国家,曾一度采此制度,今则业已废止,良有以也。

3. 兼得

兼得者(cumulation),系指被害人对侵权行为之损害赔偿及劳灾补偿得并为请求而保有之。采此制度之国家甚少,其最主要者,英国而已,但亦受有限制。依 1948 年实施之《国民保险法》,被害人受领侵权行为损害赔偿时,仅须扣除 5 年内劳工伤害及残废给付之 50%。易言之,即被害人除侵权行为损害赔偿外,尚得请领 5 年内伤害及残废给付之半数。此项对劳工优遇之规定,系由于英国工会对政府施加强大压力而制定,而其主要理由,则系劳工本身须负担几近半数之保险费。[④]

---

① 参见 Hanau, Ist der Haftungsausschluss bei Arbeitsunfällen(§636, 637 RVO) noch gerechtfertigt? JurA 1970, 112.

② 参见 Kötz, Deliktsrecht, S. 254.

③ 参见 NJW 1963 502.

④ 参见 Friedmann, Social Insurance and Tort Liability, 63 Harv L. Rev 241(1949).

4. 补充

补充者(Supplementation),谓被害人对侵权行为损害赔偿及劳灾补偿均得主张之,但其得取得者,不得超过其实际所受之损害。采此制者有日本、智利及北欧诸国等。此项制度系建立在两项基本原则之上:① 抵消。就实务而言,即被害人于受领劳灾补偿之后,仍得主张侵权行为之损害赔偿,但应扣除其已领得之劳灾补偿,一方面避免双份补偿,另一方面使被害人可以获得每一种救济途径所能给予之最大利益。② 求偿。即保险人于保险给付之范围,得对加害人求偿。关于求偿方式,有规定为直接请求权,但亦有规定为代位行使被害人之权利。关于求偿对象,通常多排除不具故意或重大过失之雇主或其他受雇人,但亦有不排除者,各国家和地区法制尚不一致。

(三) 现行制度

1. 法制之变迁

关于劳灾补偿与侵权行为损害赔偿之关系,现行法究采何种主义,初视之下,似无规定。实则,"劳保条例"对此原设有明文,后经删除,因未代之以其他规定,明确地将立法意旨表现于外,致于解释适用之际,滋生疑义,实有检阅资料,试加论述之必要。

1958 年制定之"劳保条例"第 34 条设如下之规定:"因第三人之行为发生保险事故者,保险人为保险给付后,在给付价款之范围内,取得被保险人对于第三人之损害赔偿请求权,但第三人为被保险人之家属或服务机关之主持人或使用人,因职业伤病发生保险事故时,除事故系由其故意所致者外,不适用之。"

此规定之要点,计有三项:① 劳工执行职务遭受不法侵害者,加害人之侵权行为损害赔偿请求权,不因劳保给付之存在而受影响。② 保险人于其给付价款范围内,取得劳工对加害人之损害赔偿请求权。但加害人系被保险人之家属或服务机关之主持人或使用人者不在此限。③ 被保险人于受领之保险给付外,尚有其他损害者,仍得依侵权行为之一般规定向加害人请求赔偿。

1968 年修正"劳保条例"时,决定删除上述第 34 条之规定。关于删除理由,相关部门作有如下之说明:"第 34 条原来的规定在原则上是对的,就是不能领取双份,譬如被保险人被车撞伤获得赔偿 6 万元,但其应领保险给付,仅为5万元,在此种情况下,劳保局就不再付给,修正案删除这一条对于被保险人是有利的。即凡应该给付的,不问有无从第三人处获得补偿,一律照给。”于“立法院”审查期间,有人提出补充说明,认为删除第34条完全是基于被保险人之利益,例如被保险人被计程车撞伤,被保险人除依法应领保险给付5万元外,尚可得到肇祸计程车之赔偿金3万元。但如照第34条规定,被保险人之保险给付为5万元,如于肇祸计程车处得到3万元赔偿后,其保险给付,只能领到2万元。现在把第34条删除后,被保险人即可得到保险给付5万元,另加肇祸计程车赔偿3万元,合为8万元。“审查会”认为删除第34条后,被保险人所得利益甚大,故亦同意删除。

2. “最高法院”之判决

关于劳灾补偿与侵权行为损害赔偿之关系,本文汇集三则判决。一则著于1958年公布之“劳保条例”施行(1960年2月24日)之前(1959年台上字第257号判决);一则著于1958年“劳保条例”施行之后(1960年台上字第407号判决);一则著于1968年修正“劳保条例”(删除第34条)施行之后(1979年台上字第42号判决)。其判决理由,均具有研究价值。

判决一:1959年台上字第257号判决(煤矿钩车事故)。

判决理由　在本案,被害人受雇于某煤矿公司(上诉人)为拣煤工人,因钩车脱钩被撞死亡。其遗属(被上诉人)请求抚养费。“最高法院”维持原审判决,认为其请求为有理由外,并特别强调:“至劳工保险为一种社会安全制度,故彭文辉之遗族,已受领劳工保险之利益,而与上诉人不法侵害他人致死所生损害赔偿无关,不得因此而谓可免除上诉人损害赔偿之责任。”

分析讨论　本案系典型劳动灾害案例。“最高法院”判决当时,1958年公布之“劳保条例”尚未实施(1960年2月24日实施),系适用台湾省劳工保险办法。由于该办法对于劳灾补偿与侵权行为损害赔偿之关系,并未设规定,故仅能依损害赔偿一般原则及法理处理。

“最高法院”首先认为,被上诉人受领劳保给付,不因此而免除上诉人损害赔偿责任。此项观点,确值赞同。又认为,被害人得终局地取得劳保给付及损害赔偿,判决当时无实体法可资依据。此项见解,是否妥适,暂不论述,惟依吾人见解,此项判决理由构成尚嫌简略。劳工保险为一种社会安全制度，与上诉人不法侵害他人致死所生之损害，系属二事。上诉人之侵权责任，不生影响，固无问题，但在法律逻辑上，并不当然即得以此作为被害人取得“双份利益”之依据。被害人就同一损害，何以可兼得双份利益？加害人（雇主）支付大部分保险费，为何尚应对被害人负全部赔偿责任？诸此属于“立法政策”层面之问题，诚非法院所能解决，因此各国家和地区法律多设明文，以资解决。

判决二：1960 年台上字第 406 号判决（爆竹爆炸案件）。

判决理由　在本案，被害人因搬运爆竹之际，爆竹爆破而伤亡，其父母（被上诉人）对雇主（上诉人）请求给付丧葬费、扶养费及慰藉金。被上诉人主张工厂爆炸当场死亡多人，已投保者有保险金可领，其未投保者，亦只能依“工厂法”第 45 条之规定给与丧葬费、遗族抚恤金，殊无“民法”上关于损害赔偿规定之适用等语为辩。“最高法院”判决理由略称：“‘工厂法’对于工人之伤病或死亡所定之抚恤标准，惟于工人因执行职务而发生时有其适用。至工厂主人因故意或过失发生侵权行为所负之损害赔偿责任，并不因有此抚恤标准而免除。上诉人工厂之工人除雇用少数男工外，余均为年在 16 岁以下、14 岁未满之幼年女工，而童工及女工本身不得处理有爆炸性引火性之物品（“工厂法”第 5、6、7 条）。上诉人身为厂主，平日就此漫不经意，临时又听任毫无经验之雇员林清标发动学童幼工抢搬已经曝晒、性极危险之掼炮半成品，以致全部爆炸，死亡多人，此种损害之发生自系由于上诉人过失之所致，与工人因执行职务而死亡者迥异。上诉人何得借口已依工厂法规定给恤，冀免一般损害赔偿之义务。况被上诉人所请求之各项金额系扣去已领之保险金及抚恤金而为计算，多者不过 2 万余元，少者仅有八九千元，既经原审斟酌上诉人所营工厂资金约值 45 万元、被上诉人确系家境清寒之一切情形，认属相当，因而将第一审命为给付之判决分别废弃维持，于法即无违误。上诉论旨，仍执前情斤斤指摘，难谓有理。”

分析讨论　本案判决与 1959 年台上字第 357 号判决采取同一基本立场，认为被害人受领劳保给付（或抚恤金）不因此而免除加害人侵权行为损害赔偿责任。此项见解，可资赞同，已如上述。其与 1959 年台上字第 357 号判决不同者，在于被害人依侵权行为法所请求者系扣除已领之保险金及抚恤金而为计算。此项结论与判决当时业已实施之“劳保条例”第34条之规定相当，于法有据，自不待言。①

判决三：1979年台上字第42号判决（汽车事故案件）。

判决理由　在本案，被害人遭遇车祸死亡，原审法院认为死者遗族已向“劳工保险局”领取保险金，不得再依“侵权行为法”规定请求扶养费及慰藉金。“最高法院”废弃此项见解，认为：“按保险制度旨在保护被保险人，非在减轻损害事故加害人之责任。保险给付请求权之发生，系以定有支付保险费之保险契约为基础，与因单纯侵权行为所生之损害赔偿请求权，并非出于同一原因。后者之损害赔偿请求权殊不因受领之保险给付而丧失，两者除有‘保险法’第53条关于代位行使之适用外，亦不生损益相抵问题。上诉人辩称陈润来死亡之后，被上诉人已向‘劳工保险局’领取保险金，不得再请求赔偿等语，原审不予采取，亦无不合。”

分析讨论　在本案，“最高法院”亦采取向来见解，确认劳保给付之存在，不影响加害人之侵权责任，并特别表示劳保给付非属可“损益相抵”之利益。此项见解，实属正确。受领劳保给付，不生损益相抵，虽无问题，但得否以此为理由而径认为被害人于受领劳保给付后，尚得请求侵权行为损害赔偿之全部，在法理上仍有疑问，“最高法院”于此判决并未能提出合理说明。或有认为可适用“保险法”第103条关于人寿保险禁止代位之规定，以肯定被害人得取得劳保给付及侵权行为损害赔偿双份利益。惟应注意的是，劳工保险系属社会保险，其保险费多由雇主负担，“保险法”之规定，可否援用，尚有斟酌之余地。如前所述，被害人所以能取得双份利益，不是基于逻辑推论之结果，而是基于社会政策之考虑。本案判决著于1968年修正“劳保条例”施行之后，原第34条既经删除，就立法者之意思以言，被害人于请领劳保给付后，尚得请求侵权行为损害赔偿之全部，虽属有据，惟各级法院若能注意到“劳保条例”立法原则之变更，采为判决理由，当更妥善。

3. 诉讼外之解决途径

近几年来，随着工业迅速发展，劳动灾害为数不少，但被害人提起诉讼，请求损害赔偿，殊为罕见。于此情势下，遭受意外伤害之劳工，除劳保

① 参见史尚宽：《债法总论》，第206页，认为遗族依“工厂法”（第45条第1项第3款）由工厂受有丧葬费或遗族抚恤金时，其受领之数额，应由赔偿额扣除之。盖此实质上亦为损害之赔偿也。

给付外,是否尚能获得一部或全部侵权行为损害赔偿,因无资料可供查稽,尚难断言。此事关系劳工利益至巨,至盼有关主管机关能即作调查研究,以了解实况,俾便采取适当对策。劳工所属工会亦应积极提供必要之协助,务使处于困境、拙于谈判之劳工能获得合理之赔偿。

(四) 分析检讨

1. "劳保条例"原第 34 条之基本思想

综据上述,关于劳灾补偿与侵权行为损害赔偿之关系,各国家和地区立法例不同,约有四种模式:① 以保险保护取代侵权责任;② 使被害人选择其一;③ 被害人可兼得双份利益(double recovery);④ 被害人对劳灾补偿及侵权行为损害赔偿均得主张,但其所能获得者,不得超过其实际所受之损害。1968 年修正前之"劳保条例"第 34 条系采第四种模式,即被害人对加害人之侵权行为损害赔偿请求权,不因劳保给付之存在而生影响。保险人为给付后,在给付价款之范围内,取得被保险人对第三人之损害赔偿请求权。但第三人系被保险人之家属或服务机关之主持人或使用人,除事故系由故意所致者外,不适用之。关于本条之适用,兹举两例说明:

其一,甲受雇于乙经营之工厂。上班途中,为丙驾车不慎所撞死,甲之妻丁依"侵权行为法"之规定,得请求扶养费 20 万元,慰抚金 10 万元,又劳保遗属津贴经计算为 5 万元。于此情形,丁就其已受领之遗属津贴 5 万元,应由保险人(劳保局)代位对丙行使之,丁尚得向丙请求扶养费 15 万元,慰抚金 10 万元。

其二,设在上例,甲之死亡系因雇主乙(或其他受雇人)之过失所致者,甲之妻丁于受领遗族津贴 5 万元后,亦尚得向乙请求扶养费 15 万元,慰抚金 10 万元。惟保险人就其所为之保险给付(遗族津贴)5 万元,不得对乙代位请求。

由上例可知,"劳保条例"原第 34 条具有两个基本思想:① 避免被害人获得双重利益,但亦使其能够获得"劳灾补偿"及"侵权行为损害赔偿"两种制度个别所能给与之最大利益。② 对雇主或其他受雇人之优遇。保险人("劳保局")于劳保给付之范围内,不取得被害人之损害赔偿请求权,故雇主或其他受雇人在劳保给付范围内免其赔偿责任。惟保险事故系由雇主或其他受雇人故意所致者,劳保局于其给付范围内有代位权,立法目的在于对故意之加害人有所警惕,并亦可维护其他事业单位之利益,不致因雇主之故意加害行为而致保险基金受影响。

2. 双份补偿制度之检讨

1968年修正“劳保条例”删除第34条规定,立法目的在使被害人获得“劳灾补偿”与“侵权行为损害赔偿”双份利益,前已说明。关于此项变更,所应检讨者有二:

(1) 仅消极地删除第34条规定,而未积极另以其他条文表示其立法目的,致法院于适用法律之际,欠缺明确之法律依据,被害人亦难以主张其权利,致在诉讼外解决时,常遭不利,未足贯彻立法目的。

(2) 关于当事人利益之衡量,如前所述,“劳保局”之修正理由认为:“现行第34条原来之规定是对的,就是不能领取双份,譬如被保险人被车撞伤获得赔偿6万元,但其应领保险给付仅为5万元。在此情形下,‘劳保局’就不再给付。修正案删除这一条对于被保险人是有利的。即凡应该给付的,不问有无从第三人获得补偿,一律照给。”倘加害人为雇主或其他受雇人以外之第三人时,此项改变对该加害人赔偿责任不生影响,仅“劳保局”多为给付而已。惟加害人为雇主(或其他受雇人时)(此为通常情形),则严重影响到雇主之利益,盖依原第34条规定,于劳保给付之范围内,雇主得免其赔偿责任,但于本条删除之后,依立法者之意思,雇主仍应为全部之损害赔偿也。

“双份利益补偿”(double recovery),对被害人至为有利,虽无疑问。但就制度本身而言,实非妥适,其理由有六:

(1) 劳灾补偿制度之创设,主要在于“侵权行为法”不足保护劳工之利益,因此劳灾补偿制度具有代替雇主侵权责任之功能。德国、瑞士等国系采取“全面替代主义”。“劳保条例”原第34条规定,保险人于保险给付之范围内,对于雇主或其他受雇人不得代位请求,亦含有“部分替代”之思想。被害人于受领劳保给付外,尚得向雇主请求全部损害赔偿,与劳灾补偿制度之存在目的,似有未符。

(2) 被害人就同一损害获得双份补偿,对其个人而言,系属一种“锦上添花”之优遇,对社会资源及有限之保险基金而言,则属浪费。

(3) 在1979年修正“劳保条例”前,被保险人(劳工)本身须负担20%之保险费。于此情形,依原第34条规定,被保险人被车撞伤,可获得赔偿6万元,但其应领保险给付仅为5万元,“劳保局”不再给付,对被害人确有不公平之感。惟依现行法规定,职业灾害补偿之保险费,已全由雇主负担,此项不公平之感,已失其依据。

(4) 或有认为于人寿保险,被保险人除保险给付外,尚有全部赔偿请求权,于劳工保险亦应如是。此项论点难以赞同。盖劳工保险系属强制性之社会保险,保险费系由雇主负担,其性质与商业保险不同,不能相提并论也。

(5) 或有认为使雇主负全部损害赔偿,不因劳保给付而免责,具有惩罚作用,并可使雇主注意防范劳动灾害之发生。此项论点,亦难赞同。盖惩罚非属民事责任之范围,何况,依"劳保条例"原第 34 条之规定,原雇主亦不因劳保给付之存在,得免全部赔偿责任也。

(6) 支持"双份补偿"之最实际理由,系就目前情况而言,劳保给付及侵权行为损害赔偿之给付标准均显属偏低,不足填补被害人所受之损害。故就结果以言,双份补偿亦不为过。此项论点,具有法社会学之说明力,固不待言,但不得采为双份补偿之理论依据。盖劳灾补偿或损害赔偿既属偏低,应设法予以提高,不宜以双份补偿为其救济之道也。

综据上述,吾人认为 1968 年修正"劳保条例"删除原第 34 条规定,改采双份补偿制度,对被害人虽属有利,但就劳灾补偿制度而言,实有未当。诚如"劳保局"所言:"第 34 条原来之规定,就是不能领取双份。"按劳灾补偿与侵权行为损害赔偿,具有三面关系:一为被害人与加害人之关系(损害赔偿);二为被害人与保险人之关系(劳保给付);三为保险人与加害人间之关系(代位求偿关系)。"劳保条例"原第 34 条规定,对此三者设有适当之权衡,被害人虽不能得到双份赔偿,但却能得到两种补偿适用下之最大利益,雇主、保险人之利益,并得兼顾,在立法论而言,基本上尚属正确。1968 年修正"劳保条例"轻予废除,似有商榷余地。

五、结　　论

劳动灾害系工业社会最先发生之社会问题。侵权行为损害赔偿与劳灾补偿制度之结合,合理地加以解决,对于保障劳工权益,调和改善劳资关系,促进社会经济进步,贡献卓著。劳灾补偿与侵权行为损害赔偿之关系,系一项不易解决之难题。[①] 就台湾而论,1951 年制定之“劳保条例”第 34 条规定,原采所谓之“补充求偿”主义,即被害人得同时主张劳保给付及侵权行为损害赔偿,但不得超过其所受之损害。保险人于保险给付范围内取得被保险人对于加害人之请求权,但第三人系被害人之雇主或其他受雇人时,除事故系由其故意所致者外,不适用之。1968 年修正“劳保条例”,决定删除原第 34 条之规定,期能使被害人获得双份利益。由于台湾地区侵权行为损害赔偿及劳灾给付均属偏低,双份补偿或有其实际上之存在理由。惟自理论以言,此项制度违反劳灾补偿制度之基本精神,而且就同一损害给予双份补偿,对被害人过分优遇,对社会资源及保险基金而言,则属浪费;是否适当,实值研究。

关于现行制度之发展,吾人认为首应致力改善现行劳工保险制度,尤其是提高给付标准,建立年金制,确实防止雇主低报劳工月给工资,使劳工能够获得合理、必要之补偿。健全之劳灾补偿制度系社会安全体制之基石,不但有助于减轻“侵权行为法”之负担[②],并可为解决汽车事故、公害、产品责任及其他现代社会主要意外事故,提供一个可资参考之模式。

---

① 对此问题英国政府曾于 1946 年组织专案小组加以研究。参见 Monkton, Committee on Alternative Remedies, Final Report(1946, Cmnd. 6860),在国会立法之际,曾引起长期重大之争论。最近者为 Royal Commission on Civil Liability and Compensation for Person Injury(1978, Cmnd. 7054-1.).此为英国历史上最广泛深入对人身侵害损害赔偿研究,由 Lord Pearson 主其事,费时 5 年,研究费用高达 130 余万英镑,研究报告共有 3 册,对此问题亦有详尽之讨论。参阅研究报告 Vol. 1, pp. 106-120。

② 参见拙著:《侵权行为法之危机及其发展趋势》,载《民法学说与判例研究》(第二册),北京大学出版社 2009 年版,第 104 页。

连带侵权责任与内部求偿关系

一、问题之说明

在台湾，近年来工商业发达，人口拥挤，未成年人积极参与各项社会经济活动，汽车及机车剧增，意外事故，层出不穷，在实务上最为常见者，系数人肇致同一车祸，造成损害。例如19岁之B，未经其父A同意，受雇于C所经营之汽车修理行担任机工。某日B试开刚修复之汽车，不慎与受雇于E担任推销员之D于上班途中所驾驶之机车相撞，致路人F身体遭受伤害，支出医药费1万元。经查B与D对车祸之发生，B之过失为60%，D之过失为40%。兹将此案例事实图示如下：

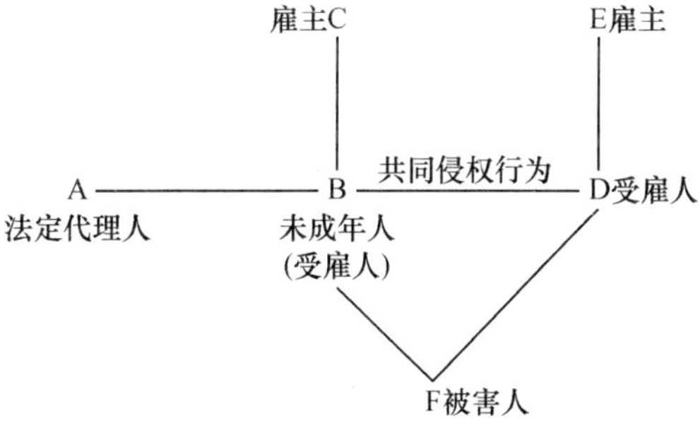

于上举案例，所应检讨之基本法律问题有二：① 被害人F得向何人、依据何种法律关系请求损害赔偿？② 受请求之加害人于为损害赔偿后，得向何人、依据何项规定求偿？[①]

---

① 参见拙著：《连带侵权债务人内部求偿关系与过失相抵原则之适用》，载《民法学说与判例研究》（第一册），北京大学出版社2009年版，第46页。

二、被害人之损害赔偿请求权

在上举案例,被害人F得依民法关于侵权行为之规定向A、B、C、D、E请求损害赔偿。惟其法律依据各有不同,兹分别情形说明之。

(一)F得依第185条第1项前段之规定向B及D请求损害赔偿

依第185条第1项前段之规定:"数人共同不法侵害他人之权利者,连带负损害赔偿责任。"关于数人不法侵害他人权利之行为,在何种情形,始可认为"共同",学说上有两种见解:① 客观说。认为数人之行为,在客观上发生同一结果,即应成立共同侵权行为,其主观上有无意思联络,在所不问。② 主观说。认为各加害人间须有意思联络(即共同意思),至少限度,亦须有共同之认识始可,否则若偶然的数人行为相竞合时,即难认为共同侵权行为。在实务上,1916年上字第1012号判决,系采主观说,略谓:"同一权利,若为数人所侵害,而各加害人无意思上之联络者,应由加害人各就其所加之损害分别负赔偿责任。"在此理论下,倘所加之损害不可分时,其赔偿责任如何确定,实有疑问。为此,1966年台上字第1798号判例乃采以过失轻重定其范围之见解,略谓:"本件车祸系计程车与卡车司机驾驶不慎肇事,依'司法院'院解字第2383号解释,无共同过失之侵权行为,法院仅得就各该司机应负过失责任之范围内,令其与雇用人负连带赔偿责任。"准此而言,在前举案例,B与D驾车不慎肇事,因无意思联络,不构成共同侵权行为,倘损害不可分时,应依其过失程度(B为60%,D为40%),各对F所受之损害,负赔偿责任(B为6000元,D为4000元)。

惟应注意的是,"司法院"曾于1977年6月1日召开变更判例会议,决议变更前开1966年台上字第1798号判例。其变更理由谓:"民事上之共同侵权行为(狭义的共同侵权行为,即共同加害行为,下同)与刑事上之共同正犯,其构成要件并不相同,共同侵权行为人间不以有意思联络为必要,数人因过失不法侵害他人之权利,苟各行为人之过失行为均为其所生损害之共同原因,即所谓行为关连共同,亦足成立共同侵权行为。1966年台上字第1798号判例应予变更,至1916年上字第1012号及1931年上字第1960号判例,则指各行为人既无意思联络,而其行为亦无关连共同者而言,自当别论。”①依此例变字第 1 号之见解,共同侵权行为之成立,以加害人间有共同行为为已足,于此行为以外,有无共同之认识,在所不问。准此以言,在上举案例,B 与 D 驾车不慎肇事,虽无意思联络,但客观上造成同一损害,应构成共同侵权行为,对 F 所支出之医药费 1 万元,应负连带赔偿责任。

(二) F 得依第 188 条第 1 项前段之规定向 B 及 C 请求损害赔偿

19 岁之 B 受雇于 C 所经营之工厂担任机工,系 C 之受雇人,B 受雇于 C 未得其父之同意,或 B、C 间之雇佣契约因其他事由而无效,对于 B 为 C 之受雇人地位,均不生影响。盖第 188 条所称之受雇人,系以事实上之雇佣关系为标准,雇用人与受雇人间已否有效成立雇佣契约,在所不问(参阅 1956 年台上字第 1599 号判例)。又 B 于试车之际,驾驶不慎,与 D 相撞,致 F 遭受伤害,系因执行职务不法侵害他人权利。B 年满 19 岁,为限制行为能力人(第 13 条),担任机工及试车职务,有认识其行为在法律上效果之智能,具有识别能力(侵权能力)。因此,C(雇用人)应与 B(受雇人)依第 188 条第 1 项前段之规定,对 F 所受之损害,连带负损害赔偿责任。惟依第 188 条第 1 项后段之规定,选任受雇人及监督其职务之执行已尽相当之注意,或纵加以相当之注意,而仍不免发生损害者,雇用人不负赔偿责任。此属事实认定问题,暂置不论。所应注意的是,关于雇用人之举证免责,实务上向采严格认定标准,故雇用人得证明选任受雇人及监督其职务之执行,已尽相当之注意而不负责任者,甚属罕见。

(三) F 得依第 188 条第 1 项前段之规定向 E 及 D 请求损害赔偿

D 受雇于 E 担任推销员,系 E 之受雇人,D 于上班途中驾车不慎与 B 相撞,因过失不法侵害 F 之身体。问题之重点在于 D 系于上班途中肇致车祸,是否可认为系属执行职务不法侵害他人权利。关于何谓执行职务,

---

① 关于此项变更判例之检讨,参见拙著:《“司法院”例变字第 1 号之检讨》,本书第 1 页。

“最高法院”向采“行为之客观认定说”[①],上班系执行职务之开始,论其性质足可认为与其执行职务有关。[②] 故雇用人E应依第188条第1项前段之规定,与其受雇人D对被害人F所受之损害,连带负损害赔偿责任。

(四) F得依第187条之规定向A及B请求损害赔偿

B为19岁,系限制行为能力人,B受雇于C所经营之汽车修理厂,担任机工及试车之工作,应有认识其行为在法律上效果之智能,故具有识别能力(侵权能力),前已论及。B试车之际,不慎与D相撞,致F遭受伤害,系属不法侵害他人权利,依第187条第1项之规定,应与其法定代理人A连带负赔偿责任。惟依第187条第2项之规定,法定代理人如其监督并未疏懈,或纵加以相当之监督,而仍不免发生损害者,不负赔偿责任。关于法定代理人之举证免责,实务上采取严格之认定标准。惟就本案而言,B已19岁,受雇于他人,关于其职务之执行,原则上应由雇用人负监督之责,故法定代理人A对其未成年之子B之监督,有无疏懈,应参酌此项观点认定之,自不待言。[③]

(五) C及E是否构成共同侵权行为?

最后应予说明者,系C及E二人是否应依第185条第1项前段之规定,负共同侵权行为责任。关于此点,就上举案例而言,应采否定说,似无疑义。盖C及E对其受雇人之选任监督纵有过失,尚难认为系被害人F遭受损害之共同原因,欠缺行为关连共同,自不足成立共同侵权行为。

---

① 1980年台上字第305号判决谓:“查上诉人曾称,被上诉人承包汐止樟树弯社后桥之营建工程,从桥基之挖掘、桥墩之打造及灌入混凝土等,均包括在营建行为之中,而混凝土之拉放灌注,当系整个营建行为中之一环。余善三为被上诉人所雇长工,综理工地大小杂务,渠之所为,自属执行职务之行为,良以是否执行职务,应以行为之外观为准,即在客观上足认为与其执行职务有关者,即不问雇用人与受雇人之意思如何,均得认为执行职务,1953年台上字第1224号判例可资参照。”

② 劳工于上下班之际遭遇意外事故(例如车祸),各国或地区在社会保险多认为系因执行职务遭受伤害。台湾实务上亦采此见解。又依“劳工因执行职务而致伤损之审查准则”(1961年制定、1971年修正)第1条亦明定于上下班所发生之事故系属执行职务而发生。

③ 关于“最高法院”认定法定代理人是否已尽监督之义务之基本态度,请参见拙著:《未成年人及法定代理人之侵权责任》,本书第102页。

三、求 偿 关 系

（一）D 赔偿损害时之求偿权

D 驾车不慎与 B 相撞，伤害 F 之身体，D 一方面应与 B 依第 185 条第 1 项前段之规定，对 F 负连带损害赔偿责任；另一方面 D 又应与 E 依第 188 条第 1 项之规定连带负赔偿责任。依第 273 条第 1 项之规定，连带债务之债权人，得向债务人中之一人或数人，或其全体，同时或先后请求全部或一部之给付。因此，被害人 F 向 D 及 B 同时或先后请求全部或一部之损害赔偿，亦得向 D 及 E 同时或先后请求全部或一部之损害赔偿。倘 D 于为损害赔偿时，原则上应适用第 280 条前段之规定，即连带债务人相互间，除法律另有规定或契约另有订定外，应平均分担义务。兹依此规定，分述 D 对 B、E 之求偿权。

1. D 对 B 之求偿权

关于共同侵权行为连带债务人相互间之分担关系，未另设明文规定，原则上应平均分担其义务，惟共同侵权行为人之过失程度可得确定者，其赔偿义务之分担，应依过失程度决定之。在上举案例，D 对于车祸之发生，具有 40% 之过失，B 具有 60% 之过失。故 D 于赔偿后，得依此过失之比例，向 B 求偿之。

2. D 对 E 之求偿权

关于雇用人与受雇人连带负损害赔偿时，依第 188 条第 3 项之规定，雇用人赔偿时，对于为侵权行为之受雇人有求偿权，可知其内部关系，系由受雇人负其终局责任。因此，受雇人 D 于为损害赔偿后，对于雇用人 E 应无求偿权。

（二）E 赔偿损害时之求偿权

D 受雇于 E，因执行职务不法侵害他人权利，D 与 E 应连带负赔偿责任，雇用人 E 于为损害赔偿时，对于为侵权行为之受雇人 D 有求偿权，第 188 条第 3 项设有明文，无待详论。惟在上举案例，车祸之发生，C 之受雇人 B 与有 60% 之过失，因此发生一项疑问，即 E 于赔偿损害后，对于 B 或

C 有无求偿权？关于此点，应分别情形说明之。

（1）E 与 B 间并不成立连带债务，故 E 于为损害赔偿时，对 B 自无求偿之权利。如前所述，E 于赔偿时，对 D 有求偿权；而 D 于为损害赔偿后，对于 B 亦有求偿权。在此法律关系之下，E 赔偿损害时，对 B 亦无直接求偿权，仅于 D 让与其对 B 之求偿权，或具备第 242 条所规定代位之要件时，E 始得对 B 主张之。此种求偿关系虽嫌迂回，但当事人间法律关系不同，理应如此也。

（2）E 与 C 不构成共同侵权行为，前已论及。故 E 于为损害赔偿后，对 C 并无求偿权。又就 B 与 C 间连带债务之内部关系言，应由 B 负终局之赔偿责任，故 E 于赔偿损害后，亦无从经由 B 向 C 求偿。[①]

（三）A 赔偿损害时之求偿权

法定代理人 A 未能证明其对于未成年人 B 之监督已尽相当之注意者，应连带负赔偿责任。于此情形，A 已为损害赔偿时，对于 B 有无求偿权，殊值研究。有学者认为法律既未有特别规定，应平均分担。[②] 此就第 280 条规定之文义而言，虽亦有据，但实不符合当事人利益。依《德国民法》第 840 条规定，在内部关系应由无行为能力人或限制行为能力人单独负责。现行“民法”未设相当规定，立法者或系以为事涉家庭关系，不宜明文规定，以免滋生困扰。然从法律适用观点以言，内部求偿关系势须解决，对此问题应有规定而未设明文，可谓系法律漏洞（Rechtslücke）。此项法律漏洞，应类推适用第 188 条第 3 项之规定，予以填补，使法定代理人对为侵权行为之未成年人有求偿权。第 188 条第 3 项规定：“雇用人赔偿损害时，对于为侵权行为之受雇人，有求偿权。”立法理由（ratio leges）系认为，受雇人之行为直接肇致损害，对于损害发生之原因力较重，就内部关系言，应负全责。此项法理对于未成年人不法侵害他人权益之情形，亦有适用之余地。又承认法定代理人有求偿权，实符合公平之原则。设甲有未成年子女乙、丙二人，乙知书达理，勤于帮忙家事，丙则桀骜不驯，在外杀害同学，应付损害赔偿 50 万元，甲于赔偿后悲愤而死，若不承认甲对

---

① B 或 C 赔偿损害时，对何人有求偿权？请读者参阅本文内容自行研究之。

② 参见王伯琦：《民法债编总论》，第 95 页。

丙有求偿权,则丙对甲之遗产尚得与乙平分,背反事理,似甚显然。[1] 抑有进者,倘不承认法定代理人对未成年子女之求偿权,则在上举案例,法定代理人 A 为赔偿后,未成年人 B 免负赔偿责任,对于共同侵权行为人 D 亦无从请求其应分担部分,衡诸法理,实有未妥。

① 参见拙著:《未成年人及法定代理人之侵权责任》,本书第 102 页。

雇用人之资力与慰抚金之量定*

一、问题之说明

民法上之损害,计有两种:一为财产上损害,即损害客观上得以金钱加以计算,例如不法侵害他人之物,致其物之价格因而减损;一为非财产上损害,即损害客观上无法以金钱加以计算,例如被害人因身体遭受侵害所生精神或肉体上之痛苦。关于财产上损害之赔偿,系以恢复原状为原则,其不能恢复原状或恢复原状显有困难时,应以金钱赔偿之(参阅第213条、第215条)。关于非财产上损害,其不能恢复原状者(此为通常之情形),被害人仅于法律有特别规定时,始得请求赔偿相当之金额(慰抚金)(参阅第18条第2项、第194条、第195条)。慰抚金数额之量定,通说认为应斟酌加害程度,加害人之故意过失,双方当事人之资力、身份、地位、年龄、职业、被害人之与有过失及其他情事决定之。①

关于慰抚金之量定,负损害赔偿义务者,仅有一人时,适用上述原则,不生问题。数人应连带负损害赔偿责任时,慰抚金如何量定,则值研究。于共同侵权行为之情形,各加害人之资力等一切相关情事,均应斟酌,系属当然。于法定代理人与未成年人负连带损害赔偿之情形,实务上一向认为法定代理人之资力等,亦在斟酌之列,尚无不同意见。②

本文拟提出讨论的是,雇用人与受雇人负连带损害赔偿时,慰抚金量定之问题。按依第188条之规定:Ⅰ. 受雇人因执行职务,不法侵害他人之权利者,由雇用人与行为人连带负损害赔偿责任。Ⅱ. 选任受雇人及

---

* 本文原载《法治月刊》第7期(1980年12月),第37页。

① 关于慰抚金之基本问题,参见拙著:《慰抚金》,载《民法学说与判例研究》(第二册),北京大学出版社2009年版,第176页。

② 参见戴森雄:《民法案例实务》(第2册),1979年,第394页。

监督其职务之执行,已尽相当之注意或纵加以相当之注意而仍不免发生损害者,雇用人不负赔偿责任。Ⅲ. 如被害人依前项但书之规定,不能受损害赔偿时,法院因其声请,得斟酌雇用人与被害人之经济状况,令雇用人为全部或一部之赔偿。雇用人赔偿损害时,对于为侵权行为之受雇人有求偿权。例如甲雇用司机乙运送货物,乙驾车不慎肇祸,致丙死亡时,甲与乙应连带负损害赔偿责任,丙之父、母、子、女、配偶向甲、乙就非财产上损害,请求赔偿相当金额时(第 194 条),雇用人甲之资力应否斟酌?

二、"最高法院"之见解

(一) 肯定说

量定慰抚金,雇用人之资力应否斟酌,"最高法院"在其判决中,有采肯定之见解者。在 1968 年台上字第 1663 号判决一案,被上诉人(雇用人)之学徒为修理顾客之耕耘机,驾车不慎而肇车祸,致上诉人身体遭受损害。"最高法院"谓:"本件上诉人以其受伤后,精神所受痛苦甚大,请求被上诉人赔偿慰抚金 2 万元,原审斟酌上诉人受伤之程度,两造之身份地位及经济情况,命被上诉人赔偿 8000 元,于法并无违背,上诉论旨仍谓应赔偿 2 万元,殊非可取。"

(二) 否定说

惟应注意的是,关于雇用人资力之斟酌,1963 年台上字第 262 号判决明确地表示应采否定说。在本案,上诉人林荣茂系上诉人台交公司雇用之司机。于 1961 年 10 月 2 日下午 5 时许,自埔里镇驾驶该公司所有 15 107 248 号货车赴台中,途经草屯镇富寮里,因车行过速,并避让迎面来车,向右急转,一时怠于注意,冲越路边水沟,不法将被上诉人宋天知之妻、亦即其余被上诉人之母李惠珍撞死。此项事实,业经原审斟酌辩论意旨及调查上诉人林荣茂被判处过失致人死罪刑之刑事确定判决之结果,予以认定。则其据此判断上诉人台交公司应与上诉人林荣茂对于被上诉人因此所受之损害,应依第 184 条第 1 项及第 188 条第 1 项之规定,负"民法"上侵权行为之连带赔偿责任。"最高法院"谓:"按侵权行为赔偿之标准,应调查被害人实际上之损害如何,以定其数额之多寡。又不法侵害他人致死者,被害人之子女及配偶,虽非财产上之损害,依第 194 条之规定,固得请求赔偿相当之金额。惟其金额之是否相当,应斟酌被害人暨侵权行为人双方之地位、家庭状况及经济能力为准,而不应以连带负损害赔偿责任之雇用人之资力为权衡之准绳。"

三、分析检讨

(一)两项原则之冲突

抚慰金之量定,雇用人之资力应否斟酌,所以产生争议,涉及两个基本问题:

1. 雇用人责任之性质及求偿权

受雇人执行职务因故意过失不法侵害他人者,受雇人本身应负损害赔偿责任,系属当然。雇用人所以应连带负损害赔偿责任,其主要理由系因为役使他人,扩大活动范围,增加肇致损害之机会,故就所生之损害,亦应负责。惟就内部关系言,雇用人赔偿损害时,得向为侵权行为之受雇人求偿(第 188 条第 3 项)。基此规定,学者认为雇用人责任之性质系属代负责任。①

2. 被害人之保护

慰抚金之量定,当事人之资力是一项重要因素,受雇人通常为无资力者,雇用人之资力若不予斟酌,则被害人所得请求之数额,必甚微少。故从保护被害人之立场以言,雇用人之资力,实有斟酌之必要。

雇用人求偿权与斟酌雇用人资力以保护被害人,此两项原则于适用之际,不免产生冲突之现象。申言之,雇用人之资力,倘不斟酌,则对被害人之保护,殊属不利;反之,雇用人之资力,若予斟酌,慰抚金之数额,势必增加,被害人得向受雇人及雇用人请求,雇用人于赔偿时,得向受雇人求偿,从而可能产生如下之结果,即:斟酌经济上较优者之资力,以定慰抚金,但却归由经济上较弱者负担。

为克服此两项原则之冲突,在理论上有两种解决方法。第一种方法认为,关于慰抚金部分应由雇用人负责赔偿,于赔偿后不得向受雇人求

---

① 参见史尚宽:《债法总论》,第 180 页。

偿,但此与第 188 条第 3 项之规定显有不符。第二种方法认为,应由法院斟酌雇用人及受雇人之资力,分别决定其分担之部分。此种见解兼顾当事人之利益,具有相当说服力,自不待言,惟是否符合现行法之规定,仍有疑问。

(二) 本文之见解

雇用人资力应否斟酌,在现行法上实处于两难之间,顾此失彼,难期周全,前已论及。惟法律之解释适用,原在衡量利益,作价值之判断。准此以言,依吾人所信,仍以斟酌雇用人资力以定慰抚金,较为妥洽,否则不足以保护被害人之利益。至于雇用人之求偿权,在法律已广受限制:①雇用人对于侵权行为之发生,与有过失者(例如供给之具有瑕疵,对职务执行为不当之指示),应准用第 217 条之规定,依过失轻重,减免其求偿权。[①] ② 受雇人系劳工时,若所从事之工作,具有肇致损害之危险性,则基于保护劳工之社会原则,雇用人之求偿权亦应受限制。依德国判例所创设之"具有损害性工作"(schadengeeignete Arbeit)理论,受雇人仅有轻微过失者,受雇人得请求雇用人代偿其对被害人所负之赔偿责任;受雇人有普通过失时(例如未尽善良管理人之注意),应斟酌其他情事,决定内部分担部分。[②] 台湾学者亦有认为,雇用人对于受雇人行使求偿权时,亦应顾及雇用人与受雇人之实际情况(如企业之危险性如何,收入利益如何,工资是否低廉,劳务是否过度,以及企业设施是否不完备等)而受限制。否则,应认为求偿权之滥用,或竟认为共同侵权行为而使雇用人亦有应负担之部分。[③] ③ 由于责任保险制度之建立(如雇用人责任保险、产品责任保险、汽车责任保险),损害赔偿已逐渐转由保险人负担,不生求偿之问题。总而言之,雇用人之求偿权,或受法律上之限制,或因责任保险而排除,而实务上雇用人于赔偿后向受雇人求偿之案件,尤属罕见。因此斟酌雇用人资力以定慰抚金,实际上殆无转嫁于受雇人承担之虞。

---

① 参见拙著:《连带侵权债务人内部求偿关系与过失相抵原则之适用》,载《民法学说与判例研究》(第一册),北京大学出版社 2009 年版,第 46 页。

② 参见 Zöllner, Arbeitsrecht, 1977, S. 152f.

③ 参见郑玉波:《民法债编总论》,第 186 页。

四、结　　论

雇用人侵权责任,实务上至为重要。关于慰抚金之量定,雇用人之资力应否斟酌,关系被害人利益至巨。“最高法院”向有正反两种见解,惟均未详具理由,法理依据何在,不得而知。自雇用人责任之性质及求偿权之规定以言,雇用人之资力,不予斟酌,具有相当理由,固不容否认,但为保护被害人利益,则以采肯定说较为妥适。雇用人之求偿权,在法律上或受限制,或被排除,实际上不致发生斟酌“富者”之资力转嫁“贫者”负担之结果。雇用人向受雇人求偿纵或有之,事属内部关系,应让诸加害人自求解决,不宜以此为理由,而不斟酌雇用人之资力,致被害人之损害难获填补。

让与请求权*

一、适用范围

(一) 问题之说明

第228条规定:"关于物或权利之丧失或损害,负赔偿责任之人,得向损害赔偿请求权人,请求让与基于其物之所有权或基于其权利对于第三人之请求权。"此项规定,初视之下,似为当然自明之理。例如乙童擦皮鞋为业,因怠于注意,致顾客甲之皮鞋被第三人丙偷去,则甲对乙有损害赔偿请求权,对丙有所有物返还请求权,乙赔偿后,则得请求甲让与其对丙之所有物返还请求权。[①]惟在实务上,本条之适用,疑义甚夥。例如在上举之例,乙童因擦破顾客甲之皮鞋,而赔以新皮鞋时,则乙是否得依第228条规定向甲请求让与该皮鞋(被擦破皮鞋)之所有权?此即涉及第228条之适用范围,申言之,即让与请求权之标的,是否仅限于对第三人之权利。此为判例上最具争议之问题。

(二) 学说

多数学者认为第228条之适用,以涉及第三人为必要,赔偿义务人所得请求让与者,系权利人对第三人之权利。[②]关于此点,郑玉波先生之说明,最称明确,略谓:第228条之规定,须于涉及第三人之事例,始有适用。

---

* 本文原载《法令月刊》第31卷第10期(1980年10月),第78页。

① 参见郑玉波:《论让与请求权与赔偿代位》,载《法令月刊》第31卷第3期(1980年3月),第3页、第4页。

② 参见戴修瓒:《民法债编总论》,第104页;梅仲协:《民法要义》,第162页;史尚宽:《债法总论》,第337页;郑玉波,前揭文,第3页;曾世雄:《损害赔偿法原理》(1969年),第217页。

设鞋童乙所擦之鞋,并未被丙偷去,亦未涉及第三人,而系鞋童擦破时,则鞋童于赔偿后,不能适用第228条规定向顾客甲请求让与该皮鞋(被擦破皮鞋)之所有权,惟有依法理解释之。[①]

惟学者认为第228条之适用不以涉及第三人为必要者,亦颇有其人。依王伯琦先生之见解,其物毁损或部分灭失者,赔偿义务人得依第228条规定请求让与其毁损物或其剩余部分之所有权。[②] 孙森焱先生亦采此说,认为就让与请求权而言,系以公平原则为基础,以防止被害人获得不当之利益为目的,在让与请求权人所得请求让与之权利,本质上即为损害赔偿请求权人受损害之权利在形态上之变更。换言之,原来权利因丧失或毁损而发生损害赔偿请求权;另方面原来权利之形态或尚有剩余价值或变更为对第三人之请求权。此两者在本质上原属同一利益,均系原有之权利所变更,如损害赔偿请求权与让与请求权标的之权利仍归一人保留,显然发生双重利益。原有权利形态之变更,既可能为原权利之剩余价值,或可能为对于第三人之请求权,故赔偿义务人得请求让与者,当不限于损害赔偿请求权人对于第三人之请求权。[③]

(三)判例

关于第228条之适用,"最高法院"最近著有二则判决,基本上系认为赔偿义务人所得请求让与者,亦包括"基于其物之所有权",而非仅限于"权利人对于第三人之权利"。[④]

在1975年台上字第2295号判决一案,上诉人主张:被上诉人自1974年2月起至5月间,在上诉人所有山林内盗伐楠木等577株,种植香菇图利,致上诉人损失新台币244 321元,请求法院判决命被上诉人如数赔偿。被上诉人则以:伊所砍伐林木均存置山上,是上诉人并未受损,虽该砍伐之林木均经打洞种植香菇,然并不影响林木价值云云,资为抗辩。二审法院判决认为:上诉人自承被盗伐之林木尚确存置其所有林地之内,是该林

---

① 参见郑玉波,前揭文,第4页。

② 参见王伯琦:《民法债篇总论》,第146页。另参见胡长清:《民法债编总论》,第265页;洪文澜:《民法债篇释义》,第238页。

③ 参见孙森焱,前揭文,第9页。

④ 参见孙森焱:《论损益相抵与让与请求权》,载《法令月刊》第31卷第5期(1980年5月),第8页,殊具参考价值。

木所有权仍属上诉人,虽然被上诉人将林木打洞加工,要无损其价值,在上诉人未标卖该批林木或作其他适当处理以前,尚不能证明上诉人受有损害,更不能证明损害额究有若干,自难认上诉人有损害赔偿请求权存在。“最高法院”判决理由略谓:“上诉人所有林木既被盗伐,除上诉人表示仍保有该被伐后之林木所有权外,即非不得依被盗伐林木之数量及相当价格计算其损害,请求赔偿。至被伐后之林木,虽仍在上诉人所有林地之内,被上诉人非不得依第 228 条规定,请求让与基于其物之所有权,不能因此遽认上诉人未受损害。即使该林木经打洞种菇后,其价值远超于原木之价,然此加工苟非上诉人之原来种林目的,而上诉人复无保有该批林木所有权之意思时,亦不能遽谓上诉人未受损害。”

在 1978 年台上字第 4044 号判决一案,被上诉人主张上诉人于 1975 年 5 月 29 日下午 4 时许,驾驶货柜车,途经苗栗县三义乡西湖村尖丰公路弯道时,因车速过快,并逾越中心线,致其拖车左后轮与迎面驶来由被害人张某驾驶之小客车相撞,张某当场死亡,小客车则遭毁损,经估价需修理费新台币(下同)90 790 元。被上诉人为张某之继承人,经定期催告上诉人赔偿,仍置之不理,因而请求判决命上诉人如数赔偿。二审判决认为:查张某生前驾驶之小客车系 1971 年出产之裕隆旧车,经嘱托经销裕隆汽车之某汽车股份有限公司鉴定结果,认为修复费需 284 135 元,已无修复之价值;该小客车如未被撞毁,其剩余价值约值 4 万元。按不法毁损他人之物者,应向被害人赔偿其物因毁损所减少之价额,本件小客车被撞毁后,事实上已不能供原来之使用,后余残壳,仅为废料而已,是其减少之价值,即系撞毁前之全部价值 4 万元,至于汽车之残壳虽仍有“废料之残值”,亦惟有由负赔偿责任之人,向损害赔偿请求权人请求让与基于其物之所有权,上诉人请求调查该小客车之残壳净值,自无必要,应由上诉人就小客车被撞前之价值,负赔偿责任。“最高法院”判决理由略谓:“第 228 条虽规定,关于物之丧失或损害,得向损害赔偿请求权人,请求让与基于其物之所有权,然此为负赔偿责任人之权利,如负赔偿责任之人舍此主张损益相抵,自非法所不许。原审认上诉人得请求被上诉人让与被撞小客车残体之所有权,不得主张扣除小客车残体之价值,所持法律上之见解,非无研究之余地。”

(四) 分析检讨

1. 第228条之解释

关于第228条之适用,是否以涉及第三人为必要,判例学说,殊有争论,已如上述。依本文见解,在解释上应以肯定说为是,兹分四点说明之:

(1) 就文义言,法律之解释,首重文义。法律文义,系法律解释之起点,亦是法律解释之终点,换言之,解释法律不能愈越可能法律文义(möglicher Wortsinn),否则即为法律补充之问题。[①] 就第228条之文义言,赔偿义务人所得请求让与者,系权利人对于基于其物之所有权或基于其权利对于第三人之权利,实无疑问。关于此点,郑玉波先生说明甚详,略谓:"第228条之规定,请求让与之标的为'对于第三人之权利',在物之损害赔偿时,即为基于其物对于第三人之请求权,例如所有物返还请求权(第767条),并非该物之所有权,只因坊间《六法全书》关于本条之标点有误植,竟于'基于其物之所有权'下,加一','点,结果学者不察,往往误解为所得请求让与者为'其物之所有权'。试问如果请求让与其物之所有权时,何必于'其物之所有权'上加'基于'二字,而成为'基于其物之所有权'?加此二字显系句子尚未完成,须与其下之'对于第三人之请求权'连贯始可。亦即'基于'二字系为与'对于'二字相呼应而设。"[②]此项见解,可资赞同。

(2) 立法资料(立法者之意思)。第228条之前身系民律第一草案第388条,其全文为:"因物或权利丧失而有损害赔偿责任之人,非其损害赔偿之权利人将其物之所有权或因其权利对于第三人而有之请求权让与后,无须赔偿其损害。"立法理由略谓:"谨按甲以物寄存于乙,因乙之保存不得宜,其物被丙取去,此时甲对于乙,因物之丧失有损害赔偿请求权,甲对于丙又有本于所有权之请求权,故甲既得从乙受全部损害之赔偿,又得主张本于所有权之请求权,有从丙受物之返还或损害赔偿之权利,是甲受两重利益也。于此情形,甲非将对于丙之所有权之请求权及损害赔偿请求权让与乙,则乙无损害赔偿之义务,免生不当之结果也,且此法则,如

---

① 关于法律文义与法律解释之问题,参见 Larenz, Methodenlehre der Rechtswissenschaft, 4. Aufl. 1979, S. 307.

② 郑玉波,前揭文,第4页。

乙受甲委任向丙收取债权,而因怠行义务,致丙成为无资力人,乙对于甲应赔偿其损害之处亦可应用。故设本条,以明示其旨。"①民律草案第388条与现行"民法"第288条规定之文字虽略有不同,但就其所举之例而言,赔偿义务人所得请求让与者,亦系权利人对于第三人之权利。立法理由书所举之例,虽不得作为绝对之依据,但足以说明立法者在基本适用案例上之认识(Fallvorstellung des Gesetzgebers),殆无疑问。

(3) 比较法。第228条系仿自《德国民法》第255条之规定:"关于物或权利应赔偿损害之人,仅于赔偿请求权人,对其让与基于其物之所有权或基于其权利对于第三人之请求权时,始负赔偿义务。"(Wer für den Verlust einer Sache oder eines Rechts Schadensersatz zu leisten hat, ist zum Ersatz nur gegen Abtretung der Ansprüche verpflichtet, die dem Ersatzberechtigten auf Grund des Eigentums an der Sache oder auf Grund des Rechts gegen Dritten zustehen)。依此规定,义务人所得请求让与者,系权利人对第三人之权利,为德国判例学说一致之见解。②

(4) 法律目的。依学者通说,第228条之"立法目的",在于防止被害人之不当得利。就此点而言,不法侵害他人之物者,于为全部损害赔偿后,对该物剩余价值,应有让与请求权,从结果以言,亦有所据。惟就本条规定2000年来之法制发展史观之,其目的乃在于解决涉及第三人之利益状态,有其特定规范功能(详见后文),自始即非以毁损物"剩余价值"之请求,为其规律之对象也。③

2. 毁损物剩余价值之归属

不法毁损他人之物者,应向被害人赔偿其物因毁损所减少之价额(第196条)。例如甲毁损乙之汽车车身者,应赔偿因而减少之价额,设乙之汽车全部毁损时,则甲负有恢复原状之义务,应赔以同类型同一价值之汽车,但恢复原状显有困难,得以金钱赔偿之。其逾期未为恢复原状者,被害人亦得请求金钱赔偿(第214条、第215条)。汽车全部灭失,不残留任何价值者,此项损害赔偿之方法,固无问题。设毁坏之汽车尚残留有若干价值者(汽车残体),关于其损害赔偿之方法,当事人有合意者,当依其合

① 《民法制定史料汇编》(上册),1976年,第411页。

② 参见 Larenz, Schuldrecht, I. Allgemeiner Teil, 11. Aufl. 1976, S. 348ff.

③ 参见 Selb, Entstehungsgeschichte und Tragweite des § 255 BGB, Festschrift für Karl Larenz zum 70 Geburtstag, 1973, S. 517ff.

意。当事人未有合意者,究应如何处理,殊有疑义。

1978 台上字第 4044 号判决认为:“第 228 条虽规定,关于物之丧失或损害,得向损害赔偿请求权人,请求让与基于其物之所有权,然此为负赔偿责任人之权利。如负赔偿责任人舍此主张损益相抵,自非法所不许。”①据此判决理由观之,似认为赔偿义务人得从损害中扣除汽车残体之价值而赔偿之。

“最高法院”此项见解,似有商榷余地。按所谓“损益相抵”者,系指基于同一事实,被害人受有损害,同时获得利益,于计算损害赔偿时,应从该损害中扣除其所得之利益,以禁止被害人获得利益(Bereicherungsverbot),此项利益系指因损害事由而发生者而言。汽车全毁时所剩余之残体,在加害人为全部损害赔偿前,对被害人并不构成利益,在加害人全部赔偿后,对于被害人虽构成“利益”,但非属可损益相抵之利益。孙森焱先生基本上亦采此见解,认为汽车被撞后之残壳系属原来权利之剩余价值,并非新发生的利益,原无损益相抵原则的适用。② 曾世雄先生在其《损害赔偿法原理》一书中,亦认为不适用损益相抵,其理由有二:① 此种实行方法与恢复原状之本旨有违。② 汽车残体之如何处理,能否顺利出卖,含有危险性在内,该项危险性因赔偿义务人之过失所造成,自应由赔偿义务人负担。③ 此项见解,具有高度说服力,自值赞同。

据上所述,汽车被毁后,纵遗有残体,加害人仍应为全部损害之赔偿,不得从损害中扣除,实无疑义。被害人于受领全部损害赔偿后,不应再保有该汽车残体,亦属当然。曾世雄先生亦采此见解谓:“诸如汽车撞毁(全毁),残留尚可使用之零件;抑或杀害他人之马,遗留可供利用之尸,为恢复原状时,赔偿义务人应还之于赔偿权利人以同样之汽车或马匹,赔

---

① 关于此项判决,孙森焱先生作有深刻之批评(前揭文第 10 页),可供参考:“1978 年台上字第 4044 号判决认为第 228 条规定之让与请求权为负赔偿责任之人之权利,负赔偿责任之人舍此主张损益相抵,自非法所不许云云,则大有商榷余地。盖让与请求权之是否行使,固属赔偿义务人之自由,至于是否主张损益相抵,则应以损害赔偿请求权人所受损害之性质决之,而非属赔偿义务人之权利。即在损害赔偿请求权人言,其应适用损益相抵原则者,固不得舍此而仅就所受损害之全部请求赔偿,坚持不扣除利益;其应适用让与请求权之规定者,赔偿义务人亦不得强制损害赔偿请求权人应适用损益相抵之原则予以扣抵。此盖让与请求权与损益相抵乃属不同层次之两种规范,并非属于赔偿义务人所拥有处于平等地位之二种权利,可供任意行使者也。”

② 参见孙森焱,前揭文,第 10 页。

③ 参见曾世雄,前揭书,第 217 页。

偿权利人应将汽车残体或马之尸体交付赔偿义务人。”[①]有疑问的是，赔偿义务人请求交付汽车残体之法律依据。适用第 228 条，固称简便，但不合其法律文义及其规范目的，已如上述。郑玉波先生认为惟有依法理解释之[②]，可资参考。

二、规 范 目 的

（一）规范目的

综据上述，第 228 条规定之让与请求权，以涉及第三人为必要。自罗马法古典时期以来，均以寄托物被盗为其典型案例（Grundfall），最可作为分析其立法目的之材料。兹为便于观察，先将其法律关系图示如下[③]，再加说明：

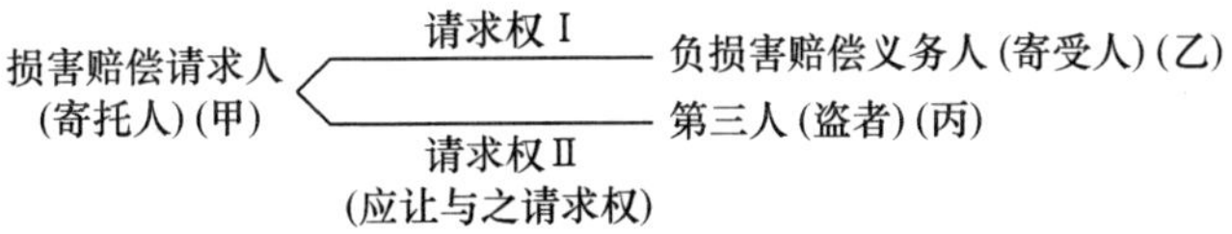

甲寄托某画于乙，乙疏于保管，致该画为丙所盗。于此情形，甲得基于寄托契约关系向乙请求损害赔偿，亦得依第 767 条之规定，向丙主张所有物返还请求权。惟一般言之，丙之所在，实难寻查，因此甲多向乙请求损害赔偿。此时，乙不得主张从甲得请求损害赔偿中扣除其对丙之请求权。甲对于丙之请求权非属可以相抵之利益。倘若乙对甲为全部之损害赔偿时，甲对丙之请求权并不因此而消灭。申言之，乙之赔偿与丙无关，丙之义务依然存在，惟甲应将其对丙之请求权让与于乙；反之，设甲向丙行使权利，取回被盗之画时，甲之损害已不存在，乙之赔偿义务即告消灭。丙返还其所盗之画于甲时，不得向甲请求让与其对乙之损害赔偿请求权，盖就第 288 条之文义而言，甲对于乙之请求权非系“基于其物之所有权”，而是基于契约也。[④]

① 曾世雄，前揭文，第 217 页。
② 参见郑玉波，前揭文，第 4 页。
③ 该图示采自 Selb 教授，前揭文，S. 517.
④ 参见 Larenz, Schuldrecht I, S. 438ff.

基于上述关于寄托物被盗基本案例之分析，可知对第三人（盗者）请求权之存在，不影响权利人（甲）对赔偿义务人（乙）之请求权，惟义务人于赔偿后则得向权利人请求让与对其对第三人（丙）之权利，立法目的显在防止权利人获得双重利益也。

又第228条尚含有一项未经明确表示于外部之法律上价值判断，即对于物或权利之丧失或损害，关系较近者（Näherstehende），应终局负其责任。在寄托物被盗之例，盗者直接侵害寄托人之物，应终局负其责任，受寄人违反契约上注意义务，予盗者以可乘之机，对损害相距较远（Fernerstehende），故于赔偿后，得基于寄托人所让与之权利向盗者主张之。由是可知，在法律价值判断上，受寄人与盗者对于寄托人之责任，系属不同层次之责任（abgestufte Haftung）。①

应可注意的事，最近奥地利维也纳大学教授Selb②，更从法制理论发展史（Dogmengeschichte）之观点探究《德国民法》第255条（相当于第228条）之规范功能，确认其所规定，实系关于损害赔偿内容确定之问题（Inhaltsbestimmung der Schadensersatzansprüche），并含有一项"损害计算上危险承担"（Übernahme der Liquidationsrisikos）之原则。就寄托物被盗之案例而言，寄托物被盗之后，或仅为占有之丧失，或已全告消灭，或已为他人善意取得，均属可能。对被害人而言，物之所在，难以查寻，损害赔偿范围如何，亦无从确定。为解决此项问题，在法律技术上特采取"损害计算上危险承担"转嫁之方法，使寄托人得径向受寄人请求全部损害赔偿，而受寄人于损害赔偿时，则得向寄托人请求让与其对盗者之请求权。此项对于第三人之请求权能否实现，其危险性由受寄人承担之。③ 此项见解，对于阐释让与请求权制度之形成，实有启发性之贡献。

---

① 参见Selb, Schadensbegriff und Regressmethoden, 1963, S. 21ff. ; Esser/Schmidt, Schuldrecht Ⅰ, Allgemeiner Teil, 5. Aufl. 1977, S. 196f. ; Larenz, Schuldrecht I, S. 440.

② Walter Selb系德奥有名之民法及法制史学者，曾任教于德国Gottingen（哥廷根）、Heidelberg（海德堡）等大学，现为奥地利Vienna（维也纳）大学教授。Selb教授曾于1978年度在台大法律学研究所担任客座教授，讲授德国私法理论发展史（Dogmengeschichte des deutschen Privatrechts），对于《德国民法》第255条关于让与请求权之规定，论述甚详。最近又承蒙Selb教授赠送其主编之新版Münchener Kommentar zum Bürgerlichen Gesetzbuch, 1979（《慕尼黑德国民法注释书》）及Staudinger Kommentar zum Bürgerlichen Gesetzbuch 12 Aufl., 1979（《Staudinger德国民法注释书》），谨附志于此，用表谢意。

③ 参见Staudinger/Selb, §225 Rz2-4.

(二) 与其他制度之区别

1. 让与请求权与损益相抵

让与请求权之目的,在于防止不当得利,已如上述。就此点而论,让与请求权与损益相抵,颇相类似,因此学者有认为第228条之让与请求权系属损益相抵之一种特殊类型(Sonderfall der Vorteilsausgleichung)[①],或为损益相抵原则具体之适用。[②] 惟就其本质而言,二者实有不同。[③] 于损益相抵,同一侵害事实所生之利益,系作为一种损害之计算因素,在损益相抵之范围内,损害即不发生;反之,于让与请求权,权利人对第三人之请求权,不能作为一种利益而相抵,赔偿义务人所取得者,系一种独立之对立请求权也(selbständige Gegenansprüche)。[④]

2. 让与请求权与连带债务

于让与请求权制度,赔偿义务人及第三人对权利人各负有义务。在寄托物被盗之例,受寄人应为损害之赔偿,盗者应返还其物,义务人并非以共同目的,负同一之债务,故非属连带债务。申言之,此两项义务并非处于同一层次(gleichstufig oder gleichrangig),盗者之义务为主(primär),受寄人之义务居次(sekundär)。受寄人赔偿时得请求权利人让与其对盗者之权利,盗者返还其物于权利人时应终局负其责任,无依连带债务之规定向受寄人求偿之余地。[⑤]

三、让与请求权发生之要件

(一) 基本构成要件

第228条让与请求权之发生,须具备三项要件:① 须有物或权利之丧失或损害;② 须有损害赔偿义务之发生;③ 须被害人对第三人有请求权。兹分别简要说明之。

---

① 参见 Fikentscher, Schuldrecht, 6. Aufl. 1976, S. 302.

② 参见曾世雄,前揭书,第217页。

③ 参见 Staudinger/Selb, § 225 Rdnr. 5.

④ 参见 Erman/Sirp, § 225 Rdnr. 2.

⑤ 参见 Staudinger/Selb, § 225 Rdnr. 6-8; Münch Komm/Selb, § 421 Rdnr. 7.

1. 物或权利之丧失或损害

《德国民法》第 255 条系以物或权利之丧失(Verlust)为要件,现行“民法”第 228 条增列“损害”两字,其范围较广。关于物之丧失或损害,除物之灭失、毁损及占有之丧失外,尚包括因他人善意取得致所有权消灭之情形。关于权利之丧失或损害,以受收取债权委任之人因怠于收取致债务人成为无支付能力为其典型之例;请求权罹于时效、票据之遗失、物上权利因他人善意取得而消灭,亦均属之。

2. 须有损害赔偿义务之发生

因物之丧失或损害而生之损害赔偿义务,有基于契约关系者,例如乙受托保管甲物,因疏于注意,为丙所盗;有基于侵权行为者,例如乙偷甲物,复为丙所盗;有基于无因管理者,例如乙收留甲迷失之狗,因未盡善良管理人之注意,被丙所盗。只须有损害赔偿义务之发生,即为已足,其原因如何,在所不问。

3. 须被害人对第三人有请求权

第 228 条之适用,是否以涉及第三人为必要,尚有争论。依本文见解,以采肯定说为是,因此被害人对第三人无请求权者,无适用余地。例如,乙受托保管甲物,因疏于注意,致该物被丙所毁损,设丙无过失时,不构成侵权行为,甲对丙即无请求权,从而乙于损害赔偿时,亦无从向甲请求让与其对第三人之请求权。

依第 228 条规定之文义,义务人得请求让与者,系损害赔偿请求权人基于其物之所有权或基于其权利对于第三人之请求权。所谓“基于其物之所有权对第三人之请求权”,虽以所有物返还请求权最称典型,但为贯彻第 288 条禁止得利之原则,权利人对于第三人之一切请求权,凡根源于物之所有权者,均在让与之列,故除损害赔偿请求权外,尚应兼及不当得利请求权。基于其权利对于第三人之请求权,例如受任人因怠于收取债权,致债务人成为无支付能力,受任人应向委任人赔偿时,得请求让与其对该债务人之债权。其因票据之遗失而赔偿者,得请求让与票据上之权利。

(二)案例分析

让与请求权之基本构成要件,已略如上述。兹更举各种类型案例,试加分析,期能进一步观察其在解释适用上之问题。

1. 适用之案例

甲有水泥数包寄托乙处，乙看管不周，随便放置屋侧空地。其邻居丙正修建房屋，其雇用之工人误以该水泥为丙所有而使用之。甲之水泥与丙之房屋附合，成为不动产之重要成分，丙取得水泥所有权（第 811 条），于此情形，甲基于寄托契约对乙有损害赔偿请求权，对丙则得依不当得利之规定，请求偿金（第 816 条）。乙于向甲赔偿时，得请求让与其对丙之不当得利请求权。

2. 不得适用之案例

甲有名画，投有保险，借乙观赏，不慎被丙所盗而灭失。于此情形，乙向甲赔偿损害时，虽得请求让与其对丙之损害赔偿请求权，但对于保险金请求权，则不得请求让与。盖依第 228 条之规范目的，其所称对第三人之请求权，并不包括权利人因损害事实基于特殊原因（例如保险契约等）所生之请求权也。[①]

3. 有争论之案例

乙盗甲画出卖于善意之丙，丙转售善意之丁，甲承认丙处分其物之行为（参阅第 118 条）。于此情形，乙于赔偿时，得否向甲请求让与其对丙关于价金之不当得利请求权？此为德国民法上近年来最具争论问题之一[②]，实值介绍。

关于上述问题，德国最高法院原采肯定说（BGHZ 29, 157ff）。von Caemmerer 教授对此甚有批评，认为此项不当得利请求权之让与，并无意义。盖盗者（乙）基于其与买受人（丙）之买卖契约，实不能请求善意买受人（丙）交付其因出卖甲画于丁所得之价金也。[③] 由于受到 von Caemmerer 教授批评，德国最高法院在其后一项重要判决中，明白表示放弃此项见解，认为《德国民法》第 255 条于此案件无适用之余地（BGHZ 52,39）。Reeb 及 Rüssmann 二氏在结论上赞同此说，惟理由不同，认为在此案例，盗者之行为较值非难，对损害之发生较为接近（näher daran），依《德国民法》第 255 条之立法目的，应负终局之责任[④]，故于损害赔偿时，无让与请求权之可言。最近 Selb 教授根据其"损害计算上危险承担"之理论，再度

---

① 参见史尚宽，前揭书，第 339 页。

② 参见 Medicus, Bürgerliches Recht, 8. Aufl. 1978, Rdnr. 927. S. 423.

③ 参见 von Caemmerer, JR 1959, 462.

④ 参见 Reeb, JuS 1970, 214ff.; Rüssmann, JuS 1974, 229ff.

肯定让与请求权之适用性。Selb 教授认为盗者就损害所负之责任,仅系所有权人得否依不当得利之规定取回其物价值之危险。若受有不当得利之买受人有支付能力而为给付时,则损害不存在。盗者损害赔偿之义务与买受人应负不当得利返还之义务,具有阶层性(Abstufung der Verpflichtungen),其情形与寄托物被盗时为计算损失利益(Verlustschaden)而发生之损害赔偿义务与所有物返还请求权之竞合,并无不同。因此盗者就物之价值为全部损害赔偿时,得同时请求权利人让与其对买受人之不当得利请求权。惟在内部关系,买受人得基于其买卖契约关系,要求受让人(出卖人)免除此项义务,不致发生不合理之结果。① Selb 教授此项见解,实值参考,自不待言。

4. 类推适用之案例

乙驾卡车不慎,撞毁甲之计程车,乙同意由甲自行将该车交汽车修理厂丙修理,全部费用由乙负担之。由于丙之过失,未能于约定期间内完成修缮工作。甲为谋生计,乃向计程车行丁租车营业。毁损汽车之修缮,系当事人所约定损害赔偿之方法,故因迟延而生之损害(租车费用),仍应由乙负赔偿责任。但为避免甲获得双重利益,乙于赔偿时,得类推适用第228条规定,请求甲让与其基于承揽契约(给付迟延)对于丙之损害赔偿请求权。②

四、让与请求权之行使

(一)债权主义与物权主义

依《德国民法第一草案》第223条之规定,负赔偿义务人于赔偿时,权利人对第三人之请求权当然移转于赔偿义务人,学说上称为物权主义。《日本民法》第422条采之,称为赔偿代位。现行《德国民法》改采债权主义,即须经让与行为,始得移转,故称为让与请求权。现行"民法"第228条从之。依德国民法第二次委员会之说明,采让与行为说,可使权利让与之事实、时日及所让与之事实,俱得确定。若采法定移转,则于义务人为

---

① 参见 Münch Komm/Selb, § 225 Rdnr. 19.

② 参见 Medicus, Gesetzliche Schuldverhältnisse, 1977, S. 79.

部分赔偿时,其所应让与者若为物上请求权,势将形成物上共同关系,徒增困扰,不合目的性。[1] 依本文见解,就立法政策以言,采法定当然移转说,法律关系较为明确,符合当事人利益,亦有所据。史尚宽先生认为法定移转有时可助长赔偿义务人之诈伪(例如甲受乙寄存名贵古董,诈称被盗,可因赔偿即取得其物)[2],实则采让与行为说,此类诈伪情事,亦难避免也。

(二) 让与之请求

赔偿权利人对第三人之请求权,非因义务人赔偿而当然移转,须经义务人之请求,已如上述。惟关于请求让与之时间究竟在赔偿之前,抑或其后,法未规定。原则上应同时履行,并类推适用第264条关于同时履行抗辩之规定[3],义务人赔偿时,未为请求者,得于事后主张之,除有明显表示外,不得认为抛弃让与请求权。

义务人为一部损害赔偿时,不得请求权利人全部让与其对第三人之请求权,虽属当然;设对第三人之债权系属可分时,是否可请求部分之让与,不无疑问,惟解释上应采否定说。盖部分让与不免造成受让人与权利人于行使权利上竞争情事,与权利让与不得有害于让与人之原则(nemo subrogat contra se)有所违背也。[4]

(三) 权利人受领双重利益之问题

于第228条规定之案例,权利人分别对于义务人及第三人各有请求权,因此不免发生受领双重给付之情事,而此则为第228条所欲防止者,究应如何处理,基本上可分两种情形讨论。

(1) 权利人于义务人赔偿前,已自第三人受领给付者。例如寄托物被盗,寄托人于受寄人赔偿前已自盗者取回其物。于此情形,权利人既已取回其物,义务人之赔偿,系属无法律上之原因而为给付,得依不当得利之规定,请求返还。

---

① 参见 Mugdan, Die gesamten Materialien zum BGB für Deutsches Reich Ⅱ, 1899, S. Ⅳ 13, 519.(台大法学院法律学研究所图书室藏存有此德国民法原始立法资料,弥足珍贵。)

② 参见史尚宽,前揭书,第337页。

③ 此为学者之通说,参见史尚宽,前揭书,第339页。

④ 参见 Staudinger/Selb, §225 Rdnr. 33.

(2) 权利人于义务人赔偿后,再自第三人受领给付者。例如寄托物被盗,寄托人于受寄人赔偿后,复从盗者取回其物。于此情形,应再分两种情况论之:① 第三人向权利人之给付,系在请求权让与之前者,因赔偿义务其后已不存在,赔偿义务人得依不当得利规定,请求返还其所为之给付。② 第三人之给付,系在请求权让与之后,倘其未受让与之通知者,其对权利人之给付,仍为有效(参阅第 297 条),应由义务人(受让人)向权利人(让与人),依不当得利之规定,请求返还其所为之赔偿给付。惟第三人已受通知而仍向权利人给付者,对受让人仍负有履行之义务。[①]

五、让与请求权之效力

赔偿义务人向权利人请求让与者,若属债权请求权(损害赔偿请求权或不当得利请求权),其让与应依第 298 条以下关于债权让与之规定为之,无待详论。

关于所有物返还请求权之让与,因性质特殊,争议甚多,有认为所有物返还请求权不能与所有权分离而单独让与,故所有物返还请求权本身不得作为让与之客体。[②] 通说对于所有物返还请求权之让与性虽采肯定之见解,但关于所有权之移转,则意见分歧。有认为随着所有物返还请求权之让与,当事人间具有让与所有权之合意,受让人依第 761 条第 3 项规定取得其物(动产)之所有权,故于自第三人取回其物后,得以所有人地位而保有之;有认为所有物返还请求权之让与不影响权利人之所有权,故当受让人自第三人取回其物后,权利人得返还义务人所给付之赔偿,而请求返还该物。[③]

依本文见解,关于此一问题之解决,首先应解释当事人之意思而定。当事人未有意思表示时,原则上应采后说,认为动产所有权不因返还请求权之让与而移转。如此解释较能符合第 228 条之立法目的,并兼顾权利人之利益,即权利人不应因自义务人受领赔偿,而被迫让与其物之所有

---

① 参见 Münch Komm/Grunsky, § 225 Rdnr. 5; Esser-Schmidt, Schnldrecht Ⅰ, S. 197;史尚宽,前揭书,第 341 页。

② 参见 Wolf, Schuldrecht, Erster Band, Allgemeiner Teil, 1978, S. 255.

③ 参见 Larenz, Schuldrecht I, S. 439.

权,致不能向第三人取回其物也。[1]

六、结　　论

第228条关于让与请求权之规定,实务上案例不多,最近学者对其适用范围引起争议,并因此发现两则“最高法院”判决,殊有研究价值。本文认为从法律文义、立法资料、比较法及法律目的诸方面而言,第228条之适用,应以涉及第三人为必要,赔偿义务人所得请求者系权利人对于第三人之请求权。

此项对第三人请求权让与制度之立法目的,除防止权利人获得双重利益,并含有一项法律基本原则,系对权利或物之丧失损害,关系较近者(Näherstehende),应负终局责任。例如就寄托物被盗之例而言,受寄人赔偿时,得请求权利人让与其对盗者之所有物返还请求权;反之,盗者返还其物时,应终局负责任,无让与请求权。最近Selb教授更基此典型案例,从法制理论发展史之观点,提出“损害计算上危险承担”之理论,对于了解让与请求权制度形成之思想背景,重新确立让与请求权在损害赔偿法上之地位及规范功能,实有助益。

---

① 参见史尚宽:《债法总论》,第340页。

共有人优先承购权与基地承租人优先购买权之竞合*

一、问题之说明

简化土地上之物权关系，以尽地利，系土地立法之重要任务。为此，1975年修正"土地法"时，特将第104条修正为："① 基地出卖时，地上权人、典权人或承租人有依同样条件优先购买之权。房屋出卖时，基地所有权人有依同样条件优先购买之权，其顺序以登记之先后定之。② 前项优先购买权人于接到出卖通知后10日内不表示者，其优先权视为放弃。出卖人未通知优先购买权人，而与第三人订立买卖契约者，其契约不得对抗优先购买权人。"[①]又依新增订"土地法"第34条之1规定："① 共有土地或建筑改良物，其处分、变更及设定地上权、永佃权、地役权或典权，应以共有人过半数及其应有部分合计过半数之同意行之。但其应有部分合计逾2/3者，其人数不予计算。② 共有人依前项规定为处分、变更或设定负担时，应事先以书面通知他共有人；其不能以书面通知者，应公告之。③ 第1项共有人对于他共有人应得之对价或补偿，负连带清偿责任。于为权利变更登记时，并应提出他共有人已为受领或为其提存之证明。其因而取得不动产物权者，应代他共有人声请登记。④ 共有人出卖其应有部分时，他共有人得以同一价格共同或单独优先承购。⑤ 前四项规定，于共同共有准用之……"在此规定下，土地之共有人出卖其应有部分时，

---

* 本文原载《台湾大学法学论丛》第8卷第2期(1979年6月)，第193页。

① "土地法"第104条，修正前之规定为："出租人出卖基地时，承租人有依同样条件承买之权利。前项优先权人于接受出卖通知后10内不表示者，视为放弃。"

即可能发生他共有人优先承购权及基地承租人(或地上权人、典权人)优先购买权竞合之问题。设甲、乙二人共有一块基地,应有部分各为1/2,出租于丙。甲出卖其应有部分时,依上述规定,乙与丙均得主张优先承购权或购买权。于此情形,究以何人之优先购买权较为优先,殊值研究。最近"最高法院"著有两则判决,足见其在实务上之重要性,因其涉及若干基本争议问题,特著本文,试加分析,以供参考。

二、判　　决

(一) 1978 年台上字第 2062 号判决

查修正"土地法"第 104 条第 1 项所规定之优先购买权,其立法理由在于避免土地所有与土地利用分离,违反该条项规定者,依同条第 2 项之规定,其买卖契约不得对抗优先购买权人;反之,同法第 34 条之 1 第 4 项所规定之他共有人优先承购权,仅系共有人间之权利义务关系,并无对抗第三人之效力,足见前者之效力较之后者强大,且现行土地政策之避免土地畸零及所有权分散等,系对农地及空地而言,如地上已由第三人建有房屋,即无保护基地共有人、使其优先承购他共有人应有部分之必要,故应认修正"土地法"第 104 条第 1 项之优先购买权,较共有人之优先承购权优先,方合立法本旨。

(二) 1979 年台上字第 1147 号判决

修正"土地法"第 34 条之 1 所规定之共有人优先承购权,其立法重在防止土地之细分,并兼及消除共有关系而使地尽其利,仅有债权的效力。而同法第 104 条第 1 项所规定之地上权人与基地所有人互相间之优先购买权,则于同条第 2 项明定为具有准物权的效力。又该第 104 条第 1 项并未限制地上权人对于共有之基地必其共有人全部出售时,始得主张优先承购权,其与同法第 34 条之 1 第 4 项共有人优先承购权竞合时,依本院最近见解,应以地上权之优先购买权更为优先。

三、分析检讨

1. 共有人出卖基地应有部分时“土地法”第 104 条之适用

依“土地法”第 104 条之规定,基地承租人优先购买权之发生,系以“出卖基地”为要件,于共有人出卖基地之应有部分时,是否亦有适用余地,不无疑问。就该法第 104 条之规范目的言,宜采肯定说;易言之,对“出卖基地”一语,宜采广义解释,认为应包括出卖应有部分之情形,1979 年台上字第 1147 号判决亦采此见解,可资赞同。

2. “土地法”第 34 条之 1 第 4 项共有人优先承购权之法律性质

(1) 法律性质

第 819 条第 1 项规定:“各共有人,得自由处分其应有部分。”“土地法”第 34 条之 1 第 4 项更进一步规定:“共有人出卖其应有部分时,他共有人得以同一价格共同或单独优先承购。”此项规定旨在保护他共有人之利益,减少土地共有,裨益社会经济,实属妥善。惟应注意的是,本项规定在适用上有两点疑义,一为出卖人之通知义务,一为他共有人优先承购权之性质,尚有澄清之必要。①

共有人出卖其应有部分时,对他共有人有无通知义务,法无明文。惟他共有人依法既有优先承购权,在解释上自应认为出卖人负有通知义务。② 他共有人于接到通知后,适时表示不承购时,其优先承购权消灭。其未适时表示者,可否准用“土地法”第 104 条第 2 项前段规定:“前项优先购买权人于接到出卖通知后 10 日内不表示者,其优先权视为放弃”,难免争论。依本文见解,“土地法”第 104 条规定与该法第 34 条之 1 之规定之法律性质既有不同,不宜径予准用。因此他共有人接到通知后,未适时表示者,是否可认为放弃其优先承购权,应参酌诚实信用原则解释当事人意思决定之。

---

① 关于“土地法”第 34 条之 1 解释适用之一般问题,参见焦祖涵:《土地法论》,第 170 页。

② 于承买权存在之情形,出卖人是否有通知义务,法无明文时,易滋疑义。依第 919 条规定,出典人以典物之所有权让与他人,典权人有留买之权,即典权人声明提出同一价额留买者,出典人非有正当理由,不得拒绝。出典人是否有通知义务,甚有争义(参见曹杰:《民法物权论》,第 277 页以下;史尚宽:《物权法论》,第 412 页;姚瑞光:《民法物权论》,第 339 页),解释上以采肯定说为妥(参见梅仲协:《民法要义》,第 418 页)。

关于共有人优先购买权之法律性质,1978 年台上字第 2062 号判决明白表示,“土地法”第 34 条之 1 第 4 项所规定之他共有人有优先承购权,仅系共有人间之权利义务关系,并无对抗第三人之效力。1979 年台上字第 1147 号判决,亦指明其仅有债权之效力。就现行法规定言,此项见解,当属正确,从而应有部分之出卖人违反其通知义务,或不顾他共有人表示应买,而径将应有部分移转登记给第三人时,他共有人原则上不能对第三人主张权利,仅能向出卖人请求损害赔偿。

(2) 共有人依“土地法”第 34 条之 1 第 1 项出卖土地时,他共有人有无优先承购权

依“土地法”第 34 条之 1 第 1 项规定,共有人之人数过半数及其应有部分合计过半数时(应有部分合计逾 2/3 者,其人数不予计算),得出卖共有土地或建筑改良物。于此情形,他共有人是否有优先承购权,“最高法院”似迄未著有判决,颇有疑问。自理论言,法律既允许部分共有人得径出卖共有物,理应使他共有人享有优先购买权,方足适当平衡当事人之利益。立法者未设规定,理由何在,固不得而知;惟部分共有人出卖共有物,实质上殆系出卖自己之应有部分及他人之应有部分,故他共有人主张承购共有物时,实与购买处分者之应有部分无异。准此以言,为保护他共有人之利益兼贯彻立法上之价值判断,应类推适用“土地法”第 34 条之 1 第 4 项之规定,使他共有人亦享有优先承购权。

(三)“土地法”第 104 条承租人优先购买权之法律性质

依“土地法”第 104 条规定,基地出卖时,地上权人、典权人或承租人有依同样条件优先购买之权。出卖人未通知优先购买权人而与第三人订立买卖契约者,其契约不得对抗优先购买权人。所谓“其(买卖)契约不得对抗优先购买权人”,意义如何,实值研究。按依“耕地三七五减租条例”第 15 条规定:“① 耕地出卖或出典时,承租人有优先承受之权,出租人应将卖典条件以书面通知承租人,承租人在 15 日内未以书面表示承受者,视为放弃。② 出租人如因无人承买或受典而再行贬价出卖或出典时,仍应照前项规定办理。③ 出租人如违反前二项规定而与第三人订立契约者,其契约不得对抗承租人。”本条第 3 项所称“其契约”,依“最高法

院”解释,系指“以买卖为原因而成立之物权移转行为”。[①] 易言之,即出租人(即出卖人)与承买人不得主张基于买卖而承租人之优先承买权为之消灭[②];承租人为优先承买之表示时,得主张第三人仍未取得耕地之所有权。在此意义下,通说认为承租人之优先承买权具有物权之效力。[③]

惟应注意的是,“土地法”第104条第1项之用语与“耕地三七五减租条例”不同,其所谓不得对抗他共有人优先承购权者,系出卖人未通知优先购买权人而与第三人订立之“买卖契约”。在此规定下,出卖人已将土地之所有权移转登记给第三人时,该物权行为得否对抗优先承购权人,殊有疑问。若采否定说,则在理论上自不能不认为第三人仍取得所有权,优先购买权人仅得主张出卖人与第三人之买卖契约不具对抗力,故而第三人之取得土地所有权不具法律上之原因,构成不当得利,应负返还之义务。此项解释颇为迂回曲折,未足贯彻“土地法”第104条之立法意旨,是否妥适,仍待斟酌。依吾人所信,该条第2项所称之“买卖契约”,应从广义解释,包括物权行为在内,故在解释上,应认为该条所规定基地承租人之优先购买权亦具有物权性之效力。1979年台上字第1147号判决,明白表示其具有准物权之效力,似亦采同样见解。惟为避免解释上之疑义,该条第2项所称“其买卖契约”,似有参照“耕地三七五减租条例”第15条规定,加以修改之必要。

(四)竞合与优先性

关于“土地法”第34条之1第4项规定共有人之优先承购权与同法第104条承租人等优先购买权之法律性质,前已详述。二者竞合时,何者较为优先,在1978年台上字第2062号判决一案,原审法院认为共有人之

---

① 1960年台上字第2358号判决(判例)谓:“所谓不得以其契约对抗承租人,系指该项以买卖为原因而成立之移转物权行为,对于承租人不生效力。”又1971年台上字第2340号判决亦谓:“……其未通知者,该物权移转契约对于承租人即不生效力。”

② 1958年台上字第151号判决(判例)谓:“耕地出卖时,承租人有优先承买之权,出卖人应将买卖条件以书面通知承租人,如有违反是项规定而与第三人设立契约者,其契约不得对抗承租人,为耕地三七五减租条例所规定。所谓不得对抗承租人者,即出租人(即出卖人)与承买人不得主张基于买卖而承租人之优先承买权为之消灭之意,故承租人如未接获出卖条件之书面通知,仍非不得请求确定其就耕地有优先承买权之存在。”关于本判例之检讨,参见拙著:《优先承买权之法律性质》,载《民法学说与判例研究》(第一册),北京大学出版社2009年版,第313页。

③ 参见拙著,前揭书,第517页。

优先承购权,应较基地承租人之优先购买权更为优先,其提出之理由为:“为使基地与房屋之所有权归于单一,免使法律关系趋于复杂”,惟“最高法院”并未采取此项见解。又在1979年台上字第1147号判决,更明白表示:“依本院最近见解,应以地上权人之优先购买权更为优先。”由是观之,“最高法院”似亦曾有判决认为他共有人之优先承购权应较优先,惟最近已改采不同之见解。

依其最近见解,基地承租人(或地上权人)优先购买权与共有人优先承购权竞合时,以前者较为优先,已如上述。至其理由,计有两点:① 法律性质不同。基地承租人(或地上权人)优先购买权具有准物权之效力,共有人优先承购权仅有债权之效力。前者之效力较后者强大。② 立法本旨。现行土地政策之避免土地畸零及所有权分散等,系对农地及空地而言。如土地上已由第三人建有房屋,即无保护基地共有人、使其优先承购他共有人应有部分之必要,故应认修正“土地法”第104条第1项之优先购买权较共有人之优先承购权优先,方合立法本旨。

就现行法解释适用言,“最高法院”所采取之基地承租人(或地上权人)优先购买权优先说,实有所据,自不待言。惟其所产生之法律状态,是否尽属妥适,符合“以尽地利”之原则,尚待检讨。设甲、乙二人共有一块基地,出租(或设定地上权)于丙,甲出卖其应有部分时,倘若丙行使其较为优先之优先购买权时,则基地之所有权由乙、丙共有,丙于该基地上原有租赁权(或地上权),对丙殊为有利自不待言,惟一旦丙之租赁权(或地上权)消灭时,势必还残留着乙丙之共有关系,“防止土地之细分,并兼及消除共有关系而使地尽其利”之立法目的,未能完全实现。反之,若使他共有人乙享有较优先之承购权,则于丙之租赁消灭时,土地之所有权由乙单独取得,共有关系不复存在。由是观之,1978年台上字第2062号判决一案,原审法院认为共有人之优先承购权应较基地承租人之优先购买权更为优先,具有相当理由,似亦不容否认。

(五) 立法政策

“土地法”第34条之1第4项规定共有人优先承购权,在解释上应认为仅具债权之效力,前已详述。此在立法论上,是否允当,似尚有研究余地。诚如1979年台上字第1147号判决所云,共有人优先承购权之立法目的,旨在防止土地之细分,并兼及消除共有关系,而使尽地利。为贯彻实践此项重大立法目的,他日修改“土地法”时,似应考虑使共有人优先承购权具有物权之效力。

共有人优先承购权若具有物权效力,则当其与基地承租人(或地上权人、典权人)之优先购买权竞合时,何者应更为优先,则应从简化土地上法律关系以尽地利之观点,加以判断。兹再借用前举之例加以说明:甲、乙两人共有一基地,出租于丙,甲出卖其应有部分时,设乙有较优先之优先承购权时,即可取得整个基地之所有权,消除共有关系。其后乙出卖基地时,丙得为优先购买,使土地所有权及利用权合而为一,设乙未出卖,而丙之租赁权消灭时,基地所有权仍由乙单独取得;反之,若丙有较优先之优先购买权,则土地由乙、丙共有,租赁关系消灭时,土地共有关系仍继续存在。所有权之关系为恒久之关系,租赁、地上权或典权之设定,多受有期间之限制,为简化土地上之物权关系,发挥土地之用益价值,明定共有人享有较优先之优先承购权,在立法论上,似值考虑。

四、结　　论

“土地法”第 34 条之 1 第 4 项规定共有人优先承购权,立法目的在于防止土地之细分,并兼及消除共有关系,同法第 104 条所规定基地承租人(或地上权人、典权人)之优先购买权,立法目的在于避免土地所有与土地利用关系分离。就现行规定而言,前者仅有债权之效力,后者则具有物权之效力,“最高法院”在两则判决中认为后者较前者更具优先性,理由构成颇称严谨,实值赞同。惟就立法论而言,为贯彻“土地法”创设共有人优先承购权之立法目的,应使其具有物权的效力始称允当。至共有人优先承购权与基地承租人优先购买权发生竞合之情形,究应以何者较为优先,须衡量当事人利益及土地利用关系,慎重决定之。

不动产抵押权之善意取得

一、问题之说明

善意取得制度旨在调和所有权之保护与交易之安全，不但在法律理论上饶有趣味，而且在实务上亦极为重要，殊值注意。关于动产物权之善意取得，“民法”设有规定，即以动产物权之移转或设定为目的，而善意受让动产之交付者，除法律另有规定外，纵为移转或设定之人，无移转或设定之权利，受移转或受设定之人，仍取得其权利（参阅第801条、第886条及第948条以下规定）。例如：甲出借某画供乙观赏，乙擅自出卖该画给丙，并移转其所有权（或设定质权），如丙系善意受让该画之交付者，虽乙无移转所有权（或设定质权）之权利，丙仍能取得该画之所有权（或质权）。

关于不动产物权之善意取得，未设规定，其他法律亦乏直接明文，不无疑义。1972年台上字第656号判决涉及不动产抵押权之善意取得之问题，堪称为绝妙好例[①]，深具启示性，可作为讨论之基础。其事实简述如下：

某甲所有某处之土地一笔为某水利局乙所征收，征收手续已毕，甲已收领补偿金，惟未办理土地所有权移转登记。甲死，其子丙不知该笔土地已被征收之事实，仍办理继承，并将该地登记为己有，其后并以该地为其债权人丁设定抵押权。为期明了，兹将上述案例图示如下：

---

① 关于此一判决全文及对该判决理由之批评，参见拙著：《善意取得权利之抛弃与损害赔偿》，载《民法学说与判例研究》（第一册），北京大学出版社2009年版，第277页。

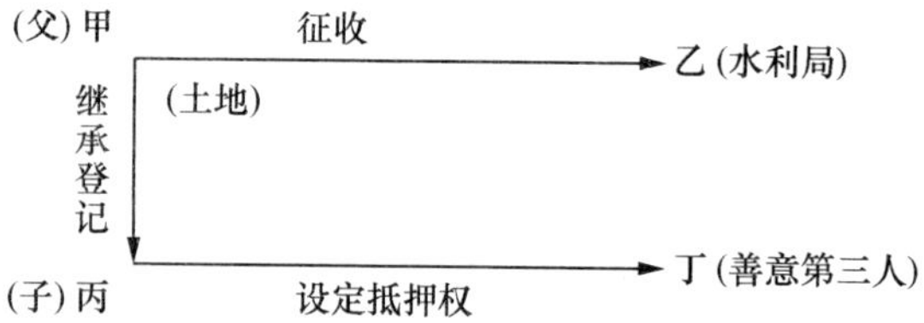

就上举案例而言,其所涉及之基本法律问题有三:

(1)该笔土地之所有权属于何人?

(2)丁于土地上是否取得抵押权,其法律依据何在?

(3)倘丁实行其抵押权时,土地之所有人有何救济方法?

二、土地所有权之变动

(一)土地之征收、登记与所有权之移转

在上举案例,甲为土地所有权人,其后该地为水利局乙所征收,手续已毕,但未办理所有权移转登记。甲死,其子办理该地继承登记。关于该地物权之变动,首应检讨者,系乙是否已自甲取得该地之所有权。

依第758条之规定:“不动产物权,依法律行为而取得、设定、丧失及变动者,非经登记,不生效力。”本条所谓法律行为,系指物权行为(尤其是物权契约)而言。例如A出卖某屋给B时,基于买卖契约负有移转所有权之义务(参阅第348条)。该屋所有权之移转,除当事人间有让与该屋所有权之物权意思合致(物权契约,德文称之为dingliche Einigung)外,尚须办理登记。此项登记具有创设物权效力,学者称之为设权登记。此种登记,如不践行,则当事人间虽有移转所有权之意思合致(即第758条之法律行为),在法律上亦绝对不生物权变动之效力,故亦称为绝对的登记。惟应注意的是,依第759条规定:“因继承、强制执行、公用征收,或法院之判决,于登记前已取得不动产物权者,非经登记,不得处分其物权。”本条所谓登记,学说上称为宣示登记,即将已成立之物权变动,昭示于人之登记,并不包含有创设物权之效力,在登记以前,物权变动之效力即已发生,不过不经登记,当事人不得处分而已,故亦称为“相对之登记”。在上举案例,甲之土地为水利局乙所征收,其所有权之移转,不以办理登记为必要。又被征收土地之所有权人对于其土地之权利义务,于应受之补

偿程序完成时终止(参阅“土地法”第235条)。故乙于完成补偿程序时，即已取得土地所有权。

(二) 继承登记与善意取得

据上所述,水利局乙征收甲之土地,于完成补偿程序时,即已取得该土地之所有权,不以办理登记为必要。有疑问的是,甲之子丙是否因继承而取得其地之所有权,致原已由乙取得之所有权归于消灭?关于此点,应采否定说,至为显然。依第1148条规定,继承人自继承开始时,除本法另有规定外,承受被继承人财产上之一切权利及义务。甲之土地既已因被征收而为水利局乙所取得,已非属甲所有,不构成其财产上之权利,自非其子丙所能继承也。

应特别注意的是,丙可否以不知该笔土地被征收之事实而办理继承登记为理由,主张取得该地之所有权。关于此点,亦应采否定说。盖继承是一种事件,非属法律行为,与交易安全无关,故信赖土地登记而办理继承者,其善意并不受保护,不发生善意取得之问题。不动产物权如此,动产物权亦然。例如:某画家A死亡,其子B继承之,虽善意占有他人交由被继承人鉴定之画,亦不能取得其所有权也。

三、不动产抵押权之善意取得

甲之土地因被征收,于登记前已归属水利局乙所有,丙虽办理继承登记仍不能取得该地之所有权,已如上述。于此情形,土地登记簿上之权利与实质上之权利不一致,乙得请求涂销丙之登记。在未涂销前,丙以其名义登记之土地为丁设定抵押权时,系属无权处分,须经乙之承认,始生效力(第118条第1项)。应检讨者,系丁得否以信赖登记为理由,而主张善意取得抵押权。

“民法”对动产物权善意取得设有明文,但关于不动产物权之善意取得并无规定,前已提及。惟依“土地法”第43条之规定:“依本法所为之登记,有绝对效力。”所谓登记有绝对效力,其含义如何,不无疑问,“司法院”解释及“最高法院”判决均认为所谓登记有绝对效力,应解释为系“为保护第三人起见,将登记事项赋予绝对真实之公信力。”①易言之,善意第三人因信赖登记,自不动产登记名义人受让取得不动产所有权②,或于不动产上设定担保物权或用益物权者,仍取得其权利。准此以言,在上举案例,丁善意信赖登记之土地为丙所有,而设定抵押权者,仍能取得其权利。

四、抵押权之实行与土地所有人之救济方法

如前所述,丁因信赖登记,于水利局乙所有之土地上善意取得抵押权。倘债务人丙届期不清偿其对丁之债务时,抵押权人丁得声请法院拍卖抵押物。此时,水利局乙倘不欲丧失其所有权,得代丙清偿债务,使抵押权消灭。水利局乙于清偿后,对于债务人有求偿权。又水利局乙就此项债之履行具有利害关系,故于清偿后,尚得按其限度,就债权人丁之权利,以自己名义代位行使,但不得有害于债权人之利益(第312条)。倘水利局乙不代为清偿丙之债务,使抵押权消灭者,则一旦丁实行其抵押权,债务人丙于丁受领拍卖价金范围内,债务消灭,受有利益,而水利局乙之土地所有权因抵押权之实行而消灭,受有损害。此项损害变动并无法律上之原因,故水利局乙得依不当得利之规定,向丙请求偿还其所受利益(第179条)。

---

① 1946年上字第1109号判例谓:“依‘土地法’所为之登记有绝对之效力,固为同法第43条所明定,在第三者信赖登记而取得土地权利之前,真正权利人既仍得对登记名义人主张登记原因之无效或撤销,提起涂销登记之诉,自不能据以除斥真正之权利。”又1961年台上字第929号判例谓:“‘土地法’第43条所谓依本法所为之登记有绝对效力,系为保护第三人起见,将登记事项赋予绝对真实之公信力。”

② 1980年台上字第759号判决谓:“夫妻联合财产,以妻名义登记之不动产,在善意第三人因信赖土地登记自妻受让取得该不动产所有权以前,固应认为仍属夫之所有;惟系争土地,系被上诉人向前手陈亦地买受,陈亦地又系向张抱买受,均经移转登记,为不争之事实,并有土地登记簿影印本附卷可稽。上诉人既未举证证明被上诉人受让系争土地系出于恶意,则被上诉人善意受让系争土地,自应受法律之保护。上诉人显无从以其与张抱间之夫妻联合财产制,对抗被上诉人之所有权。”

不动产抵押权与从物

一、问题之说明

不动产抵押权在担保物权制度上居于优越之地位,对于工商社会资金之融通,卓著贡献。不动产抵押权之基本性质,在于抵押权人对抵押权标的物有优先受偿之权利,故抵押权标的物之范围,与抵押权人及一般债权人利益,息息相关,自有确定之必要。第862条第1项规定:"抵押权之效力及于抵押物之从物与从权利。"本文所要研究者,系从物之问题。为期明了,拟先设一例如下:

甲经营工厂,于3月1日向乙银行贷款,并以厂房及基地设定抵押权。其时工厂内有a及b两部机器(其中b部机器系以附条件买卖方式购置,价金尚未完全清偿),生铁千斤及敷设之轻便轨道,惟均未随同抵押权一并办理登记。甲于4月1日新购c部机器,并于同日将a部机器让售于丙。甲于5月1日以b部及c部机器为丁设定动产抵押权。试问乙于8月1日实行抵押权时,得否将a、b、c三部机器、生铁千斤及轻便轨道一并拍卖,就其卖得价金,优先受偿?

就上例分析之,所应研究之问题有五:

(1) 从物之认定。

(2) 抵押权之效力是否及于其设定后所增加之从物?

(3) 从物是否以于抵押权设定时一并办理登记者为限?

(4) 不动产所有人将从物让与第三人时,抵押权人得否追及该从物,以实行抵押权?

(5) 于同一从物之上,不动产抵押权与动产抵押权得否并存,其位序关系如何?

二、从物之认定

非主物之成分,常助主物之效用,而同属于一人者,为从物;但交易上有特别习惯者,依其习惯(第 68 条第 1 项)。基此规定,从物具有四项特征:① 从物须为独立之物,非主物之构成部分。② 从物之经济目的,在常助主物之效力,故二者之间,须有从属的关系。③ 主物与从物须同属于一人所有。④ 须交易上并无特别习惯。倘具备此四项特征,则不问其为动产或不动产,均构成主物与从物之关系,例如:舟与楫,戏院与座椅,经营夜总会之房屋与舞台及车库。因此以舟设定动产抵押权者,其效力及于楫;以戏院设定不动产抵押权者,其效力及于戏院内之座椅;以经营夜总会之房屋设定抵押权者,其效力及于舞台及车库。又例如抵押物为房屋者,该房屋内之纱窗门帘亦属从物,均为抵押权之标的物。[①] 至于地毯或窗形冷气机与房屋在经济目的上并无依存关系,非属从物,自不待言。

就前举案例而言,甲以厂房及基地(简称工厂)[②]为乙设定抵押权,当时工厂内有 a、b 两部机器,生铁千斤,及敷设运送货物之轻便轨道。抵押权之效力是否及于此等之物,应视其是否为工厂之从物而定。兹分别说明之。

(一) 生铁千斤

生铁千斤非工厂之成分,与工厂同属于一人,但就其经济目的以言,生铁系属原料,系工厂所欲加工制造生产之物品,非在常助工厂之效用,二者之间不具有主从关系,故不得谓为工厂之从物,自非抵押权效力之所及。

---

① 关于"从物"之一般理论,参见李宜琛:《民法总则》,第 185 页;洪逊欣:《民法总则》,1976 年修订初版,第 220 页。

② 实务上及学说上所谓以"工厂"设定抵押权,并非指以工厂(包括机器生财设备)设定抵押权,而是指以房屋及工厂基地(土地)为抵押物而言,盖在现行法并不承认"工厂抵押"之制度也。参见郑玉波:《论抵押权标的物之范围》,载《民商法研究》(二),"台大法学丛书"(十九),1979 年,第 136 页。

（二）轻便轨道

轻便轨道系属“物”，虽无疑问，但究为动产或不动产，尚有争论。“司法院”大法官会议释字第93号解释谓：“轻便轨道，除系临时敷设者外，凡继续附着于土地而达其一定经济上之目的者，应认为不动产。”准此以言，甲在其工厂内敷设之轻便轨道，倘非属临时性者，应为不动产。又此项轻便轨道非属工厂之成分，从经济目的，在常助工厂之效用，又属于甲所有，故为工厂之从物，当为抵押权效力之所及。

（三）机器

机器是否为所谓“工厂”之从物，实务上向采肯定之见解。1936年院字第1514号之解释谓：“工厂中之机器生财，如与工厂同属于一人，依第68条第1项之规定，自为工厂之从物。若以工厂设定抵押权，除有特别约定外，依第862条第1项规定，其抵押权效力当然及于机器生财（参照院字第1404号解释）。”“最高法院”亦采此见解。[①]

多数学者赞成实务上之见解。[②] 惟钱国成先生采不同之观点，认为工厂之机器，其价值在整个工厂中常占巨大重要之地位，为保护债权人之利益，诚有认机器为工厂不动产之从物，使就工厂设定之抵押权，效力一并及其机器之必要。但工厂之效用在于生产，生产之主要工具为机器；房屋场地，当因机器之存在而始见其效用。是房屋场地之与机器，究系何者属于主物地位，何者属于从物地位，实非无研究之余地。依交易上之通常观点，与其谓机器系补助房屋场地之经济上效用，毋宁谓房屋系补助机器之经济上效用。上述解释意旨，为求事实上之救济固已达其目的，但在法

---

① 1955年台上字第1007号判决：“两造所定之约定书既未就厂房内之电气器具为保留或除外之表示，本难谓其出卖厂房而附设于厂房内之电气器具不在出卖之列。况工厂中之机器生财，如与工厂同属于一人，自为工厂之从物，迭经‘司法院’以院字第1514号、第1553号、第1404号分别解释在案。上诉人出卖厂房既未保留其厂房内之电气器具，则依第68条第2项主物之处分及于从物之规定，不能不承认系争电气器具已随同厂房一并出卖。”关于本件判决之讨论，参见黄茂荣：《民法判决之理论体系（民法总则）》，“植根法学丛书”，1978年，第168页。

② 参见供逊欣，前揭书，第223页；郑玉波，前揭书，第136页。

理上似尚非无可争议。①

机器与工厂,究以何者为从物,尚有争论,已如上述。此项问题涉及担保物权制度之基本结构,须先加说明。按在现行法上,物权之标的物,须为个别特定之物。所有权如此,抵押权亦然。因此集合各种机器设备而成之工厂,除特别法有规定外,不得为抵押权之标的物。又依现行"民法"规定,欲以动产(机器)设定担保者,惟质权而已,而动产质权之成立及存续,系以质权人占有由债务人或第三人移交之动产为要件(参阅第884条、第897条)。机器为生产财,交付于债权人占有,设定质权,债务人失其用益价值,质权人难以保管利用,对于双方当事人均属不便。于此情形,"司法院"之解释认为工厂中之机器生财,如与工厂同属一人,应为工厂之从物,解决提供作为担保之问题,符合事实需要,自有所据,固不待言。所应注意的是,1955年公布实行之"工矿抵押法"明定工厂得就其所有之机械、器具、水电、交通设备之一部或全部,组成工矿财团,设定抵押权,有助于解决以机器设定担保之问题。该法于1965年6月7日,因"动产担保交易法"施行而废止。惟依"动产担保交易法"第15条规定,抵押权人对于债务人或第三人,不移转占有,而就供担保债权之动产,设定动产抵押权,于债务人不履行契约时,抵押权人得占有抵押物,并得出卖,就其卖得价金,优先于其他债权而受清偿。依此规定,机器本身得不移转占有而设定动产抵押权,其用益功能及担保之需要,可得兼顾。

综据上述担保物权制度之发展,机器本身已可不移转占有而设定抵押权,因而产生一项疑问,即以机器为工厂之从物之传统见解,是否有继续维持之必要。关于此点,否定说具有相当依据,自不待言,惟本文认为以采肯定说较妥,其主要理由有二:① 数十年来,判例、学说及贷与信用机构均确认机器为工厂之从物,是否已具有习惯法之效力,可暂置不论,一旦变更,势必影响法律适用之安定性及就工厂已设定抵押权者之利益。② 肯定机器生财为工厂之从物,可发挥"集合物"之担保机能,弥补现行法不承认工矿财团抵押制度之缺点。

---

① 参见钱国成:《民法判解研究》,1966年版,第3页。又姚瑞光先生则从另一观点,否认机器为工厂之从物,略谓:"过去虽曾有解释谓除有特别约定外,其效力及于机器生财。但在实行登记区域内,不可能以工厂设定抵押权,盖土地登记簿上无'工厂'之登记也。如果设定抵押权之登记,仅载明供抵押之标的物为工厂用房屋若干间,若干面积,自难谓机器当然系工厂用房屋之从物。故此项解释,今后似无适用之可能。"参见《民法物权论》,第216页。

(四) 附条件买卖(保留所有权)之客体

所谓从物,系指非主物之成分,常助主物之效用,而同属一人者而言。因此以附条件买卖所购置之机器,出卖人于买受人清偿全部价金前仍保留其物之所有权者(参阅"动产担保交易法"第 26 条),于条件成就前,买受人尚未取得其物之所有权,此项机器虽常助主物之效用,仍非从物,自为抵押权效力所不及。于此情形,抵押权人得为抵押人清偿价金,使条件成就,于抵押人(买受人)取得其物之所有权时,再一并拍卖之。[1]

三、抵押权设定后所增加之从物

抵押权之效力及于抵押物之从物。此项从物是否以抵押权设定时已有者为限,抑其后增加之从物,亦包括在内?如上所述,通说认为,机器为工厂之从物。在此基本见解之下,就前举案例而言,甲工厂内之 a、b 两部机器于抵押权设定时,既已有之,应为第 862 条第 1 项所谓之从物。c 部机器系于抵押权设定后所增加,虽属工厂之从物(参阅第 68 条),但是否为第 862 条第 1 项所谓之从物,而为抵押权效力所及,尚有争论。对此问题,"最高法院"似未著有明确判决,学说上则有肯定说、否定说及折中说三种见解。

(一) 肯定说

史尚宽先生采此见解,认为抵押权设定后发生之从物,亦应解为抵押权效力之所及。盖主从之关系,非依当事人意思之解释,而应依客观的两物之经济的结合定之也。[2]

(二) 否定说

采此说者有曹杰、倪江表、李光夏及李肇伟四位学者。曹杰认为从物

---

① 关于此项问题,在德国法上之争论,参见 BGHZ35, 38; BGHNJW1965, 1475; NJW 1970, 2212, 2215; von Lübtow JuS 1963, 171; Bauer, Sachenrecht, 8. Aufl. 1975, S. 366f.; Westermann, Sachenrecht, 5. Aufl. 1966, S. 98f.

② 参见史尚宽:《物权法论》,第 251 页。

成立于抵押权设定之后者,亦为抵押权效力所不及,惟未说明理由。[①] 倪江表认为以抵押权之效力及于设定后所生之从物,“殊有反于当事人之意思。”[②]李光夏认为从物之于主物究系二物,故如从物成立于抵押权设定之后者,仍为抵押权效力所不及。[③] 李肇伟认为,就事实言,双方当事人设定抵押权之初,恒以抵押物之标准以估定抵押之价额,抵押权设定后增加之从物固不应受抵押权之拘束;且就法条言,抵押物之价值减少时(即因抵押人之事由减少),抵押权人得请求抵押人恢复抵押物之原状,或提出与减少价额相当之担保(参看第 872 条)。法律乃为持平,由于抵押人减少抵押物之价值既须提出以补足,则由于抵押人另增之价值自不能以之充作担保也。[④]

(三) 折中说

(1) 区别动产及不动产。姚瑞光先生认为从物为动产者,在设定抵押权当时,为抵押物之从物者,固为抵押权效力之所及,即在设定后为抵押物之从物者,亦为抵押权效力之所及。惟从物为不动产者,其后发生之从物,原则上应不为抵押权效力之所及,盖以抵押权之设定,非经登记不生效力(第 758 条)。如设定抵押权当时,设定书上或登记簿上已载明限于土地或建筑物之若干面积者,参照第 877 条规定意旨,似难认为其后营造之建筑物如农舍、车库等,亦在抵押权效力所及之范围内。[⑤]

(2) 得将后增之从物一并拍卖,但无优先受偿权。郑玉波先生主倡此说,认为在抵押权设定后增加之从物,如认为包括在内,则对于抵押权人之利益过分维护,对于一般债权人之利益未免削减。因后增之从物,势须以一般担保财产购得,若认为抵押权效力所及,则等于由一般担保财产中划出一部分,归入抵押物之中矣,故对于一般债权人不利也。然若不认为抵押权效力之所及,则当抵押权实行时,只能拍卖主物,不能拍卖从物,不但无以全主物之经济效用,亦势必因之而贬低主物之价值,因此应可比照第 877 条之规定,抵押权人认为必要时,得将该从物并付拍卖,但对于

---

① 参见曹杰:《民法物权论》,第 197 页。
② 参见倪江表:《民法物权》,第 301 页。
③ 参见李光夏:《民法物权论》,第 196 页。
④ 参见李肇伟:《民法物权》,第 404 页。
⑤ 参见姚瑞光:《民法物权法论》,第 215 页。

该从物之价金无优先受偿之权。[1]

据上所述,关于抵押权设定后所发生之从物,是否为抵押权效力所及,学者间所见不同,甚为分歧,尚未形成通说,可谓担保物权法上一项重大争议问题。争议之重点,非在于其是否符合当事人(抵押权人及抵押人)之意思,而是在于当事人利益之冲突及调和。于此情形,涉及利益有二:① 抵押权人之利益。从经济目的而言,从物既在常助主物之效用,具有依存关系,则抵押权之效力倘不及于从物,不能一并拍卖,势必减损抵押物之价值,影响抵押权人之利益。② 一般债权人利益。后增之从物,倘为抵押权效力之所及,抵押权人得优先受偿,共同担保因而减少,一般债权人难免蒙受损失。肯定说偏重保护抵押权人,否定说偏重保护一般债权人。郑玉波先生提出之"抵押权人得将从物一并拍卖,但无优先受偿权",旨在平衡当事人利益,深具说服力,自无问题。依本文见解,为兼顾当事人利益,原则上应认为抵押权效力仍及于后增加之从物。[2]

惟后增加之从物,为抵押权效力之所及,倘影响到一般债权人之共同担保时(参阅第244条),则抵押权人于实行抵押权时,虽仍得将从物一并拍卖,但无优先受偿权。一般债权人主张抵押权人无优先受偿权者,应负举证责任,自不待言。

---

① 参见郑玉波,前揭书,第136页。

② 《德国民法》第1120条规定,不动产抵押权及于从物(Zubehör)。其所谓从物,兼指抵押权设定后增加之从物(RG53, 352)。参见 Palant/Bassenge, Bürgerliches Gesetzbuch, 37Aufl. 1978. §1120; Bauer, Sachenrecht S. 366f.; Westermann, Sachenrecht, S. 489f.《日本民法》第370条规定:"抵押权,除存在于抵押土地上之建筑外,及于附加于该标的不动产而与之成为一体之物。但设定行为另有约定,及依第424条之规定,债权人得撤销债务人之行为者,不在此限。"抵押权之效力是否及于从物(参阅《日本民法》第87条)素有疑问。关于抵押权设定前附属之从物,大审院原采否定说,其后为强化抵押权之效力,大审院连合部判决(大连判大正8·3·15民录25辑第473页)改采肯定说,最高裁判所亦采同样见解(昭和44·3·28民集23卷3号第699页)。关于抵押权设定后附属之从物是否为抵押权效力之所及,最近判例有采肯定说之倾向,学说赞成之。参见我妻荣:《新订担保物权法》,"民法讲义"Ⅲ,1979(第9刷),第270页;柚木馨、高木多喜男:《担保物权法》(新版),昭和53年,第261页;川井健:《担保物权法》,1980年,第48页;吾妻光俊:《物权法·担保物权法》(新版),昭和54年,第150页。

四、从物应否于抵押权设定时一并登记

为抵押权效力所及之从物,是否以于抵押权设定时一并登记者为限?实务上采否定说。1936年院字第1514号解释谓:“至抵押权之设定声请时,虽未将机器生财一并注明,于抵押权所及之效力不生影响。”又1936年院字第1553号解释认为:“院字第1404号解释所谓工厂之机器可认为工厂之从物者,凡该工厂所设备之机器皆可认为从物,不以已经登记或附着于土地房屋者为限。”此见解可资参证。

在学说方面,学者见解尚不一致。有认为不以登记为必要,盖以此项抵押物范围之扩张,系基于法律规定,并非依当事人之意思。① 有认为从物为动产者,不需登记,但从物为不动产者,未经随同抵押权之设定而登记者,非为抵押权效力之所及。②

从物为动产者,抵押权设定时,不必一起登记,学者见解一致,无待详论。依本文见解,从物为不动产者,亦无须登记。不动产抵押权之设定非经登记,不生效力者,旨在达成物权变动公示之目的,易言之,即在赋予一可以由外界查悉其变动之征象,以免第三人遭不测之损害,致权利义务关系趋于复杂,而难以达成交易安全之理想。从物虽未登记,尚不违背此项公示原则,盖抵押权之效力及于从物,系基于法律之规定,何者为从物,法有明文,可由外界查知也。例如抵押物为耕地时,水车、堆栈为其从物,客观上可以认定,故第三人经由登记而知悉耕地已设定抵押权时,即可知悉水车、堆栈亦包括在抵押权标的物范围之内,无遭受不测损害之虞也。

应附带说明者,动产质权之效力,是否及于从物,未设明文,然依主物之处分及于从物之原则(第68条第2项),应类推适用第862条规定而肯定之。又质权之设定,既以移转质物之占有为必要,则其从物须已随同其主物移转其占有时,始为质权效力之所及,自不待言。

---

① 参见史尚宽,前揭书,第251页;郑玉波,前揭书,第137页。

② 参见姚瑞光,前揭书,第216页。

五、从物之处分

抵押权之效力，虽能及于从物，但第三人于抵押权设定前就从物所取得之权利，不受影响(第 862 条第 2 项)。所谓就从物取得之权利，系指担保物权(质权、留置权)，或物权化之用益性债权(如租赁)，但不包括所有权在内。[①] 所谓就从物所取得之权利，不受影响者，就担保物权而言，系谓其仍具有较抵押权为优先之受偿地位；就用益物权而言，系指此项用益权之存在，对于抵押权之实行，纵有妨害，抵押权人亦不能请求法院除去之。

第三人于抵押权设定后始就从物取得权利者，抵押权是否不受其影响，仍能追及于从物而行使其权利，不无疑问。依第 862 条第 2 项规定之反面解释及参酌抵押权之优先效力，以采肯定说为是。兹分从物之设质与从物所有权之让与两种情形说明之。

(1) 从物之设质。在上举以工厂设定抵押权之例，甲于抵押权设定后，将机器设定质权于第三人者，抵押权人仍得就该已设定质权之从物实行抵押权，并有较为优先受偿之地位(并请参阅第 866 条规定)。第三人于从物有留置权者亦同。因此为工厂修理机器者，应特别留意工厂是否设有抵押权，以免遭受损害。

(2) 从物之让与。抵押人设定抵押权后，仍得将从物让与他人，但其抵押权不因此而受影响(参阅第 867 条)，抵押权人仍可追及物之所在而行使权利，第三人不得提起异议。因此自工厂受让机器者，亦应特别注意工厂是否设有抵押权，以保障自己之利益。[②]

---

① 参见郑玉波，前揭书，第 137 页。

② 关于从物之免责(Freiwerden)，《德国民法》设有详细规定。依《德国民法》第 1121 条规定："Ⅰ. 土地之出产物、其他成分及从物，在为债权人之利益而实施抵押前，业经让与且已由土地上取去者，免其责任。Ⅱ. 让与在取去前为之者，取得人不得就抵押权关系，对债权人主张其为善意。取得人取去其物者，在取去前所为之扣押，仅以取得人于取去时对于扣押不具善意者为限，始得对之发生效力。"又依该法第 1122 条第 2 项规定："从物于通常经营之范围内，在抵押前已废止其从属关系者，纵未让与，其责任亦属有效。"此可供参考。参见 Bauer, Sachenrecht S. 367f.; Westermann, S. 489f.

六、不动产抵押权与动产抵押权之并存位序关系

不动产抵押权之效力及于从物,已如上述。从物为动产者,可设定动产抵押权,“动产担保交易法”第15条规定设有明文,因而产生一项极为有趣之现象,即在同一动产上,发生不动产抵押权及动产抵押权两种抵押权。就上举以工厂设定抵押权之例而言,甲以工厂为乙设定不动产抵押权,再以机器为丁设定动产抵押权时,则在该机器之上,一方面为乙不动产抵押权效力之所及,另一方面又为丁动产抵押权之客体。于此情形,发生两个问题:一为不动产抵押权与动产抵押权得否并立?一为二者倘可并存,其位序关系如何决定?

担保物权系属价值权,因此在同一标的物上,数种相同之担保物权(如两个不动产抵押权)或不相同之担保物权(如质权与留置权)得并立无妨。基此原则,在同一标的物上(工厂之机器)不动产抵押权与动产抵押权,自得并存。

至于不动产抵押权及动产抵押权之次序,原则上应视动产抵押权发生时期而定:① 于不动产抵押权设定前,第三人已于其从物上取得动产抵押权时,其是否具有较优先之效力,应再视动产抵押权已否登记而定。依“动产担保交易法”第5条规定:“动产担保交易,应以书面订立契约。非经登记,不得对抗善意第三人。”因此动产抵押权已登记者,动产抵押权应较不动产抵押权为优先;反之,动产抵押权未登记者,不动产抵押权人于设定抵押权时,倘不知抵押物之从物已设定动产抵押权者,则不动产抵押权应享有较为优先之地位。② 动产抵押权于不动产抵押权设定后始行发生者,动产抵押权未经登记者,固不享有较不动产抵押权为优先之地位;动产抵押权纵经登记者,亦然。盖不动产抵押权既已发生在先,不应因后成立之动产抵押权而受影响也。

七、结　　论

抵押权之效力及于从物,扩大抵押权效力之范围,有助于增进抵押权之功能。经营工厂者,以厂房及基地(简称工厂)设定不动产抵押权时,

工厂内之原料非属从物，但敷设之轻便轨道在常助工厂之效用，应属从物。至于机器是否为工厂之从物，数十年来实务上均采肯定说，应值赞同。抵押权设定后增加之从物，原则上亦应为抵押权效力之所及，惟倘因此而有害于一般债权人之利益时，抵押权人虽仍得将从物一并拍卖，但无优先受偿权。抵押权效力所及之从物，不论动产或不动产，均不以随同抵押权登记者为限，盖从物本身已具公示性，第三人无遭受损害之虞也。抵押权设定后，抵押人就从物为处分者，抵押权不因此而受影响，抵押权人仍得追及其物之所在而行使其权利。